एक क्रांतिकारी संगठन :

आर्यसमाज (कल आज और कल)

डॉ. राकेश कुमार आर्य

डायमंड बुक्स

www.diamondbook.in

प्रकाशक : डायमंड पॉकेट बुक्स (प्रा.) लि.
X-30 ओखला इंडस्ट्रियल एरिया, फेज-II
नई दिल्ली-110020
फोन : 011-40712200
ई-मेल : wecare@diamondbooks.in
वेबसाइट : www.diamondbooks.in
संस्करण : 2025

Ek Krantikari Sangthan : Aryasamaj (Kal Aaj Aur Kal)
by *Dr. Rakesh Kumar Arya*

समर्पण

आर्य समाज के संस्थापक पूज्य स्वामी दयानंद जी महाराज की 200 वीं जयंती के अवसर पर समर्पित श्रद्धा का एक पुष्प।

लेखकीय निवेदन

स्वामी दयानंद जी महाराज ने अपने जीवन काल में जो कुछ भी किया वह बड़ी निर्भीकता से किया। उन्होंने इस बात का कभी विचार नहीं किया कि उनके किसी कार्य से कोई शासक नाराज होगा या किसी सत्ताधारी के दिल को चोट पहुंचेगी तो वह उनका किसी न किसी प्रकार से क्या कोई कुछ बिगाड़ सकता है? समाज और मानव मात्र के हित में उन्हें जो कुछ उचित लगा, वह उन्होंने निसंकोच और निर्भीक होकर किया। वह न तो किसी अंग्रेज के सामने झुके, न किसी मुस्लिम शासक के सामने झुके और न ही किसी हिंदू राजा के किसी दुर्गुण को देखकर मौन रहे, न ही उसके क्रोध के सामने अपने आपको झुकाने या पीछे हटाने का कार्य किया।

स्वामी जी महाराज ने सैकड़ों हजार पुस्तकों का अध्ययन किया। उसके पश्चात उन्होंने जो कुछ भी लिखा वह बड़ी प्रामाणिकता के साथ लिखा। लिखते समय उन्होंने इस बात की कोई चिंता नहीं की कि उनके लिखने से किसी की मान्यताओं को धक्का लगेगा या धारणाओं का आसमान टूट पड़ेगा और उससे उनके लिए महाभयंकर प्रलय आ जाएगी। उन्होंने किसी भी प्रकार के संकट के आने की चिंता किए बिना वही लिखा जो वेदानुकूल था। सृष्टि के नियमों के अनुकूल था। मानव मात्र के हित में था और सभी प्राणियों के कल्याण के लिए अभिप्रेत था।

उन्होंने किसी को प्रसन्न करने के लिए नहीं लिखा। जिसमें जो दोष था, उसको बताने में उन्होंने किसी प्रकार का संकोच नहीं किया, उन्होंने वही किया जो सबके हितों के अनुकूल था।

स्वामी जी महाराज ने अपने जीवन काल में जो कुछ बोला वह भी पक्षपात शून्य होकर बोला। सभाओं के बीच दहाड़ कर बोला। बिना इस बात की चिंता किए बोला कि यदि वह निर्भीकता पूर्वक बोलेंगे तो उन पर हमला हो सकता है। उन्होंने आलोचना भी की और मंडन भी किया। ईश्वर के प्रति उन्होंने जो कुछ भी लिखा वह पूर्ण श्रद्धा भाव के साथ लिखा। उन्होंने अपने लेखन से, अपने व्यक्तित्व से, अपने कृतित्व से प्रत्येक प्रकार के पाखंडवाद को दूर करने का

प्रयास किया। उन्होंने छद्मवाद या द्वंद्व भाव को मिटाने का भी हर संभव प्रयास किया। स्वामी जी महाराज ने लोगों को वैयक्तिक, सामाजिक, शारीरिक, भौतिक और आध्यात्मिक उन्नति करने का मार्ग समझाया और बताया। उनका सारा जीवन इसी में खप गया।

क्रांतिकारी समाज सुधारक स्वामी दयानंद

उन्होंने छुआछूत, अंधविश्वास, अशिक्षा और लोगों के भीतर छा गई अकर्मण्यता को दूर करने के लिए समस्त मानव समाज का आवाहन किया। स्वामी दयानंद जी महाराज वास्तव में एक क्रांतिकारी समाज सुधारक थे। भारत के खोए हुए गौरव को स्थापित करने के लिए उन्होंने सारे देश को जगाने का प्रशंसनीय कार्य किया। यह एक आश्चर्यजनक सत्य है कि जिस संन्यासी को रात्रि में मोक्ष प्राप्ति के लिए जागना होता है, वह अपने देश के कोटि-कोटि जनों के कल्याण के लिए रातों-रात जागता था। वह अपनी मुक्ति के लिए तो जागता ही था, अपने देशवासियों की मुक्ति के लिए भी समय निकालता था। अपने इस पवित्र उद्देश्य की प्राप्ति हेतु स्वामी जी महाराज ने कितने ही आंदोलन चलाए और कितनी ही सभाओं को संबोधित किया।

उन्होंने प्रजा को भी जगाया, राजा को भी जगाया। गरीब को भी जगाया और अमीर को भी जगाया। उन्होंने अगड़े को भी जगाया और पिछड़े को भी जगाया। संत को भी जगाया और भक्त को भी जगाया। उन्होंने लोगों को कान में फूंक मार कर भी जगाया, हाथ पकड़ कर भी जगाया, झकझोरकर भी जगाया और जब समय आया तो जोधपुर के महाराजा को तो लताड़कर भी जगाया। उनका कहने का अभिप्राय था कि :-

जाग जा मेरे देश प्यारे, खड़ी आपदा तेरे द्वार पर,
मिट गया हर आलसी, जग न सका जो वक्त पर।
लिया बहुत कुछ देश से कुछ देके हमको जाना है,
बलिदान अपना दे चलेंगे, देश की बलि वेदी पर।।

समाज का कोई ऐसा कोना नहीं था, जहां से उन्होंने अंधकार को मिटाने के लिए अपने आप को समर्पित नहीं किया। वह अंधकार की ऐसी भयंकर गुफाओं में निसंकोच और निर्भीक होकर प्रवेश कर गए, जिसकी ओर कोई सामान्य व्यक्ति देखने का भी साहस नहीं करता।

धर्म की स्थापना के लिए किया संघर्ष

उन्होंने धर्म की स्थापना के लिए अथक संघर्ष किया। धर्म को एक आचरण संहिता बनाकर मनुष्य मात्र को देने का भी बीड़ा उठाया और अपने शिष्यों को इस बात के लिए प्रेरित किया कि जीवन में वह जो कुछ भी करें, उसे धर्म के आलोक में ही करने का प्रयास करें। धर्म की स्थापना के लिए उन्होंने समय आने पर संतों को भी लताड़ा और भक्तों को भी लताड़ा। उन्होंने प्रजा

जनों को भी लताड़ा और धर्म के विपरीत आचरण करते हुए राजाओं को भी लताड़ा। उन्होंने विधर्मियों को भी लताड़ा और अपने निज बंधुओं को भी लताड़ा। इसके उपरांत भी उनकी लताड़ में एक अनोखी मिठास होती थी। वह मिठास उनके संसार को सही दिशा देने के अनूठे शिवसंकल्प में दिखाई देती थी। उनके आचरण में दिखाई देती थी। उनकी प्रत्येक लताड़ के पीछे एक दर्द छिपा होता था। उसमें गहरी पीड़ा होती थी। उस पीड़ा को जिसने भी समझ लिया, वही उनका दीवाना हो गया और उसने आगे के लिए यह संकल्प ले लिया कि स्वामी जी महाराज जो भी लताड़ लगायेंगे, उसे वह शीश झुकाकर स्वीकार करेगा।

जो मिला है आपसे, सौभाग्य है मेरा वह,
पूंजी मेरी वो हो गया, मैं दिल से कहता हूं यह।
रहस्य से पर्दा उठा, तो प्रकाश की गंगा बही,
भेद सारा खुल गया, और मिट गई सारी तह।।

समाज और संसार को नई दिशा देने के लिए स्वामी दयानंद जी ने अपने भीतर किसी प्रकार के अहंकार को उत्पन्न नहीं होने दिया। तामसिक और राजसिक अहंकार को जीतने और मारने के पश्चात स्वामी जी महाराज ने सात्विक अहंकार को भी नष्ट कर डाला। यही कारण था कि यदि उन्होंने किसी कार्य के संपन्न करने के लिए उचित समझा तो वे प्रत्येक विद्वान,चिंतक, समाज सुधारक, राजनेता अथवा प्रशासनिक अधिकारी,जज आदि से मिलने के लिए स्वयं उसके आवास पर या कार्यालय में पहुंच गए। वह जानते थे कि ये लोग समाज को दिशा देने में महत्वपूर्ण भूमिका निभाते हैं। उनकी मान्यता थी कि यदि महत्वपूर्ण पदों पर बैठे इन लोगों की सोच और दिशा को ठीक कर दिया जाए तो जनसाधारण की सोच और दिशा स्वयं ही ठीक हो जाएगी। उन्होंने भारतीय संस्कृति से द्वेषभाव रखने वाले प्रोफेसर मैक्समूलर, प्रोफेसर विल्सन और प्रोफेसर मोनियर विलियम्स जैसे विदेशी विद्वानों से मिलने में भी किसी प्रकार का संकोच नहीं किया। स्वामी जी की सहजता और सरलता को देखकर ये लोग स्वामी जी के प्रशंसक बन गए। उन्होंने अपनी आत्मा पर अपने बारे में किसी ऐसे अवांछित आवरण को नहीं पड़ने दिया जो उन्हें 'विशेष व्यक्तित्व' के रूप में प्रस्तुत करता हो।

महर्षि अरविंद योगी के विचार

स्वामी जी के अनुकरणीय व्यक्तित्व को बड़े ही पवित्र शब्दों में बांधते हुए महर्षि अरविंद योगी ने लिखा है कि :- **'वेद की अंतिम और पूर्ण व्याख्या कुछ भी क्यों न हो मेरा पूर्ण विश्वास है कि इस बात के लिए स्वामी दयानंद का सदा आदर किया जाएगा कि उन्होंने वेदार्थ की सही शैली सबसे पहले पता लगाई थी। घोर अव्यवस्था, पुराने अज्ञान अंधकार और युगों से चली आ रही मूर्खता के बीच में दयानंद की ही दिव्य दृष्टि थी जिसने सच्चाई को देखा और जो सारगर्भित एवं महत्वपूर्ण वस्तु थी, उसे पकड़ लिया।**

उन्होंने दीर्घकाल से बंद पड़े द्वारों की कुंजी का पता लगा लिया और सत्य के अवरुद्ध झरनों पर से उन्हें बंद करके रखने वाली मुहरों को तोड़ डाला।

स्वामी दयानंद के इस विचार में कोई विचित्र और मनमानी कल्पना नहीं है कि वेद में वैज्ञानिक सत्य और धार्मिक सत्य दोनों समाविष्ट हैं। मेरा तो अपना यह विश्वास है कि वेद में विज्ञान की ऐसी सच्चाइयां भी विद्यमान हैं जिन्हें आज का वैज्ञानिक जगत बिल्कुल नहीं जानता और इस अवस्था में यह कहना होगा कि दयानंद ने वेद के ज्ञान की गहराई और व्यापकता के संबंध में अत्युक्ति न करके कम ही कहा है। स्वामी दयानंद यह स्पष्ट रूप से जानते थे कि परमात्मा ने उन्हें किस काम के लिए भेजा है? अतः उन्होंने अपने निश्चित विचार को एक जन्म सिद्ध कार्यकर्ता की सही शक्तियुक्त कार्य कुशलता के साथ कार्यरूप में परिणत किया। जब मैं परमात्मा के कारखाने के इस महाशक्तिशाली कारीगर की मूर्ति का ध्यान करता हूं तो मेरे सम्मुख संघर्ष और संग्राम के, कार्य के, विजय के और विजयी परिश्रम के चित्र आने लगते हैं। मेरी सम्मति में वह प्रकाश के लिए लड़ने वाला योद्धा था। परमात्मा का राज्य स्थापित करने के लिए युद्ध करने वाला वीर था और प्रकृति द्वारा आत्मा के आगे रखी जाने वाली बाधाओं का निर्भीक विजेता था। उसके सारे जीवन की जो छाप मुझ पर पड़ती है वह यह है कि उसमें आध्यात्मिक क्रियात्मकता थी। प्रायः परस्पर विरोधी समझी जाने वाली इन आध्यात्मिकता और क्रियात्मकता का एकत्र होना ही स्वामी दयानंद की परिभाषा है।'

नहीं चुका पाएंगे, ऋषि कर्ज तेरा, शीश झुकाने को, दिल कहे मेरा।
जमीं खुश हमारी आसमां भी खुश, आने पर तेरे, इत्र था बिखेरा।।

आज के परिप्रेक्ष्य में स्वामी जी के इन्हीं चारित्रिक गुणों का अनुकरण कर नए समाज की संरचना करने के लिए आर्य समाज को आगे आने की आवश्यकता है।

सभी महापुरुषों का सम्मिश्रण थे स्वामी जी महाराज

संसार के जितने भी समाज सुधारक या महापुरुष हुए हैं, उन सबके दिव्य गुणों का सम्मिश्रण स्वामी दयानंद जी महाराज के भीतर मिलता है। इस ओर मार्मिक संकेत करते हुए स्वामी सत्यानन्दजी **'श्रीमद्दयानन्द प्रकाश'** की भूमिका के अन्त में लिखते हैं—

"स्वामी जी महाराज पहले महापुरुष थे जो पश्चिमी देशों के मनुष्यों के गुरु कहलाये। जिस युग में स्वामी जी हुए उससे कई वर्ष पहले से आज तक ऐसा एक ही पुरुष हुआ है जो विदेशी भाषा नहीं जानता था, जिसने स्वदेश से बाहर एक पैर भी नहीं रखा था, जो स्वदेश के ही अन्न-जल से पला था, जो विचारों में स्वदेशी था, आचारों में स्वदेशी था, भाषा और वेश में स्वदेशी था, परन्तु वीतराग और परम विद्वान् होने

से सबका भक्ति-भाजन बना हुआ था। महाराज निरपेक्ष- भाव से समालोचना किया करते। सब मतों पर टीका-टिप्पणी चढ़ाते। परन्तु इतना करने पर भी उनमें कोई ऐसी अलौकिक शक्ति और कई ऐसे गुण थे जिनके कारण वे अपने समय के बुद्धिमानों के सम्मानपात्र बने हुए थे। महाराज के उच्चतम जीवन की घटनाओं का पाठ करते समय हमें तो ऐसा प्रतीत होने लगता है कि आज तक जितने भी महात्मा हुए हैं उनके जीवनों के सभी समुज्ज्वल अंश दयानन्द में पाये जाते थे। वह गुण ही न होगा जो उनके सर्वसम्पन्न रूप में विकसित न हुआ हो। महाराज का हिमालय की चोटियों पर चक्कर लगाना, विन्ध्याचल की यात्रा करना, नर्मदा के तट पर घूमना, स्थान-स्थान पर साधु-सन्तों के दर्शन और सत्संग प्राप्त करना मंगलमय श्रीराम का स्मरण कराता है। कर्णवास में कर्णसिंह के बिजली के समान चमकते खड्ग को देखकर भी महाराज नहीं काँपे, तलवार की अति तीक्ष्ण धार को अपनी ओर झुका हुआ अवलोकन करके भी निर्भय बने रहे और साथ ही गम्भीर भाव से कहने लगे कि आत्मा अमर है, अविनाशी है, इसे कोई हनन नहीं कर सकता। यह घटना और ऐसी ही अनेक अन्य घटनाएँ ज्ञान के सागर श्रीकृष्ण को मानस-नेत्रों के आगे मूर्तिमान् बना देती हैं। अपनी प्यारी भगिनी और पूज्य चाचा की मृत्यु से वैराग्यवान् होकर वन-वन में कौपीनमात्रावशेष दिगम्बरी दिशा में फिरना, घोरतम तपस्या करना और अन्त में मृत्युंजय महौषध को ब्रह्मसमाधि में लाभ कर लेना महर्षि के जीवन का अंश बुद्धदेव के समान दिखाई देता है।

"दीन-दुःखियों, अपाहिजों और अनाथों को देखकर श्रीमद् दयानन्द जी क्राइस्ट बन जाते हैं। धुरन्धर वादियों के सम्मुख श्रीशंकराचार्य का रूप दिखा देते हैं। एक ईश्वर का प्रचार करते और विस्तृत भ्रातृभाव की शिक्षा देते हुए भगवान् दयानन्द ऋषि दयानन्द – मेरी दृष्टि में 'आप्त राष्ट्रपुरुष' जी श्रीमान् मुहम्मद जी प्रतीत होने लगते हैं। ईश्वर का यशोगान करते हुए स्तुति- प्रार्थना में जब प्रभु इतने निमग्न हो जाते हैं कि उनकी आँखों से परमात्म-प्रेम की अविरल अश्रुधारा निकल आती है, गद्गद-कण्ठ और पुलकित-गात हो जाते हैं तो सन्तवर रामदास, कबीर, नानक, दादू, चेतन और तुकाराम का समाँ बँध जाता है। वे सन्त शिरोमणि जान पड़ते हैं। आर्यत्व की रक्षा के समय वे प्रातःस्मरणीय प्रताप और शिवाजी तथा गुरु गोविन्दसिंह जी का रूप धारण कर लेते हैं।

"महाराज के जीवन को जिस पक्ष से देखें वह सर्वांग सुन्दर प्रतीत होता है। त्याग और वैराग्य की उसमें न्यूनता नहीं है। श्रद्धा और भक्ति उसमें अपार पाई जाती है। उसमें ज्ञान अगाध है। तर्क अथाह है। वह समयोचित मति का मन्दिर है। प्रेम और उपकार का पुंज है। कृपा और सहानुभूति उसमें कूट-कूटकर भरी है। वह ओज है, तेज है, परम प्रताप है, लोकहित है और सकल कला-सम्पूर्ण है।"

इस भक्तिभावाप्लावित कथन के बाद ऋषि के बारे में कुछ कहने की गुंजाइश नहीं रहती। फिर भी श्रीमद्भगवद्गीता के शब्दों में :-

यदि भाः सदृशी सा स्याद् भासस्तस्य महात्मनः ॥
दिवि सूर्य सहस्त्रस्य भवेद्युगपदुत्थिता।
(गीता, एकादश अध्याय, श्लोक १२)

"यदि आकाश में हजारों सूर्य एक-साथ उदित हों तो उनकी जैसी आभा और दीप्ति होगी, कुछ-कुछ वैसी ही दीप्ति उस आप्त महापुरुष की होगी।"

हे भारत के (और मानवजाति के) भावी भाग्यविधाता! पूर्ण आप्त राष्ट्रपुरुष ऋषि दयानन्द! तेरी जय हो! जय हो! जय-जय हो!'

(क्षितीश वेदालंकार जी की पुस्तक 'चयनिका' से साभार)

स्वामी जी महाराज का समाजवाद

स्वामी दयानंद जी महाराज ने अपने समाज दर्शन की सीमाओं को स्पष्ट करते हुए बताया कि वे शोषण, अन्याय, अत्याचार और विषमतारहित समाज का निर्माण करने के लिए संकल्पित हैं। उन्होंने एक आदर्श स्थापित करते हुए संपूर्ण मानव समाज को वेद का यह संदेश दिया कि 'हे संसार के लोगों! आप सभी मनुष्य हो, इसलिए मनुष्य बनकर ही संसार में रहना सीखो। अपने भीतर की सारी दानवतावादी दुष्प्रवृत्तियों को मारकर मानवतावाद की सदप्रवृत्तियां पर अमल करो। संसार से दानवता को भगाओ और मानवता का प्रचार-प्रसार करो। उन्होंने लोगों को यह भी आभास कराया कि वह शोषण, अन्याय, अत्याचार और विषमता रहित समाज की स्थापना के कार्य के लिए ही संसार में आए हैं। उन्होंने स्पष्ट किया कि प्रत्येक मानव जन्म से ही स्वतंत्र पैदा होता है। धर्म प्रत्येक व्यक्ति के जीवन को संतुलित और मर्यादित बनाता है। धर्म बंधन नहीं है बल्कि बंधन को काटने का एक मार्ग है। धर्म के मार्ग को अपनाना आत्मकल्याण करना ही नहीं है बल्कि विश्व-कल्याण के पवित्र यज्ञ में अपनी सर्वोत्तम आहुति डालना भी है। धर्म उन बंधनों को काटता है जो संसार में रहकर मनुष्य काम, क्रोध, मद, मोह, लोभ, ईर्ष्या, घृणा, द्वेष आदि को पालकर उसकी जकड़न में अपने आप को स्वयं ही बांध लेता है।

स्वामी जी महाराज ने राजनीति के क्षेत्र में काम कर रहे लोगों के बारे में भी स्पष्ट किया कि वे सभी समाज और राष्ट्र की सेवा के लिए परमपिता परमात्मा की ओर से नियुक्त किए गए सेवक हैं। इसी दृष्टिकोण से उन्हें समाज और संसार की सेवा करनी चाहिए। सेवा करवाने से सेवा करना उत्तम है। सेवा करवाने का भाव अपने आप को अधिनायकवादी बनाना है। संसार में दास और स्वामी के अमानवीय आचरण को अपनाना है। दास और स्वामी के इसी अमानवीय आचरण ने संसार को गुलामी जैसी अपवित्र अवधारणा से परिचित कराया है।

सेवा ही सबसे बड़ा, धर्म जगत में होय।
सेवा से मेवा मिले, बंधन ढीला होय।।

गुलामी की अवधारणा पूर्णतया नर्कगामी है। अपवित्र है। इससे लोक का अहित होता है और अंत में व्यक्ति स्वयं भी पतित होकर रह जाता है। जबकि सेवा करने का भाव अपने आपको लोकतांत्रिक बनाकर प्रस्तुत करने के समान है। सेवा करने के भाव में कल्याण निहित है। इससे संसार का उपकार होता है। व्यक्ति को आत्म संतुष्टि प्राप्त होती है। उसका अहंकार विनष्ट होता है और विनम्रता उसके भीतर अपने आप प्रवेश करने लगती है। सेवा संस्कार बीज डालती है, जबकि सेवा करवाना संस्कार बीजों को नष्ट करता है। यही कारण था कि स्वामी जी महाराज ने मुस्लिम, अंग्रेज, फ्रांसीसी, डच जैसी जातियों के सेवा करवाने के भाव को अपवित्र माना और संपूर्ण मानवता को इस दुष्टता के विरुद्ध डटकर सामना करने के लिए आंदोलित किया।

स्वामी जी महाराज ने अपने इस शिवसंकल्प की पूर्ति के लिए संपूर्ण मानव समाज को पशुओं की भांति किसी कानून या डंडे से हांकने के स्थान पर उसे भीतर से प्रेरित करने का प्रयास किया। डॉ. क्षीतिश वेदालंकार ने इस पर लिखा है कि 'वैदिक धर्म जिस समाजवादी समाज की स्थापना करना चाहता है, उसमें ऊपर से थोपने या कानून या दंड को उतना स्थान नहीं, जितना मनुष्य को स्वतः विकसित होने का अवसर देना है। विकसित भी इस ढंग से होना है कि मनुष्य निरंतर समाज के प्रति अपने दायित्व को अनुभव करता रहे और अपनी शक्ति और योग्यता का लाभ समाज को देता रहे।'

'वेदों की ओर लौटो' का संदेश

स्वामी जी ने मनुष्य को मनुष्य बनने के लिए उसे वेदों की ओर लौटने के लिए प्रेरित किया। उन्होंने मनुष्य को ऊर्जा के अनन्त स्रोत से जोड़ने का महान पुरुषार्थ किया। जितने जितने लोगों ने उनकी बात को मानकर ऊर्जा के अनंत स्रोत से जुड़ने का आनंद उठाया, उनका जीवन कल्याण मार्ग का पथिक बन गया।

ऊर्जा के उस स्रोत से, लो अनन्त प्रकाश।
भव बंधन काटे वही, भरे हर्ष उल्लास।।

स्वामी दयानंद जी एक ऐसे महान क्रांतिकारी थे जिन्होंने संपूर्ण मानव समाज को ही कल्याण मार्ग का पथिक बनाने का बीड़ा उठाया था। जब वह गुलामी के दुष्ट पौधों को भारत के विशाल खेत से उखाड़ने का कार्य कर रहे थे, तब वह इस बात का पूरा ध्यान रख रहे थे कि फसल के पौधों को बचाते हुए दुष्ट पौधों को ही उखाड़ा जाए। उन्हें न किसी अंग्रेज से कोई शिकायत थी ना किसी मुसलमान से किसी प्रकार का द्वेषभाव था। वह प्रत्येक मानव से प्रेम करते थे पर किसी के भी दोष की ओर संकेत करना भी अपना धर्म समझते थे।

स्वामी जी महाराज ने समाज उसे नहीं माना जो व्यक्ति की स्वतंत्रता का हनन करता है या उस पर किसी प्रकार का पहरा बैठाता है। इसके विपरीत स्वामी जी महाराज ने समाज की संज्ञा उसे दी जो मनुष्य की मनुष्यता का विस्तार करे। उसे आकाश की ऊंचाइयों को छूने का अवसर उपलब्ध कराए, उसे पतित होने से रोके, उसके भीतर व्याप्त बुराइयों को दूर करे और उसके व्यक्तित्व के विकास में सहायक बने।

समाज क्या है?

स्वामी जी महाराज के दृष्टिकोण से समाज व्यक्ति के व्यक्तित्व को संकीर्ण दृष्टिकोण से देखने वाली संस्था भी नहीं है। इसके स्थान पर वह मनुष्य की संकीर्णताओं को समाप्त कर उन्हें अनंत में विलीन कर देने वाली संस्था है और इसी के साथ वह व्यक्ति के व्यक्तित्व को भी विस्तारित करते हुए वहां तक ले जाती है जहां तक अनंत की संभावनाएं हैं। इसका अभिप्राय है कि समाज व्यक्ति के हाथ को पकड़कर उन्नति के परम शिखर तक पहुंचा देने वाली संस्था है। सर्वांगीण विकास की गारंटी है। सुरक्षा देने का एक वचन है। मनुष्य को अकेला छोड़कर जंगली न बनने देने का एक कवच है। मनुष्य को महात्मा बनाकर आत्मदर्शी बना देने की एक प्रक्रिया है।

यही कारण है कि स्वामी जी महाराज ने जब आर्य समाज के बारे में नियमों का निर्धारण किया तो उन्होंने लिखा कि 'संसार का उपकार करना इस समाज का मुख्य उद्देश्य है अर्थात शारीरिक,आत्मिक और सामाजिक उन्नति करना।'

बात साफ है कि स्वामी जी महाराज जब 'इस समाज' की बात कर रहे हैं तो उसका अभिप्राय संपूर्ण मानव समाज से है। जी हां, एक ऐसे मानव समाज से जो सचमुच में मानव कहलाने के अधिकारी हैं। अच्छे कपड़े पहनना या किसी भी तरीके से गालों को चिकने बनाए रखने वाले उन लोगों को आप मानव नहीं कह सकते जो भीतर से लोगों के गले काटने के लिए कतरनी लिए घूमते रहते हैं। जितने बाहर से साफ उतने ही भीतर से भी साफ रहने वाले व्यक्तियों को ही आप मानव कह सकते हैं। इन्हीं मानवों से श्रेष्ठ समाज, मानव समाज अथवा आर्य समाज की स्थापना होती है। इन्हीं श्रेष्ठ मानवों के समाज के लिए स्वामी जी ने कहा कि 'संसार का उपकार करना इस समाज का मुख्य उद्देश्य है।' इसका अर्थ हुआ कि समाज व्यक्ति के लिए स्वतंत्रता की पूर्ण गारंटी है। जो लोग संसार का उपकार करने की मानव की स्वाभाविक प्रवृत्ति से इतर जाकर इस लक्ष्य को चोटिल करने का या बाधित करने का काम करते हैं वे संसार में दानव कहलाते हैं, मानव नहीं। बात सही है :-

उपकार करो जग का, संदेश वेद का है, कल्याण करो जग का आदेश वेद का है।
कहीं भटक नहीं जाना जग के अंधियारों में, तय स्वयं राह करना, उपदेश वेद का है।।

समाज की इतनी सुंदर व्यवस्था और परिभाषा के दृष्टिगत जिन लोगों ने समाज को व्यक्ति की शारीरिक, आत्मिक और सामाजिक उन्नति में बाधक माना है, उनकी स्वयं की संकीर्ण

मानसिकता इसके लिए दोषी है। संसार का उपकार किसी भी प्रकार की स्वार्थ प्रेरित मानसिकता से नहीं हो सकता। उसके लिए अंतःकरण की पवित्रता बहुत आवश्यक है। अंतःकरण की पवित्रता मनुष्य को तभी प्राप्त होती है जब वह आत्मा का परिष्कार करते हुए परमपिता परमेश्वर का आनंदपूर्ण सान्निध्य प्राप्त करने लगता है। जब ऋषियों ने अपनी घोर तपश्चर्या से अपने जीवन को तपाया और खपाया तो उनका यह कार्य आत्म कल्याण से अधिक संसार के कल्याण के लिए था। इस प्रकार हमारे सभी ऋषि सच्चे समाजवादी थे। जिन्होंने लोकहित में अपनी तपश्चर्या को ऊंचाई प्रदान की। उस दृष्टिकोण से स्वामी जी महाराज आधुनिक संसार के सबसे बड़े समाजवादी थे।

उन्होंने भी अपने संपूर्ण जीवन को लोकहित के लिए प्रस्तुत किया। लोकहित के लिए जीवन को तपाना और खपाना ही एक सच्चे समाजवादी की पहचान हो सकती है।

जीवन की तपस्या और साधना को भी लोकहित के साथ समन्वित कर देना जीवन की सबसे बड़ी और ऊंची साधना होती है। ऐसा अद्भुत समन्वय हर किसी के जीवन में नहीं मिलता। सामान्यतया ऐसा देखा जाता है कि तपस्या और साधना में लगा व्यक्ति समाज और संसार को छोड़कर दूर भाग जाता है और जो व्यक्ति समाज और संसार में रमा होता है वह तपस्या और साधना से दूर भाग जाता है। संसार के इस खेल को देखकर लगता है कि जीवन की तपस्या और साधना का लोकहित के साथ कोई संबंध नहीं, कोई समन्वय नहीं, कोई वास्ता सरोकार नहीं। तपस्या और साधना का सामाजिकता से कोई संबंध नहीं।

जबकि सच यह है कि मनुष्य जीवन की ऊंची आध्यात्मिक तपस्या और साधना का ही सामाजिकता से संबंध होता है। जिसमें धर्म के प्रति, स्वयं के प्रति, समाज के प्रति, राष्ट्र के प्रति और लोक के प्रति सत्यनिष्ठ बना होता है।

जीवन की तपस्या और साधना

समाज का निर्माण सकारात्मक ऊर्जा के सतत प्रवाह से होता है। जैसे ही सकारात्मक ऊर्जा का यह सतत प्रवाह कहीं बाधित होता है, वैसे ही समाज के निर्माण की प्रक्रिया बाधित हो जाती है और धीरे-धीरे मरणासन्न अवस्था में पहुंच जाती है। सकारात्मक ऊर्जा का यह प्रवाह मनुष्य को तपस्या और साधना से निरंतर प्राप्त होता रहता है। जिससे समाज निर्माण की प्रक्रिया निरंतर जारी रहती है। यही कारण था कि स्वामी जी महाराज ने समाज निर्माण के लिए तपस्या और साधना को आवश्यक माना। उन्होंने अपने जीवन में इन दोनों तत्वों को प्रमुखता प्रदान की। इसके साथ ही संसार के सभी लोगों को इस बात के लिए प्रेरित किया कि यदि वह भी संसार का उपकार करना चाहते हैं तो तपस्या और साधना के साथ जुड़कर ही ऐसा करने का प्रयास करें। यही कारण था कि स्वामी जी महाराज ने आर्य समाज के नियमों में इस नियम की भी व्यवस्था कराई कि 'सब मनुष्यों को सामाजिक सर्वहितकारी नियम पालने में परतंत्र रहना चाहिए और प्रत्येक हितकारी नियम में सब स्वतंत्र रहें।'

जो सबके हित में है, परतंत्र रहो उसमें। नियम जो हितकारी, स्वतंत्र रहो उसमें।।

डॉ. पांडेय रामायण प्रसाद शर्मा ने अपनी पुस्तक 'भारतीय वर्णाश्रम: सांस्कृतिक एवं दार्शनिक विश्लेषण' में लिखा है कि 'सामाजिक जीवन को एक सुगंधित पुष्पहार की भांति निर्मित करने के पीछे आर्यों का एकमात्र उद्देश्य यही था कि उनका राष्ट्र विद्वानों, वीरों, ऐश्वर्यों, एवं अनेकानेक सामर्थ्यों से सुसंपन्न हो। इस अवस्था की प्राप्ति के लिए जिस समन्वयात्मक प्रणाली का आर्यों ने चयन किया, वही वर्णाश्रम की संज्ञा से अभिहित की गई। वर्णाश्रम आर्य जीवन की वह पद्धति है जिसमें संपूर्ण आर्य जीवन को सुव्यवस्थित करने का विधान निहित है।'

स्वामी दयानंद जी महाराज आर्य जीवन की इसी सुव्यवस्थित जीवन शैली को अपनाने के समर्थक थे।

स्वामी दयानंद जी महाराज से प्रेरित होकर आर्य समाज की अगली पीढ़ी के लोगों ने संध्या, हवन, ध्यान, प्राणायाम आदि को अपने जीवन का उद्देश्य बनाया और इन्हें अपनी दिनचर्या में प्रमुखता प्रदान की। इन लोगों ने संसार का उपकार करना अपना उद्देश्य बनाया। यही कारण था कि वह वास्तविक अर्थों में श्रेष्ठ समाज,मानव समाज अर्थात आर्य समाज बनाने में सफल रहे। आज के संदर्भ में मनुष्य के जीवन से तपस्या और साधना धीरे-धीरे निकलती जा रही हैं और आर्यसमाज के कार्यक्रमों में कभी कभी इन पर थोड़ी बहुत चर्चा हो जाती है। यह चर्चा दिनचर्या में शामिल नहीं है।

समाज की व्यवस्था को गतिशील बनाए रखने के लिए स्वामी जी महाराज ने यह भी स्पष्ट किया कि गुण कर्म स्वभाव के आधार पर ही मनुष्य का वर्ण निश्चित होता है। इसका जन्म से कोई संबंध नहीं है। उन्होंने स्पष्ट लिखा है 'कि जिस -जिस पुरुष में जिस -जिस वर्ण के गुण कर्म हों, उस -उस वर्ण का अधिकार देना, ऐसी व्यवस्था रखने से सब मनुष्य उन्नतिशील होते हैं।क्योंकि उत्तमवर्णी को भय होगा कि जो हमारे संतान मूर्खत्वादि दोष युक्त होंगे तो शूद्र हो जाएंगे और संतान भी डरते रहें कि जो हम उक्त चाल चलन विद्यायुक्त न होंगे तो शूद्र होना पड़ेगा और नीचे वर्णों को उत्तम वर्णस्थ होने के लिए उत्साह बढ़ेगा।'

क्या है इस पुस्तक में?

स्वामी दयानंद जी महाराज के आदर्शों को लेकर जब आर्य समाज आगे बढ़ा तो उसे हर क्षेत्र में आशातीत सफलता प्राप्त हुई। इसका कारण यह था कि उसने वेदों के आदर्श को और वेदों की आदर्श सामाजिक, राजनीतिक और धार्मिक व्यवस्था को अंगीकार कर लिया था। एक क्रांतिकारी संगठन ने क्रांति पुरुषों का निर्माण किया। क्रांति वीरों की टोलियां सजी और सर्वत्र क्रांति की लहर फैल गई।

प्रस्तुत पुस्तक में स्वामी जी महाराज की के द्वारा स्थापित आर्य समाज के उस दिव्य और भव्य स्वरूप का तो चित्रण किया ही गया है उसके पश्चात जब 1947 में देश आजाद हुआ तो

उस समय आर्य समाज ने अपने आपको यज्ञ हवन तक सीमित कर लिया, वहीं से धीरे-धीरे पतन का घुन लगने लगा। यद्यपि आर्य समाज के पास आज भी ऊर्जा का अक्षय स्रोत है। बहुत से विद्वान आर्य समाज के मंच से सूर्य बनकर चमक रहे हैं, परंतु इस सबके उपरांत भी जैसे बड़े परिवार में कुछ चीजें असहज और अवस्थित हो जाती हैं, उसी क्षरण की प्रक्रिया का प्रारंभ आर्य समाज में हो चुका है। अभी आर्य समाज की नाव में कुछ छोटे-छोटे छेद दिखाई दे रहे हैं। नाविकों से अनुरोध है कि समय रहते इन छेदों को भर लें, अन्यथा भविष्य में भारी विनाश हो सकता है।

पुस्तक में जहां आर्य समाज के गौरवशाली अतीत की ओर संकेत किया गया है वहीं कुछ ऐसे छेदों की ओर भी संकेत किया गया है जो आज को बोझिल और भविष्य को चोटिल कर रहे हैं।

समय रहते सावधान होना होगा,पुस्तक इसी उद्देश्य से लिखी गई है। किसी भी व्यक्ति या संस्था के दिल को चोट पहुंचाने या किसी के सम्मान को कम करके आंकने का तनिक भी प्रयास नहीं किया गया है।

अंत में परमपिता परमेश्वर की कृपा का हार्दिक धन्यवाद करते हुए और प्रकाशक महोदय के प्रति आभार व्यक्त करते हुए लेखनी को यह मानकर विराम देता हूं कि मेरे इस प्रयास को सही दृष्टिकोण और सही संदर्भ में लिया जाएगा।

विदुषामनुचर:

डॉ. राकेश कुमार आर्य

दयानंद स्ट्रीट, सत्यराज भवन, (महर्षि दयानंद वाटिका के पास)

निवास : सी ई 121, अंसल गोल्फ लिंक - 2, तिलपता चौक, ग्रेटर नोएडा,

जनपद गौतमबुध नगर, उत्तर प्रदेश।

पिन- 201309, चलभाष : 9911169917

विषय सूची

अध्याय -1

स्वामी दयानंद जी महाराज : एक महान व्यक्तित्व

जब भारतवर्ष सर्वत्र अज्ञानता, पाखंड, अंधविश्वास और ढोंग की दलदल में फंसा हुआ था और विदेशी शासकों की गुलामी को भोगना भारतीय समाज के लिए अभिशाप बन गया था, तब स्वामी दयानंद जी महाराज का आगमन होना समकालीन इतिहास की एक महत्वपूर्ण घटना है। स्वामी दयानंद जी महाराज ने अलसाये हुए भारतीय समाज को झकझोरने का प्रशंसनीय कार्य किया। भारतीय राष्ट्र की बीमारी को उन्होंने जड़ से नष्ट करने का बीड़ा उठाया। उन्होंने ऊपरी तौर पर समाज सुधार का कार्य नहीं किया और ना ही अपनी झूठी प्रशंसा कराने या इतिहास में अपना नाम दर्ज कराने के लिए किसी भी प्रकार के पाखंड को अपनाने में विश्वास व्यक्त किया। उन्होंने एक कुशल वैद्य की भांति निष्काम कर्म करते हुए रोगी को स्वस्थ करने पर ध्यान दिया। उन्होंने लोगों से कहा :-

वैदिक दिव्य दिवाकर अपना सदा चमकता रहता है।
शाश्वत सत्य सनातन अपना, आगे बढ़ता रहता है।।

पिछले कई सौ वर्ष के इतिहास में स्वामी जी महाराज पहले व्यक्ति थे जिन्होंने भारत के सांस्कृतिक राष्ट्रवाद के अभ्युदय के क्षेत्र में महत्वपूर्ण कार्य किया। यदि यह कहा जाए कि वर्तमान भारत में सांस्कृतिक राष्ट्रवाद की अलख जगाने वाले पहले व्यक्ति स्वामी दयानंद ही थे तो कोई अतिशयोक्ति न होगी। वास्तव में भारतीय स्वाधीनता आंदोलन को स्वामी दयानंद जी महाराज के सांस्कृतिक राष्ट्रवाद ने ही निर्णायक गति प्रदान की थी।

भारत को उसका 'स्व' समझाया

अपने सांस्कृतिक राष्ट्रवाद के आंदोलन के अंतर्गत स्वामी दयानंद जी पहले व्यक्ति थे जिन्होंने भारत के 'स्व' को समझने और सारे राष्ट्र को उस 'स्व' के प्रति एकताबद्ध हो जाने के लिए प्रेरित किया। उन्होंने 'स्व' की विस्तृत व्याख्या की और विस्तृत व्याख्या करते हुए भारत में सामाजिक क्षेत्र में जहां कई प्रकार के सुधारों पर बल दिया, वहीं राजनीति की दिशा को भी मोड़ने के प्रशंसनीय प्रयास किए। उन्होंने तेजी से अंग्रेजी शिक्षा का शिकार हो रहे भारतीय

समाज का तो भारतीयकरण करने का प्रयास किया ही, साथ ही यूरोपियन राजनीतिक विचारों से प्रेरित होती जा रही भारत की राजनीति का भी भारतीयकरण,आर्यकरण, हिंदूकरण करने का प्रयास किया।

मेरा अपना भारत सक्षम ज्योति जगाने में।
तनिक नहीं संकोच फिरंगी को दूर भगाने में।।

उन्होंने विदेशी राजनीतिक विचारों को भारत के अनुकूल नहीं समझा और लोगों को उनके विरुद्ध खड़ा होने की प्रेरणा दी। एक प्रकार से उन्होंने यूरोपीय विचारों को भारत में फैलने या अपना प्रचार प्रसार करने के सामने अपनी छाती तान दी। छाती तानते हुए स्वामी जी ने जोरदार ढंग से देशवासियों का आवाहन किया कि यूरोपियन विचारों की इस आंधी से देश बर्बाद हो जाएगा यदि अपना भला चाहते हो तो भारत को भारत ही रहने दो। जब उन्होंने लॉर्ड नॉर्थ ब्रुक से कहा कि मैं आपके और आपके साम्राज्य का भारत से यथाशीघ्र प्रस्थान चाहता हूं तो उनके ऐसे कहने का अभिप्राय यही था कि वे ब्रिटिश राजनीतिक विचारधारा और राजनीतिक प्रणाली को भारत के अनुकूल नहीं मानते थे। ब्रिटिश शासकों की अधिनायकवादी सोच का भी उन्होंने विरोध किया और लॉर्ड नॉर्थ ब्रुक से उपरोक्त बात कह कर उन्हें स्पष्ट किया कि आपके भीतर शासन का एक भी गुण नहीं है।

लॉर्ड मैकाले की शिक्षा नीति का किया विरोध

स्वामी दयानंद जी महाराज ने लॉर्ड मैकाले की शिक्षा नीति का पहले दिन से विरोध किया और देश के लोगों का आवाहन किया कि अपनी गुरुकुलीय शिक्षा प्रणाली समाप्त नहीं होनी चाहिए। 1857 की क्रांति के पश्चात जब देश में अंग्रेजी न्याय प्रणाली को लागू किया गया तो स्वामी दयानंद जी महाराज पहले व्यक्ति थे जिन्होंने भारत की प्राचीन पंचायती न्याय प्रणाली की वकालत की और लोगों को प्रेरित किया कि अंग्रेजो के न्यायालयों,पुलिस थानों और स्कूलों आदि सभी का बहिष्कार करो। उन्होंने लोगों से अपील की कि :-

निर्माण करो उस भारत का जहां अत्याचार का नाम ना हो।
भारत मां का श्रृंगार करो, जहां हत्या और अपराध ना हो।।

लोगों ने स्वामी जी महाराज की बात को माना और अंग्रेजों की कोर्ट कचहरी में या पुलिस थानों में या अंग्रेजों के स्कूलों में बच्चों को भेजना पूर्णतया पाप माना। आगे चलकर कांग्रेस के महात्मा गांधी, नेहरू और दूसरे अंग्रेजपरस्त लोग या नेता जहां अंग्रेजी शिक्षा प्रणाली को भारत के लिए वरदान मानते रहे थे वहां स्वामी दयानंद जी महाराज इन लोगों के राजनीतिक मंच पर आने से दशकों वर्ष पूर्व अंग्रेजी शिक्षा प्रणाली को भारत के लिए एक अभिशाप मान

रहे थे। कहने का अभिप्राय है कि कांग्रेस के गांधी और नेहरू जैसे नेता जहां स्वामी दयानंद जी के दशकों बाद आने पर भी अंग्रेजी विचारों और अंग्रेजी शिक्षा प्रणाली को भारत के लिए अभिशाप कहने का साहस नहीं कर पाए, उस कार्य को स्वामी जी महाराज उनके आने से कई दशक वर्ष पूर्व कर रहे थे।

यही कारण था कि महात्मा गांधी और नेहरू जैसे लोग जहां विदेश में पढ़कर बैरिस्टर बनकर भारत की अंग्रेजी न्याय प्रणाली का एक अंग बनने में अपनी शान समझ रहे थे, वहीं दयानंद जी महाराज और उनके अनुयायी इस प्रकार की सोच को ही राष्ट्रविरोधी मानते थे। इस प्रकार स्वामी दयानंद जी महाराज और महात्मा गांधी या उनकी कांग्रेस के स्वदेशी में जमीन आसमान का अंतर है। यह इतिहास का एक बहुत बड़ा चल है कि हमने गांधी जी के स्वदेशी जागरण को पूर्ण मान लिया। जबकि वह आंशिक दृष्टिकोण से ही स्वदेशी था। इसके विपरीत स्वामी दयानन्द जी महाराज का स्वदेशी अभियान अपने आप में एक पूर्ण अभियान था।

पूर्णत्व के पुजारी स्वामी जी महाराज

स्वामी जी के चिंतन में पूर्णता है। उनके कार्य में पूर्णता है। उनकी सोच में पूर्णता है। उनके व्यक्तित्व में पूर्णता है। वह पूर्णता के पुजारी थे और पूर्णत्व की प्राप्ति को ही अपने जीवन का लक्ष्य मानते थे। उस पूर्णत्व को भारत के पूर्णत्व के साथ समायोजित करना उनके जीवन का लक्ष्य था। उन्होंने लोगों को समझाते हुए कहा कि :-

वैदिक धर्म निभाने से, विश्व गुरु भारत होगा,
आर्य धर्म बचाने से, सकल विश्व उन्नत होगा।

देश हमारा महकेगा नहीं बीज अकारथ जाएगा,
गीत ॐ के गाने से निज जीवन भी उन्नत होगा।।

चिंतन की इस ऊंचाई पर न कोई गांधी पहुंच सकता था, ना पहुंचा और ना ही उन जैसी दोगली विचारधारा का कोई व्यक्ति कभी पहुंच पाएगा।

स्वामी दयानंद जी महाराज प्रकाश के उपासक ऋषियों की सेना के सेनापति थे। वह अपने आप में एक महान संस्था थे, विचारों की ज्वाला थे, तेज का पुंज थे, ओज के गायक थे और राष्ट्र के नायक थे। वह योद्धाओं के योद्धा बलदायक थे। अलसाये लोगों के लिए स्वामी जी गति और ऊर्जा के अजस्र स्रोत थे। उनके जीवन काल में लाखों करोड़ों लोगों ने उनसे प्रेरणा प्राप्त की। ऊर्जा प्राप्त की और देश, धर्म संस्कृति की रक्षा के लिए अपने आप को समर्पित कर दिया।

विदेशी शासकों के लिए स्वामी जी सबसे बड़े शत्रु थे और अपने देशवासियों के सबसे बड़े मित्र थे। वेद विरोधी लोगों के लिए स्वामी जी महाराज एक तीक्ष्ण बाण थे तो वेदों में आस्था और विश्वास रखने वाले लोगों के लिए स्वामी जी अमृत की बौछार थे। वह विधवाओं के

संरक्षक, पिता, भ्राता आदि सब कुछ थे। वह अनाथों के सहायक थे। वह दलित,शोषित, उपेक्षित समाज के मसीहा थे। वह आर्य, आर्य भाषा और आर्य राष्ट्र के उपासक थे तथा इंडिया, इंडियन, इंडियन लैंग्वेज अर्थात हिंग्लिश के विरोधी थे। स्वामी दयानंद जी महाराज संस्कृति, संस्कृत और संस्कार के पुजारी थे और अंग्रेजी कल्चर, अंग्रेजी कुसंस्कार और अंग्रेजियत के महान शत्रु थे।

दी अंग्रेजों को चुनौती

उन्होंने भारतवासियों के अधिकारों को कुचलने वाली अंग्रेजियत को चुनौती दी। भारत की संस्कृति को मारकर अपना वर्चस्व स्थापित करने वाली अंग्रेजी कल्चर को चुनौती दी। संसार पर जबरन अपना अधिकार जमाकर अत्याचार और निर्दयता के साथ शासन करने वाली अंग्रेज जाति के कुसंस्कारों को चुनौती दी। इसके लिए स्वामी जी महाराज ने भारत के लोगों को बताया कि तुम्हारे पूर्वज ऋषि रहे हैं, जिन्होंने चिंतन के उच्चतम कीर्तिमान स्थापित किए हैं। तुम्हारी विचारधारा संसार की सबसे पवित्र विचारधारा है। जिसे वेदों की अमृतवाणी ने सींचा है। तुम्हारी संस्कृति संसार की एकमात्र ऐसी संस्कृति है जिसे विश्व संस्कृति कहा जा सकता है और जिसके भीतर सर्व समन्वयवाद की अद्भुत क्षमता है। जो दूसरों के अधिकारों का हनन करना नहीं सिखाती अपितु प्रत्येक को गले लगाकर सबके अधिकारों का सम्मान करना सिखाती है।

अंग्रेजों द्वारा फैलाई गई इस भ्रांत धारणा को स्वामी दयानंद जी ने अपने तार्किक बाणों के प्रबल प्रहार से सर्वप्रथम तोड़ने का सफल प्रयास किया कि आर्य जाति संसार की सबसे पतित जाति है। इसके स्थान पर उन्होंने भारत के आर्यजनों को बताया कि अंग्रेज सबसे पतित जाति है जो दूसरों के अधिकारों को जबरन छीनकर संसार में गुलामी की मानसिकता और विचारधारा को फैलाने का पाप कर रही है।

जो स्वयं पतित है दुनिया में, वही हमको पाठ पढ़ाता है,
जिसमें नैतिकता नहीं नाम की वह हमको न्याय सिखाता है।
जीवन जिसका अपयश का, वह क्या कभी पुण्य कमाएगा?
जो स्वयं लूटता दुनिया को, वह किसका भला कर पाएगा?

स्वामी जी महाराज की निर्भयता,देशभक्ति, नैतिक साहस और आत्मबल का इसी बात से पता चल जाता है कि उन्होंने डंके की चोट अंग्रेजों को भारत छोड़ने के लिए 1857 की क्रांति के समय आवाहन किया और उसके पश्चात जब तक वह संसार में रहे तब तक उनकी नीतियों का विरोध करते रहे।

आर्य समाज ने मिशन को आगे बढ़ाया

स्वामी जी महाराज द्वारा स्थापित किए गए आर्य समाज ने राजनीति और शिक्षा के क्षेत्र में क्रांति लाने का काम किया।

जब अंग्रेज भारत पर शासन कर रहे थे तो उन्होंने भारत का "इंडियनाइजेशन" करने का पूरा प्रबंध कर लिया था। जहां लॉर्ड मैकाले शिक्षा नीति के माध्यम से भारत का "इंडियनाजेशन" करने की दिशा में ठोस कार्य कर रहा था वहीं अंग्रेजी संस्थाएं भारत का चर्चीकरण या ईसाईकरण करने पर भी ध्यान दे रही थीं। वैदिक मूल्यों को तेजी से नष्ट किया जा रहा था और वैचारिक धरातल पर बहुत ही थोथे सिद्ध हो चुके अंग्रेजी विचारों को भारतीय वैदिक मूल्यों पर ठोकने का प्रयास किया जा रहा था। तब स्वामी दयानंद जी महाराज पहले व्यक्ति थे जिन्होंने इस षड़यंत्र के विरुद्ध आवाज बुलन्द की और भारतवासियों को सावधान करते हुए भारत का भारतीयकरण करने की दिशा में ठोस कार्य किया।

हमारा मानना है कि स्वामी जी का चरित्र चित्रण करते समय उनके बारे में यह कहना कि 'उन्होंने भारत का भारतीयकरण किया' भी कहीं उनके व्यक्तित्व को छोटा करके आंकना है। इसके स्थान पर उपयुक्त शब्दावली यही होगी कि उन्होंने भारत का राष्ट्रीयकरण करने का गंभीर प्रयास किया।

स्वामी जी के द्वारा भारत का राष्ट्रीयकरण करने की इस प्रक्रिया में झूठ को भी सच्चा मानने की कहानी की कोई गुंजाइश नहीं थी। उन्होंने झूठे को झूठा कहना आवश्यक माना और जो सत्य था उसका महिमामंडन करते हुए उसी को भारत के राष्ट्रीय संस्कार के रूप में मान्यता देने के लिए राजनीतिक,सामाजिक और धार्मिक लोगों को प्रेरित किया। स्वामी जी ने अपने इस चारित्रिक गुण के चलते जहां कुरान को गलत या झूठा सिद्ध करना पड़ा वहां उन्होंने ऐसा किया। इसी प्रकार बाइबल को भी उन्होंने जहां वह गलत थी, गलत कहा और उनके स्थान पर मानव के वास्तविक धर्म मानवता का प्रतिपादन करने वाले वेदों का महिमामंडन किया।

स्वामी जी तुष्टीकरण के विरोधी थे

स्पष्ट है कि स्वामी जी महाराज के चिंतन में, उनकी सोच में, उनकी नीतियों में और उनकी कार्यशैली में किसी भी प्रकार के तुष्टीकरण के लिए कहीं कोई स्थान नहीं था। जिन लोगों ने भारत में तुष्टीकरण के माध्यम से राष्ट्रीय एकता को स्थापित करने का आगे चलकर काम किया, वे भारत का राष्ट्रीयकरण करने में इसीलिए सफल नहीं हुए कि उन्होंने तुष्टिकरण के माध्यम से कई विसंगतियों को जीवित बनाए रखने का मूर्खतापूर्ण कृत्य किया। उदाहरण के रूप में इस्लाम और ईसाइयत की सांप्रदायिक मान्यताओं को भी तुष्टिकरण में विश्वास रखने वाले हमारे नेताओं ने उचित करार दिया और वेद की मानवतावादी सोच व चिन्तन को भी उन्होंने सांप्रदायिक मान लिया। यदि स्वामी जी महाराज भारतीय संविधान निर्मात्री सभा में रहे होते तो निश्चित रूप से किसी भी प्रकार के तुष्टीकरण को पूर्णतया असंवैधानिक घोषित करते। वह मानव को मानव बनाकर दूसरों के लिए स्वेच्छा से स्थान छोड़ने के लिए प्रेरित करने वाली शिक्षा पर बल देते और संस्कार आधारित शिक्षा के माध्यम से समाज में व्यापक परिवर्तन कर मानव को मानव के

लिए और प्राणीमात्र के लिए उपयोगी बनाने की दिशा में कार्य योजना बनाते।

दया के सागर थे और स्रोत थे आनंद के,
गा रहा है गीत भारत, ऋषि दयानंद के।
पवित्र प्रेरणा हमको देता उनका जीवन,
बंधन काटे सारे जिसने छल पाखंड के।।

स्वामी दयानंद जी महाराज ने सभी देशवासियों से अपने द्वारा लिखित प्रत्येक छोटे-बड़े ग्रंथ में भारत की आत्मा के साथ मिलकर चलने का आह्वान किया। यही कारण था कि जब अंग्रेज 1857 में प्लासी के युद्ध के 100 वर्ष पूर्ण होने पर भारत में अपने शासन के शताब्दी समारोहों की तैयारी कर रहे थे, तब स्वामी दयानंद जी ने उनके बनते हुए खेल को बिगाड़ने के लिए भारत में क्रांति की नींव रख दी थी। स्वामी दयानंद जी महाराज ने उस समय अंग्रेजों को यह चेतावनी दी थी कि भारत भारतीयों का है और इस पर तुम अपने शासन के शताब्दी समारोह नहीं मना सकते। उन्होंने अपनी सिंहगर्जना से लोगों में जागृति पैदा की और उन्हें बताया कि यह हमारे लिए बहुत ही लज्जाजनक स्थिति है कि कोई विदेशी शासक हमारी पवित्र भूमि पर अपने कुशासन के शताब्दी समारोहों का आयोजन करे।

"सत्यार्थ प्रकाश" क्यों लिखा?

उस समय कुछ मुट्ठी भर ऐसे भारतीय थे जो अंग्रेजी शिक्षा प्रणाली में पढकर भारत के साथ गद्दारी करने पर उतर आए थे। वैचारिक रूप से अंग्रेज बने ये भारतीय भारत के लोगों को प्रत्येक क्षेत्र में पिछड़ा हुआ घोषित कर रहे थे और यह मानकर चल रहे थे कि भारत के पास अपना राजनीतिक, सामाजिक और आर्थिक दर्शन नहीं है। तब स्वामी जी ने **"सत्यार्थ प्रकाश"** के माध्यम से अंग्रेजों सहित ऐसे भारतीयों को भी सटीक उत्तर दिया और उन्हें बतलाया कि भारत के पास न केवल अपना राजनीतिक, सामाजिक और आर्थिक दर्शन है बल्कि वह दर्शन इतना ठोस और सकारात्मक है कि वह संपूर्ण विश्व का मार्गदर्शन कर सकता है। आज **"सत्यार्थ प्रकाश"** को इतने संकुचित दृष्टिकोण से देखा जाता है कि यह भारत की पौराणिक जगत की पोल खोलने के लिए ही लिखा गया था, जबकि सच यह है कि यह विदेशी सरकार और विदेशी चिंतन के साथ घुलमिल गए भारतीयों की आंखें खोलने और उनको यह बताने के लिए लिखा गया था कि भारत भारतीयों का है और भारत ही संपूर्ण विश्व का नेतृत्व कर सकता है।

अमूल्य चिंतन दे गए, लिखा वेद का सार।
जब तक जगती चल रही गीत गाए संसार।।

उन्होंने किसी सांप्रदायिक पूर्वाग्रह से ग्रस्त होकर ईसाई और इस्लाम का या उनकी मान्यताओं का विरोध नहीं किया बल्कि भारत को बचाने के लिए उनका विरोध किया। भारत

को बचाने से अभिप्राय है भारत की वैदिक संस्कृति को बचाना। भारत की सत्य सनातन वैदिक संस्कृति के पुरोधा के रूप में काम करते हुए ऋषि दयानंद जी ने जब हमारे देशवासियों से "वेदों की ओर लौटने" का आवाहन किया तो उसका अर्थ केवल यही था कि संसार की अन्य धार्मिक पुस्तकें धार्मिक न होकर सांप्रदायिक पुस्तकें हैं। जो एक दूसरे के बीच मजहबी आधार पर वैमनस्य पैदा करने और संसार में खूनखराबा करने की योजनाओं को फलीभूत करती देखी जा रही हैं। जबकि वेद अपने एकात्ममानववाद के माध्यम से संपूर्ण संसार में मानवतावाद की स्वरलहरियों को फैलाने का काम सृष्टि प्रारंभ से करता रहा है। उसने संपूर्ण मानव समाज को और मानव जाति के लोगों को एक ही परमपिता परमेश्वर की संतान होने से परस्पर भाई बहन के रूप में देखने की प्रेरणा दी है।

●●

अध्याय - 2

स्वामी दयानंद जी का आर्य भाषा बनाम हिंदी

अपनी पुस्तक **"लाल किले की दर्द भरी दास्तां"** में डॉ मोहनलाल गुप्ता ने स्पष्ट किया है कि दिल्ली का मुगल बादशाह नसीरुद्दीन मुहम्मद शाह रंगीला बहुत ही अय्याश किस्म का बादशाह था। जिसने 1719 ईस्वी में गद्दी पर बैठते ही दरबार को ही अय्याशी का केंद्र बना दिया था। ऐसा नहीं है कि इससे पहले मुगल दरबार में ऐसा नहीं होता था, पर पूर्व के मुगल बादशाहों के समय में अय्याशी का अलग स्थान होता था। कुल मिलाकर थोड़ा बहुत सरकारी कार्य राजदरबार में उस समय निपट ही जाता था। पर जब मुहम्मद शाह रंगीला बादशाह बना तो उसके दरबार में ही भड़वे, हिजड़े और वेश्याओं का नाचना गाना आरंभ हो गया। इस बादशाह ने उन शायरों को महत्व दिया जो अय्याशी भरी शायरी को बनाते सुनाते थे। जहां तक भारत की बात है तो भारतवर्ष में तो प्राचीन काल से ही नचकइयों, भड़वों, वेश्याओं आदि का राजदरबारों से दूर-दूर तक का भी कोई संबंध नहीं होता था। यहां तक कि ब्रह्मचर्य आश्रम में रहने वाले ब्रह्मचारियों और ब्रह्मचारिणियों की दिनचर्या में भी उन्हें कहीं सम्मिलित नहीं किया जाता था। देश सेवा में लगे हुए सैनिकों को भी राष्ट्र सेवा के दायित्व का निर्वाह करने के लिए इन सबसे दूर रखा जाता था जिससे उनकी शारीरिक शक्ति का हनन ना हो और मन में आवश्यक आवेग भी न उठने पाएं।

मन की शक्ति क्षीण हो, उठते जब आवेग।
शक्ति की करो साधना, उन्नत हो निज देश।।

पृष्ठ 371-372 पर उपरोक्त लेखक लिखते हैं कि "जब उर्दू शायरी मुगल दरबार से निकलकर दिल्ली की गलियों में टहलने निकली तो उसने वेश्याओं और नृत्यांगनाओं के कोठों पर मुकाम किया। मनचले अमीर तथा उनके बेटे इन कोठों पर आकर उर्दू शायरों की शायरी रक्कासाओं की अदायगी तथा गवैयों की गायकी का एक साथ आनंद उठाने लगे। साहित्य की तरह नृत्य में मुजरा और संगीत में ध्रुपद गायकी का प्रचलन हो गया। मोहम्मद शाह रंगीला खुद भी औरतों के कपड़े पहन कर मुजरा करता और ध्रुपद गाता। ध्रुपद गायकी आज तक की सबसे कठिन गायकी मानी जाती है।...... मोहम्मद साहब रंगीला की जिंदगी इन सब बातों में आराम

से निकल रही थी। उसे राज्य शासन करते हुए 30 साल हो गए थे किंतु उसने कभी भी कोई युद्ध नहीं लड़ा था। न महाराजा अजीत सिंह के पुत्र अभय सिंह से जो दिल्ली के बाहर सराय अली खान तक धावे मार रहा था, न पेशवा बाजीराव से जो कालकाजी में लूट मचा कर वापस लौट गया था, न सिंधिया गायकवाड़, पंवार और होलकर से जो मालवा गुजरात में अलग-अलग राज्य स्थापित करके बैठ गए थे।"

इसी मुगल बादशाह ने बेहूदी और अय्याशी भरी उर्दू की शायरी को ही हिंदी का नाम दिया। इससे पहले भारतीय भाषा को हिंदी के नाम से नहीं पुकारा जाता था। मुगल बादशाह ने अपने पूर्वजों की भांति यहां के लोगों को हिंदू कहा तो हिंदुस्तान की भाषा को उसने **'हिंदी'** या **'हिंदुस्तानी'** का नाम दिया। मुगल बादशाह ने जिस भाषा को **'हिंदी'** कहा था, वह अपने आप में एक खिचड़ी भाषा थी। जिसमें अनेक भाषाओं के शब्दों को ले लिया गया था। उर्दू भी अपने आप में एक ऐसी ही भाषा है। उर्दू का अर्थ ही भीड़ होता है। जिस भाषा में अनेक भाषाओं की भीड़ हो, अरबी, फारसी,अफगानी, तुर्की, यूनानी विभिन्न देशज भाषाओं के शब्दों का जहां जमावड़ा हो, उसे उर्दू कहा जाता है।

मुहम्मद शाह रंगीला के इसी **'हिंदुस्तानी'** या **'हिंदी'** के विचार को पंडित जवाहरलाल नेहरू ने आजाद भारत का पहला प्रधानमंत्री बनने के बाद लागू करने का प्रयास किया।

कुल मिलाकर कहने का अभिप्राय है कि **'हिंदी'** और **'हिंदुस्तानी'** से भारत की किसी भी भाषा का कोई लेना देना नहीं है। जिस भाषा को हम आजकल हिंग्लिश या उर्दू मिश्रित शब्दों के साथ प्रयोग करते हैं, वह भाषा हमारी पराधीन मानसिकता का परिचायक है। पराधीनता के इन प्रतीकों या चिहनों को पंडित जवाहरलाल नेहरू या उन जैसी मानसिकता के लोग यथावत बनाए रखने के पक्षधर थे।

भाषा को बदरंग कर, किया घोर अन्याय।
आर्य राष्ट्र में गूंजती, अपनी भाषा नाय।।

दूसरी ओर स्वामी दयानंद जी महाराज थे, जो पराधीन भारत के काल से ही भारत की राष्ट्रभाषा को 'आर्यभाषा' के नाम से पुकारते थे। उनकी आर्य भाषा संस्कृतनिष्ठ थी। उसे तत्कालीन परिस्थितियों में यदि आप थोड़ी देर के लिए हिंदी का नाम भी दे दें तो भी शुद्ध और परिष्कृत वैज्ञानिक भाषा थी। जिसमें संस्कृत को प्रतिष्ठा प्रदान की गई थी। इस भाषा में एक भी गाली नहीं थी। इसीलिए यह देवभाषा संस्कृत की उत्तराधिकारिणी भाषा थी। स्वामी जी महाराज ने इसे आर्यभाषा इसलिए कहा कि भारत देश के निवासियों को वह आर्य कहते थे और भारत को वह आर्यावर्त के नाम से संबोधित किया करते थे। आर्यों का निजी जीवन तो आर्यत्व से भरपूर होता ही था उनकी भाषा भी बहुत ही उत्तम होती थी। आर्यों की भाषा-आर्यभाषा अर्थात श्रेष्ठ भाषा और एक ऐसी भाषा जिसमें एक भी गाली ना हो। स्वामी जी महाराज ने अपने अमर ग्रंथ **"सत्यार्थ प्रकाश"** को भी इसी आर्यभाषा में लिखने का सराहनीय कार्य किया। स्वामी जी

महाराज के पश्चात आर्य समाज की पहली और दूसरी पीढ़ी के अनेक विद्वानों ने जिस साहित्य की रचना की उसमें उर्दू मिश्रित किसी भी प्रकार की अवैज्ञानिक भाषा की पूर्णतः उपेक्षा की गई और शुद्ध संस्कृतनिष्ठ भाषा का प्रयोग किया गया। यद्यपि कई भजनोपदेशक अपने भजनों में उर्दू के अनेक शब्दों का प्रयोग करते रहे।

स्वामी जी महाराज ने भारत की राष्ट्रभाषा को कभी **'हिंदी'** या **'हिंदुस्तानी'** का नाम नहीं दिया। इसका एक ही कारण था कि वह जानते थे कि **'हिंदी** और **हिंदुस्तानी'** नाम की कोई भाषा नहीं है और यदि अपनी राष्ट्रभाषा को **'हिंदी** या **हिंदुस्तानी'** का नाम दिया गया तो यह भारत की आत्मा के साथ खिलवाड़ करने जैसा होगा। उन्होंने भारत की संस्कृत को भारत की आत्मा के रूप में देखा, विश्वात्मा के रूप में देखा। उससे निर्मित भाषा को ही वह भारत की राष्ट्रभाषा बनाने के पक्षधर थे। जिस प्रकार हिंदू शब्द उन्हें आर्यों के लिए उचित नहीं लगता था, उसी प्रकार वह आर्यों की भाषा को भी **हिंदी** या **हिंदुस्तानी** मानने को कदापि तैयार नहीं थे।

हिंदी हमारी शान है, संस्कृत का यदि ज्ञान।
माता अपने दूध का, करवाती हमें पान।।

स्वामी दयानंद जी महाराज की अपनी संस्कृतनिष्ठ आर्य भाषा अर्थात राष्ट्रभाषा हिंदी के प्रति श्रद्धा का ही परिणाम था कि 14 सितंबर, 1949 को उसे भारत की संविधान निर्मात्री सभा में राजभाषा का दर्जा दिया गया। हम लेख में आगे स्वामी दयानंद जी महाराज की आर्यभाषा को सुविधा के दृष्टिकोण से हिंदी के नाम से ही संबोधित करेंगे, पर पाठकों से यह निवेदन भी करेंगे कि वह जहां भी हिंदी का प्रयोग हो वहां-वहां ही उसे स्वामी दयानंद जी के दृष्टिकोण से समझते हुए आर्यभाषा अर्थात संस्कृतनिष्ठ हिंदी के रूप में पढ़ें, ना कि उर्दू, अरबी, फारसी, इंग्लिश या अन्य अनेक प्रकार की देशज भाषाओं के शब्दों से बनी **'हिंदुस्तानी'** के रूप में।

स्वामी जी महाराज का यह स्पष्ट विचार था कि किसी भी बच्चे को यदि उसकी मातृभाषा में अपने विचारों की अभिव्यक्ति का अवसर दिया जाए तो वह कहीं अधिक आत्मविश्वास के साथ अपनी अभिव्यक्ति देने में सफल होता है। इसके अतिरिक्त संसार की सर्वाधिक प्राचीन भाषा संस्कृत पूर्णतया वैज्ञानिक है। उसके स्थान पर अन्य अवैज्ञानिक भाषाओं का प्रयोग करना भारत की वैज्ञानिक ऋषि परंपरा के साथ भी अन्याय करना होगा। इसके उपरांत भी हमारे देश में कुछ ऐसे असामाजिक तत्व हैं जिन्होंने भारत की आर्यभाषा हिंदी को साम्राज्यवादी भाषा के रूप में उल्लेखित किया है। जो लोग ऐसा मानते हैं वे निरे अज्ञानी हैं। साम्राज्यवादी भाषा अंग्रेजी हो सकती है, अरबी व फारसी हो सकती हैं, पर आर्य भाषा हिंदी कभी नहीं हो सकती। अंग्रेजी, अरबी और फारसी के मानने वाले लोगों ने संसार भर में साम्राज्यवाद की आंधी चलाने का काम किया है। अपने इस अमानवीय दुराचरण का परिचय देते हुए इन लोगों ने भाषा के नाम पर भी बड़े-बड़े नरसंहार किए हैं।

भाषा भी हिंसा करे, चढ़े मजहब का रंग।
देख बुरी इस सोच को हर कोई होता दंग।।

जिस समय तक स्वामी दयानंद जी महाराज आए उस समय तक भारत की आर्यभाषा को लोग हिंदी के नाम से जानने लगे थे। स्वामी जी ने बंगाली नेता केशवचंद्र सेन जी के आग्रह को स्वीकार करते हुए हिंदी में लेखन कार्य आरंभ किया और अपने अमर ग्रंथ **"सत्यार्थ प्रकाश"** को भी उन्होंने हिंदी में ही लिखा।

जब अपने इस ग्रंथ को केशव चंद्र सेन के आग्रह पर उन्होंने हिंदी में लिखना आरंभ किया तो उसके पीछे भी एक विशेष घटना घटित हुई थी। 1872 ईस्वी में स्वामी दयानंद जी महाराज कोलिकाता गए थे, जहां उन्होंने संस्कृत में व्याख्यान दिए थे। उस समय भारत की राजधानी भी कोलिकाता में ही थी। स्वामी दयानंद जी महाराज द्वारा दिए जा रहे संस्कृत भाषण का हिंदी में अनुवाद किया जाना भी उस समय आवश्यक था। जिसे गवर्नमेन्ट संस्कृत कालेज, कलकत्ता के उपाचार्य पं. महेश चन्द्र न्यायरत्न कर रहे थे। जिन्होंने उसकी मनमानी व्याख्या कर डाली थी। स्वामी जी महाराज के आशय से अलग किए गए अनुवाद का उपस्थित विद्यार्थियों, शोधार्थियों और श्रोताओं ने विरोध किया। तब अनुवादक न्यायरतन सभा छोड़कर चले गए थे। इसके उपरांत केशव चंद्र जी ने स्वामी जी से आगे से हिंदी में भाषण देने का आग्रह किया।

इस एक छोटी सी घटना ने आगे का मार्ग प्रशस्त कर दिया आप यह भी कह सकते हैं कि इस छोटी सी घटना ने इतिहास को निर्णायक मोड़ दे दिया। यद्यपि स्वामी दयानंद जी महाराज की अपनी मातृभाषा गुजराती थी और उनका अध्ययन अध्यापन संस्कृत में होने के कारण वह हिंदी की अपेक्षा संस्कृत में अधिक उत्तमता के साथ वार्तालाप, व्याख्यान, लेखन शास्त्रार्थ और शंका का समाधान आदि का कार्य करने में सक्षम थे। परंतु इसके उपरांत भी उन्होंने केशव चंद्र जी की बात को स्वीकार कर राष्ट्रहित में हिंदी में लिखना आरंभ किया। उनकी आर्यभाषा के प्रति इस प्रकार की निष्ठा का प्रभाव यह हुआ कि हमारे देश के अनेक क्रांतिकारियों ने अपने समाचार पत्र, पत्रिकाएं या पत्रक हिंदी में ही निकालने आरंभ किये। जिससे हिंदी के प्रचार प्रसार में पर्याप्त सहायता मिली।

स्वामी दयानंद जी महाराज बड़ी विलक्षण प्रतिभा के धनी व्यक्ति थे। उन्होंने **"सत्यार्थ प्रकाश"** की रचना मात्र 3 महीने में कर डाली थी। जिस ग्रंथ को लिखने से पहले स्वामी जी महाराज को 3000 ग्रंथों / पुस्तकों का अध्ययन करना पड़ा हो उनके निचोड़ को मात्र 3 महीने में एक पुस्तक में समायोजित या संकलित कर देना स्वामी दयानंद जी के ही वश की बात थी। हिंदी में लिखा गया उनका यह ग्रंथ भारत ही नहीं भारत से बाहर भी लोकप्रिय हुआ। इस ग्रंथ को पढ़ने के पश्चात अनेक युवाओं का हृदय परिवर्तन हुआ और उन्होंने भारत के स्वाधीनता आंदोलन की क्रांतिकारी विचारधारा के साथ जुड़कर देश की स्वाधीनता के लिए अपना अप्रतिम योगदान

दिया। कितने ही युवाओं ने आजीवन अविवाहित रहकर देश सेवा का संकल्प लिया और कितनों ने ही देश सेवा करते हुए अपना अनुपम बलिदान दिया।

अंग्रेजी साम्राज्य की भारत में होली जलाने का काम यदि किसी एक ग्रंथ की विचारधारा ने किया तो वह ग्रन्थ **"सत्यार्थ प्रकाश"** ही था। गांधीजी सहित अनेक नेताओं ने स्वदेशी के नाम पर जिस प्रकार विदेशी कपड़ों की अलग-अलग स्थानों पर और अलग-अलग समय पर होली जलाई वह होली जलाने का बार-बार का आवाहन वास्तव में **"सत्यार्थ प्रकाश"** की विचारधारा की ही परिणति था।

थियोसोफिकल सोसायटी की नेत्री मैडम ब्लेवत्स्की ने स्वामी दयानंद जी से उनके द्वारा लिखे गए ग्रंथों का अंग्रेजी अनुवाद करने की अनुमति चाही थी। यह 1879 की घटना है। तब स्वामी दयानंद जी महाराज ने मैडम ब्लेवत्सकी के लिए पत्र लिखकर उनसे कहा था कि यदि उनके ग्रंथों का अंग्रेजी में अनुवाद किया जाएगा तो इससे हिंदी के प्रचार प्रसार में अवरोध आएगा। जिसे किसी भी दृष्टिकोण से उचित नहीं कहा जा सकता। स्वामी जी के हिंदी के प्रति इस प्रकार के दृष्टिकोण से पता चलता है कि वह किस सीमा तक राष्ट्रभाषा हिंदी के समर्थक थे? उन्हें इस बात का मोह नहीं था कि यदि उनके ग्रंथों का अंग्रेज़ी अनुवाद होता है तो इससे उनके पाठकों की संख्या बढ़ेगी? इससे अधिक उनके लिए यह अनिवार्य था कि मेरे देश की भाषा देश के लोगों से संवाद करे और उनके भीतर क्रांति भाव उत्पन्न कर विदेशी शक्तियों को भारत भूमि से खदेड़ने का काम करे।

अंग्रेजी में अपने ग्रंथों के अनुवाद को स्वामी जी इसलिए भी अनुचित मानते थे कि भारत आर्यभाषा भाषियों का देश है। यदि इस समय उनके महत्वपूर्ण ग्रंथों का अंग्रेजी में अनुवाद किया गया तो कई लोग हिंदी के स्थान पर अंग्रेजी की पुस्तकों को प्राथमिकता देकर उसे प्रोत्साहित करने का काम करेंगे। यद्यपि स्वामी दयानंद जी के बाद अंग्रेजी भाषा में भी आर्य विद्वानों ने लिखने में किसी प्रकार का संकोच नहीं किया। उनका इस प्रकार का लेखन अनुचित ही कहा जाएगा। जिस प्रकार स्वामी जी महाराज ने अपने ग्रंथों का अंग्रेजी में अनुवाद करने से इनकार कर दिया था, उसी प्रकार उन्होंने हरिद्वार में एक व्यक्ति द्वारा उनकी पुस्तकों का उर्दू में अनुवाद करने के आग्रह को अस्वीकार करके भी अपनी आर्यभाषा हिंदी के प्रति निष्ठा व्यक्त की थी। उस समय उन्होंने कहा था कि अनुवाद विदेशियों के लिए हुआ करता है। इस संबंध में जानकारी देते हुए मनमोहन कुमार आर्य जी लिखते हैं :- "हिन्दी न जानने वाले एवं इसे सीखने का प्रयत्न न करने वालों से उन्होंने पूछा कि जो व्यक्ति इस देश में उत्पन्न होकर यहां की भाषा हिन्दी को सीखने में परिश्रम नहीं करता उससे और क्या आशा की जा सकती है?" श्रोताओं को सम्बोधित कर उन्होंने कहा, "आप तो मुझे अनुवाद की सम्मति देते हैं परन्तु दयानन्द के नेत्र वह दिन देखना चाहते हैं जब कश्मीर से कन्याकुमारी और अटक से कटक तक देवनागरी अक्षरों का प्रचार होगा।" इस स्वर्णिम स्वप्न के द्रष्टा स्वामी दयानन्द ने अपने ग्रन्थों में एक स्थान पर लिखा है कि आर्यो (भारत वर्ष का प्राचीन नाम) भर में भाषा का एक्य सम्पादन करने के लिए ही उन्होंने

अपने सभी ग्रन्थों को आर्य भाषा (हिन्दी) में लिखा एवं प्रकाशित किया है। अनुवाद के सम्बन्ध में अपने हृदय में हिन्दी के प्रति सम्पूर्ण प्रेम को प्रकट करते हुए स्वामी दयानंद जी महाराज स्पष्ट कहते हैं, "जिन्हें सचमुच मेरे भावों को जानने की इच्छा होगी, वह इस आर्यभाषा को सीखना अपना कर्तव्य समझेंगे।" यही नहीं आर्य समाज के प्रत्येक सदस्य के लिए उन्होंने हिन्दी सीखना अनिवार्य किया था। भारत वर्ष की तत्कालीन अन्य संस्थाओं में हम ऐसी कोई संस्था नहीं पाते जहां एकमात्र हिन्दी के प्रयोग की बाध्यता हो।"

एक महत्वपूर्ण घटना

बात 1872 से 1882 के बीच की है। उस समय स्वामी जी महाराज हिंदी में अपने व्याख्यानों, शास्त्रार्थों के लिए बहुत अधिक प्रसिद्धि प्राप्त कर चुके थे। उस समय ब्रिटिश सरकार ने डॉ हंटर की अध्यक्षता में एक आयोग गठित किया और उससे कहा गया कि वह भारत में राज्य कार्य करने के लिए किसी एक उपयुक्त भाषा की संस्तुति करे। जब इस आयोग ने अपना काम करना आरंभ किया तो स्वामी दयानंद जी महाराज ने उस समय संपूर्ण देशवासियों का आवाहन कर हिंदी को राजभाषा बनाने पर बल दिया। उन्होंने देश की सभी आर्य समाजों के लिए लिखा और आर्य लोगों से विशेष अपील की कि वह राजभाषा बनाने के लिए हिंदी का समर्थन करें। स्वामी जी महाराज के आवाहन पर उस समय लाखों की संख्या में लोगों ने हंटर कमीशन को हिंदी के समर्थन में अपने ज्ञापन सौंपे थे।

स्वामी जी द्वारा किए गए इस प्रकार के आवाहन का परिणाम यह निकला कि बड़ी संख्या में लोग हिंदी प्रेमी बनते चले गए। इसके तथ्य इस प्रकार हैं "स्वामी जी की प्रेरणा के परिणामस्वरुप देश के कोने-कोने से आयोग को बड़ी संख्या में लोगों ने हस्ताक्षर कराकर ज्ञापन भेजे। कानपुर से हण्टर कमीशन को दो सौ मैमोरियल भेजे गए जिन पर दो लाख लोगों ने हिन्दी को राजभाषा बनाने के पक्ष में हस्ताक्षर किए थे। हिन्दी को गौरव प्रदान करने के लिए स्वामी दयानन्द द्वारा किया गया यह कार्य भी इतिहास की अन्यतम घटना है। स्वामी दयानन्द की प्रेरणा से जिन प्रमुख लोगों ने हिन्दी सीखी उनमें जहां अनेक रियासतों के राज परिवारों के सदस्य थे वहीं कर्नल एच. ओ. अल्काट आदि विदेशी महानुभाव भी थे जो इंग्लैण्ड में स्वामी जी की प्रशंसा सुनकर उनसे मिलने भारत आये थे। यहां यह भी उल्लेखनीय है कि शाहपुरा, उदयपुर, जोधपुर आदि अनेक स्वतन्त्र रियासतों के महाराजा स्वामी दयानन्द के अनुयायी थे और स्वामी जी की प्रेरणा पर उन्होंने अपनी रियासतों में हिन्दी को राजभाषा का दर्जा दिया था।"

इस प्रकार मुगल बादशाह मुहम्मद शाह रंगीला ने चाहे जिस हिंदी या हिंदुस्तानी को स्थापित करने का काम किया हो पर स्वामी जी ने उस भाषा का आर्यकरण कर उसे आर्य भाषा बनाने में महत्वपूर्ण योगदान दिया।

अध्याय - 3

स्वामी दयानंद जी के इतिहास ज्ञान के आदि स्त्रोत

स्वामी दयानंद जी महाराज के इतिहास संबंधी ज्ञान के आदि स्रोत के रूप में उनके 79 वर्षीय गुरु बिरजानंद जी, बिरजानंद जी के 129 वर्षीय गुरु पूर्णानंद जी और पूर्णानंद जी के 160 वर्षीय गुरु आत्मानंद जी थे। इन तीनों ही महान विभूतियों से स्वामी जी का साक्षात्कार हुआ था। बात को समझने के दृष्टिकोण से इस प्रकार भी कहा जा सकता है कि स्वामी आत्मानंद जी महाराज के पास उस समय पिछले 160 वर्ष का जीता जागता अनुभव किया हुआ इतिहास संबंधी ज्ञान था। उनका जन्म सन 1697 में औरंगजेब के शासनकाल के दौरान हुआ था। इस कालखंड में भारत की संस्कृति को मिटाने का बहुत ही खतरनाक प्रयास किया गया था। तब तक की सारी जानकारी उनके पास थी। आत्मानंद जी के भीतर देश को स्वाधीन कराने की गहरी वेदना थी। इसका अभिप्राय है कि वह मुगल काल के उन अनेक अत्याचारों से भी भली प्रकार परिचित थे जिनके कारण भारतीय संस्कृति को गहरे आघात झेलने पड़े थे।

इस प्रकार स्वामी दयानंद जी महाराज को किसी इतिहास की पुस्तक से इतिहास पढ़ने की आवश्यकता नहीं थी, बल्कि उन्हें इतिहास का सीधा सच्चा ज्ञान स्वामी आत्मानंद जी से मिला। जिन्होंने बताया कि मुगलों के शासनकाल के दौरान और उसके पश्चात अंग्रेजों के शासनकाल में हमारे साथ किस प्रकार के अत्याचार होते रहे हैं और आज भी हो रहे हैं? इन विदेशी शक्तियों के शासनकाल में वैदिक संस्कृति का किस प्रकार विनाश करने का षड़यंत्र रचा गया है और रचा जा रहा है? इन सब बातों पर उन्होंने एक प्रकार से स्वामी जी के हृदय में घटनाओं का सीधा प्रसारण / स्थापन किया। उन्हें बताया कि हमें किस प्रकार से मिटाया जा रहा है और इस मिटाने के षड़यंत्र भरे उद्देश्य का हम सबको किस प्रकार सामना करना है?

इसी प्रकार स्वामी पूर्णानंद जी महाराज ने भी स्वामी दयानंद जी महाराज को इतिहास संबंधी ज्ञान उपलब्ध कराया। उन्होंने 1757 ई0 के पलासी के युद्ध में अंग्रेजों के विरुद्ध काम किया था। उसकी अनेक प्रकार की कही- अनकही, सुनी - अनसुनी दास्तानों को उन्होंने भी स्वामी दयानंद जी के हृदय में अक्षरश: स्थापित किया। इस प्रकार की अनेक घटनाओं से स्वामी दयानंद जी महाराज जब प्रेरित- उत्प्रेरित हुए होंगे तो निश्चय ही उनके भीतर खून खौल उठा होगा।

1982 में जब आर्य महासम्मेलन हुआ तो उस समय सत्यकेतु विद्यालंकार जी द्वारा इस बात पर शोध किया गया कि 1857 की क्रांति के समय स्वामी पूर्णानंद जी महाराज की अवस्था कितनी थी? उन्होंने ऐतिहासिक प्रमाणों के आधार पर सिद्ध किया कि 1757 ई0 के पलासी के युद्ध के समय स्वामी पूर्णानंद जी महाराज की अवस्था 29 वर्ष थी। स्पष्ट है कि 1857 की क्रांति के समय स्वामी पूर्णानंद जी महाराज की अवस्था 129 वर्ष थी। यद्यपि अन्यत्र इसे 110 वर्ष लिखा जाता रहा है। हमें इस तथ्य की जानकारी 'सर्वखाप पंचायत का इतिहास' नामक पुस्तक से प्राप्त होती है। यह पुस्तक श्री निहाल सिंह आर्य जी द्वारा बड़े शोध अनुसंधान के पश्चात लिखी गई थी।

विद्यालंकार जी के शोधपूर्ण परिश्रम के पश्चात हमें इस तथ्य को शुद्ध कर लेना चाहिए। पूर्णानंद जी महाराज के द्वारा भी 1757 की घटनाओं को और उसके पश्चात की अनेक दर्दभरी दास्तानों को स्वामी जी को मौखिक रूप से बताया समझाया गया। इसी प्रकार क्रांतिकारी स्वामी बिरजानंद जी महाराज के द्वारा भी स्वामी जी महाराज को जहां संस्कृत व्याकरण आदि का ज्ञान दिया गया वहीं उन्हें इतिहास के माध्यम से भी यह चिंतन प्रस्तुत किया गया कि जब तक विदेशी शक्ति के रूप में अंग्रेज हमारे शासक बने बैठे हैं तब तक हम वैदिक संस्कृति का उद्धार और उत्थान करने में सफल नहीं हो सकते।

इस प्रकार भारतीय संस्कृति के इन तीन महान शिल्पकारों की कुशल शिल्प कला के माध्यम से स्वामी जी का निर्माण हुआ था।

उन्हें मुगलों और अंग्रेजों द्वारा किए जा रहे उन अत्याचारों की जानकारी हुई जिनसे आर्य जाति का पतन हुआ या पतन हो रहा था। उन्हें किसी इतिहास लेखक के पक्षपातपूर्ण विवरण को पढ़ने और उससे कोई पक्षपाती निर्णय लेने या जानकारी लेने के स्थान पर सीधे अपने गुरुओं के माध्यम से मिला यह ज्ञान उनके लिए बहुत अधिक उपयोगी रहा। इसी का परिणाम था कि स्वामी जी महाराज सीधे विदेशी सत्ता के विरुद्ध क्रांति करने पर उतर आए।

स्वामी बिरजानंद जी महाराज क्रांतिकारी विचारों के पुंज थे। अपने समय में उनका संपूर्ण भारतवर्ष में विशेष सम्मान था। हिंदू - मुस्लिम दोनों समुदायों के धर्म गुरुओं की दृष्टि में स्वामी बिरजानंद जी महाराज का विशेष आदर का भाव था।

1856 ईस्वी में मथुरा में एक विशेष पंचायत का आयोजन किया गया था। जिसकी अध्यक्षता के लिए स्वामी बिरजानंद जी महाराज को ही नियुक्त किया गया था। उनकी गौरवपूर्ण उपस्थिति में हिंदू-मुस्लिम दोनों समुदायों के लोगों ने देश को आजाद करने की योजना पर विचार किया था। सबने यह भी निर्णय लिया था कि हम सब आपस के मतभेदों को भुलाकर विदेशी सत्ता को भारत से मिटा देने के प्रति संकल्पित होकर काम करेंगे। स्वामी जी महाराज को उस पंचायत में भाग लेने के लिए एक पालकी में लाया गया था। दोनों वर्गों के लोगों द्वारा

उनका हृदय से स्वागत सत्कार किया गया था। लोगों ने स्वामी जी महाराज को सम्मानवश कुछ अशर्फियां भी भेंट की थीं। पंचायत में उपस्थित लोगों को मिरासी जी द्वारा बताया गया कि इन महात्मा सन्यासी का नाम स्वामी बिरजानंद है। वह अल्लाह ताला के मोहतकिद अर्थात भक्त हैं। इस कार्यक्रम के संबंध में एक पत्र प्राप्त होता है। जिसे निहाल सिंह आर्य जी द्वारा 'सर्वखाप पंचायत का इतिहास' नामक पुस्तक में उल्लेखित किया गया है। उस पत्र में लिखा है कि 'सन् 1856 बमुताबिक सम्वत् 1913 को एक पंचायत मथुरा के तीर्थगाह पर पुनः अकिद हुई, उसमें हिन्दू, मुसलमान और दूसरे मजहब के लोगों ने शिरकत की थी। इस पंचायत में एक नाबीना हिन्दू दरवेश (स्वामी विरजानन्द) को पालकी में बिठाकर लाया गया था। उनके आने पर सब लोगों ने उनका अदब किया। जब उन्हें एक चौकी पर बैठाया गया, तब हिन्दू-मुसलमान फकीरों ने उनकी कदम बोसी (पैर धोना) की। इसके बाद हाजरीन पंचायत के लोगों ने उनका अदब किया। सबके अदब के बाद नानासाहब पेशवा, मौलवी अजीमुल्ला खान, रंगू बाबू और शहंशाह बहादुरशाह के शाहजादा इन सबने अदब में उन्हें कुछ अशर्फियाँ पेश कीं। इसके बाद एक हिन्दू और एक मुसलमान फकीर ने कहा कि हमारे उस्ताद साहिबान की जबान मुबारिक से जो तकरीर होगी, उसे तसल्ली के साथ सब साहिबान सुनें और वह इस मुल्क के लिए बहुत मुफीद (सार्थक) साबित होगी और यह वली अल्लाह साधु बहुत जबानों/ भाषाओं का आलिम/जानकार हमारा मुल्क का बुज़ुर्ग है। खुदा की मेहरबानी से ऐसे बुज़ुर्ग हमें मिले, यह ख़ुदा का हम पर बड़ा अहसान है।'

इस उद्धरण से स्पष्ट है दंडी स्वामी बिरजानंद जी महाराज की राष्ट्रव्यापी ख्याति थी और लोग उनका स्वाभाविक रूप से सम्मान करते थे। यहां तक कि मुगल बादशाह बहादुरशाह जफर भी उनकी विद्वत्ता को नमन करता था। यही कारण था कि उनकी उक्त सभा में मुगल बादशाह के शाहजादे भी सम्मिलित हुए थे।

इस अवसर पर अपना ओजस्वी वक्तव्य देते हुए दंडी स्वामी बिरजानन्द जी महाराज ने लोगों का आवाहन किया था कि वे सब देश के लिए एक होकर काम करें। राष्ट्र की उन्नति के लिए सबके संयुक्त प्रयास से ही विदेशी सत्ता को देश से उखाड़ फेंकने में सफलता मिल सकती है। उपरोक्त पुस्तक से जानकारी मिलती है कि :-

"सबसे पहले उन्होंने खुदा की तारीफ की, उर्दू में उसका तरजुमा किया। इस बुज़ुर्ग ने यह कहा था कि आजादी जन्नत/स्वर्ग है और गुलामी दोजख / नरक है। अपने मुल्क की हकूमत गैरमुल्क की हकूमत के मुकाबले में हजार दर्जे बेहतर है। दूसरों की गुलामी हमेशा बेइज्जती और बेशरमों का बायस है। हमें किसी कौम से या किसी मुल्क से कोई नफरत नहीं है। हम तो खल्के खुदा की बहबूदी के लिए खुदा से रोज दुआ माँगते हैं। मगर हुकमरान कौम खासकर फिरंगी जिस मुल्क में हकूमत करते हैं, उस मुल्क के बाशिन्दों के साथ इन्सानियत का बरताव नहीं करते

और कितनी ही अपनी अच्छाई की तारीफ करें, मगर उस मुल्क के बाशिन्दों के साथ मवेशियों से गिरा हुआ बरताव करते हैं। खुदा की खलकत में सब इन्सान भाई-भाई हैं मगर गैर मुल्की हुकमरान कौम उन्हें भाई न समझकर गुलाम समझती है। किसी भी मजहब की किताब में ऐसा हुक्म नहीं है कि अशरफुल्मखलूकात के साथ दगा की जावे और अल्लाह के हुक्म के खिलाफ बरजी की जावे, इश वास्ते मातहत लोगों का न कोई ईमान है, न कोई धर्म मगर सियासी मसले में आकर वह अपने कौल फेल समझ कर फौरन बदल जाते हैं और हमारी अच्छाई और नेक सलाह को फौरन ठुकरा देते हैं। इसकी असल बजूहात यह है कि हमारे मुल्क को वह अपना वतन नहीं समझते। हमारे मुल्क का बच्चा-बच्चा उनकी खैर ख्वाही का दम भरे फिर भी अपने वतन के कुत्ते को हमारे इन्सानों से अच्छा समझते हैं, यही सब कमी का बायस है, इन्हें अपने ही वतन से मुहब्बत है, इसलिए मैं (स्वामी विरजानन्द) बाशिन्दगान हिन्द से इलतजा करता हूँ कि जितना वह अपने मजहब से मुहब्बत करते हैं उतना ही इस मुल्क के हर इन्सान का फर्ज है कि वतन- परस्त बनें और मुल्क के हर बाशिन्दे को भाई-भाई जैसी मुहब्बत करे तब तुम्हारे दिलों के अन्दर वतन परस्ती आ जाएगी तो इस मुल्क की गुलामी खुद व खुद जुदा हो जाएगी। हिन्द के रहने वाले सब आपस में हिन्दी भाई हैं और बहादुरशाह हमारा शहंशाह है।"

गुरु जी का देश जागरण का कार्य

स्वामी बिरजानंद जी महाराज की उपरोक्त ओजपूर्ण भाषण शैली से यह स्पष्ट होता है कि उनके विचार देश को आजाद कराने के थे और विदेशी शासकों के विरुद्ध वे देश के लोगों को जगा रहे थे। अब तनिक उन क्षणों को याद करें जब स्वामी दयानंद जी महाराज अपनी गुरु दक्षिणा में कुछ लौंग लेकर उनके पास जाते हैं और उस समय गुरु जी उनसे कहते हैं कि मुझे तुमसे लौंग या किसी भी प्रकार की गुरु दक्षिणा नहीं चाहिए बल्कि तुम्हारा जीवन चाहिए। इसका सीधा सा अभिप्राय यही था कि गुरुजी ने अपने शिष्य दयानंद के भीतर की प्रतिभा को पहचान लिया था। उन्हें यह पूर्ण विश्वास था कि जिस कार्य को वे स्वयं नहीं कर पाये उसे उनका यह शिष्य अवश्य ही पूर्ण कर दिखाएगा। उन्हें अपने शिष्य पर यह विश्वास था कि जिस भवन की नींव वह स्वयं रख रहे हैं, उस पर भव्य भवन बनाने की क्षमता यदि किसी के अंदर है तो वह दयानंद के ही अंदर है। वह चाहते थे कि उनके द्वारा रखी गई नींव पर शानदार भवन बनाया जाए। इसके लिए दयानंद को आत्म कल्याण अर्थात स्वयं मोक्ष पाने के स्थान पर समस्त देशवासियों को मोक्ष अर्थात तात्कालिक क्रूर राज्यसत्ताओं से मुक्ति दिलाने के संदर्भ में काम करना चाहिए।

जिस समय स्वामी विरजानंद जी महाराज अपने शिष्य दयानंद को इस प्रकार का उपदेश कर रहे थे, उससे पहले निश्चित रूप से वे अपने सारे इतिहास ज्ञान को और देश की विदेशी सरकार के द्वारा किये जा रहे अत्याचारों के बारे में दयानंद को विस्तार से बता चुके होंगे। स्वामी दयानंद जी भी अपने आपको अबसे पूर्व सिद्ध कर चुके थे। गुरु जी यह जान चुके थे कि दयानंद

ही उनका वास्तविक उत्तराधिकारी है। दयानंद जी अब से पूर्व 1857 की क्रांति के समय से ही देश जागरण के पुण्य कार्य में लगे हुए थे।

मथुरा की बैठक के बारे में कुछ जानकारी

मथुरा में आयोजित की गई उपरोक्त सभा के बारे में हमें जानकारी मिलती है कि-"सम्वत् 1913 विक्रमी में (सन् 1856 ई०) यह पंचायत दूर दराज जंगल में की गई थी और शुरू भादों का यह माह था। यह पंचायत चार रोज तक होती रही। पहले दिन आने वाले सब मेहमानों की एक-दूसरे से मुलाकात कराई गई थी। दूसरे दिन हजरत आदम से लेकर हजरत अलेह व सलम तक सवाने उमरी सुनाई गई। तीसरे दिन राम, कृष्ण, महात्मा बुद्ध, शंकराचार्य और महावीर स्वामी अनेक ऋषि और मुनि और राजा-महाराजाओं की जिन्दगी की दास्तानों पर रोशनी डाली गई और चौथे दिन नाबीना संन्यासी महात्मा बिरजानन्द जी और मुसलमान साईं मियांरममदून शाह ने शुरू में बिरजानन्द जी की तकरीर से पहले शुरुआत की। आज दिन की तकरीर में खासम खास लोगों की ही जमायत थी और खुफिया (और) सरकारी आदमी इसमें नहीं था। नाबीना महात्मा की तकरीर बहुत ही पुरजोर थी और हर मजहबी इल्म से ताल्लुक रखती थी और डेढ़ घंटे तक तकरीर होती रही। मैंने (मीर मुश्ताक मीरासी) इनकी (अर्थात स्वामी दयानंद जी के गुरु दंडी बिरजानंद जी)

तकरीर के खास-खास इलफाज तहरीर किये हैं, बाकी उन्होंने हर पहलुओं पर रोशनी डाली थी। जब महात्मा बिरजानन्द को पालकी में बिठाकर लाया गया, उस वक्त हिन्दू-मुसलमान फकीरों ने इनकी खुशी में शंख, घड़ियाल, नागफणी, नक्कारा (नगाड़ा), तुरही और नरसिंघे बजाए थे और खुदापरस्ती और वतनपरस्ती के गीत गाए थे। यह नाबीना शाधु (साधु) हर इल्म के समझने की ताकत रखता था और खुदा का जलवे जुलाल इसकी जबान से जाहिर होता था। मैंने (मीर मुश्ताक मीरासी) भी अपनी रुह के तकाजे के मुताबिक 5 फूल उनके सामने पेश किये और उनकी कदम बोसी (स्पर्श) की और खुदा से दुआ माँगी कि खुदा ऐसी नेक रुहों को खलकत की भलाई के लिए हमेशा पैदा कीजिए।'

स्वामी बिरजानंद जी को सर्व समाज का यह सम्मान केवल उनकी राष्ट्रभक्ति और ईश्वरभक्ति के साथ-साथ उनके परमयोगी स्वरूप को प्राप्त हो रही थी। यह एक दुर्लभ बात थी कि इतना वृद्ध साधु भी देश के लिए सोच रहा था। विशेष रूप से तब जब उनके पास अपने नेत्र भी नहीं थे। इसके उपरांत भी वह देश को आजाद करने की योजना पर काम कर रहे थे। इसका कारण केवल एक था कि वे जानते थे कि देश को आजाद करने के उपरांत ही वैदिक संस्कृति की रक्षा होना संभव है।

महर्षि दयानंद सरस्वती ने जब अपने जीवन को देश के लिए समर्पित होकर काम करना आरंभ किया तो गुरु बिरजानंद जी का ओजस्वी और तेजस्वी नेतृत्व निश्चित रूप से उन्हें जीवन

भर मार्गदर्शन देता रहा। इसी प्रकार के मार्गदर्शन के चलते स्वामी जी ने देश के युवाओं का देश सेवा के लिए आवाहन किया। उन्होंने सोए हुए भारत को जगाया और उन्हें बताया कि तुम किस प्रकार के महान देशभक्त बलिदानी पूर्वजों की संतान हो?

स्वामी जी महाराज ने बिना किसी लाग लपेट के अपनी बातों को कहना आरंभ किया। उन्होंने इस बात की कभी परवाह नहीं की कि उनकी बातों से विदेशी शासकों को बुरा लगेगा।

दंडी स्वामी बिरजानंद जी के द्वारा यह बात स्वामी दयानंद जी को भली प्रकार समझा दी गई थी कि भारत की वर्तमान दुर्दशा का करण एक तो अनार्ष ग्रंथों का पठन-पाठन है और दूसरे यहां पर बलात विदेशी राज्य का स्थापित होना है। यदि वर्तमान भारत की दुर्दशा को सुधारना है तो इन दो मूल कारणों को हटाना ही पड़ेगा। स्वामी दयानंद जी महाराज ने गुरु जी के इस विचार को अपने जीवन में साकार रूप प्रदान किया। यही कारण था कि उन्होंने लॉर्ड मैकाले की शिक्षा नीति का विरोध करते हुए उन अनार्ष ग्रंथों का भी विरोध किया जिन्होंने भारत की मूल वैदिक परंपरा को विलुप्त करने में अपनी सक्रिय भूमिका निभाई थी। इसके साथ-साथ उन्होंने विदेशी शासन को उखाड़ फेंकने का भी प्रशंसनीय कार्य किया। अपनी हर सभा में वह विदेशी शासकों के विरुद्ध लोगों को आवाज उठाने और क्रांतिकारी उपायों के माध्यम से सक्रिय रूप से स्वतंत्रता आंदोलन में सहयोग करने के लिए प्रेरित करते थे।

क्रान्ति का संदेश लेकर वह दीवाना चल दिया,
भगवा ध्वज लिए हाथ में गीत गाता चल दिया।
ज्यों - ज्यों कदम आगे बढ़े,बढ़ते गए - बढ़ते गए,
रुकने का न कहीं नाम था, लक्ष्य साधे चल दिया।।

मन क्रांति का आगार उसका, वह क्रांति दूत था,
दी जला क्रूर सत्ता और मां भारती का सपूत था।
साधु था, संन्यासी था,गरीबों का वह मसीहा था,
वेद धर्म का उद्धारक, सचमुच वह धर्म दूत था।।

●●

अध्याय - 4

सरदार भगत सिंह स्वामी दयानंद

भारत के स्वाधीनता आंदोलन को गांधीजी के नाम करने वाले कांग्रेसियों ने तो देश के इतिहास का विकृतिकरण किया ही है साथ ही उन वामपंथी इतिहासकारों ने भी देश के इतिहास के तथ्यों के साथ गंभीर छेड़छाड़ की है, जिन्होंने आर्य समाज जैसे क्रांतिकारी संगठन को पीछे धकेलने के उद्देश्य से प्रेरित होकर अपनी-अपनी धारणाओं को इतिहास में स्थान देने का काम किया है। इन लोगों को आर्य समाज का राष्ट्रवादी चिंतन और दृष्टिकोण पहले दिन से ही रास नहीं आया। यही कारण है कि इन वामपंथी इतिहासकारों ने पहले दिन से ही यह प्रयास किया कि भारत के 'स्व' को जगाने का काम करने वाले आर्य समाज और हिंदू महासभा जैसी राष्ट्रवादी संस्थाओं या संगठनों को पूर्णतया उपेक्षित किया जाए और इतिहास को साम्यवादी दृष्टिकोण से लिखा जाए।

करते रहे अवहेलना, मेरे देव के पुरुषार्थ की,
कहानियां लिख डालीं अपने निजी स्वार्थ की।
छल किया राष्ट्र से, ना आई तनिक लज्जा उन्हें,
कहानी सारी दी मिटा, मेरे देव के परमार्थ की।।

इस दृष्टिकोण और उद्देश्य से प्रेरित होकर वामपंथी इतिहासकारों ने स्वामी दयानंद जी के भारतीय स्वाधीनता आंदोलन में योगदान को पूर्णतया उपेक्षित किया है। यही कारण है कि किसी भी वामपंथी इतिहासकार के इतिहास लेखन में स्वामी दयानंद जी महाराज को वह सम्मान नहीं दिया गया जिसके वह पात्र थे।

इन वामपंथी इतिहासकारों ने स्वामी दयानंद जी की विचारधारा से अत्यधिक प्रेरित होने वाले सरदार भगत सिंह को भी वेद विरोधी नास्तिक बनाकर साम्यवादी या वामपंथी बनाने तक का पाप किया है। यद्यपि प्रसिद्ध वामपन्थी क्रान्तिकारी यशपाल ने अपने द्वारा लिखित पुस्तक 'सिंहावलोकन' में हमारे इस मत की पुष्टि की है। भगत सिंह के आर्य समाजी होने के पुख्ता और सटीक प्रमाण देते हुए उन्होंने लिखा है कि 'भगतसिंह के दादा सरदार अर्जुनसिंह क्रान्तिकारियों

के कार्यालय में उससे मिलने आए। प्रात: यज्ञ किया और यज्ञकुण्ड मेज के नीचे रख दिया। यशपाल आए और मेज पर बैठकर कुछ लिखने लग गए। उन्हें पता नहीं था कि आज मेज के नीचे यज्ञकुण्ड रखा है। लिखते-लिखते जूता यज्ञकुण्ड पर रखा गया। वे लिखते रहे और अनजाने में जूते से यज्ञकुण्ड को रगड़ते रहे। दादा जी ने यह देखा तो आग-बगूला हो गए। यशपाल को पूछने पर अपना अपराध पता चला। माफी मांगी और कहा कि यह सब कुछ अनजाने में हुआ है। बहुत मुश्किल से दादा जी शान्त हुए। मिलने पर यशपाल ने सारी बात भगतसिंह को बताई। भगतसिंह ने कहा कि "यशपाल! तुम्हें नहीं पता कि दादा जी पक्के आर्यसमाजी हैं। प्रतिदिन यज्ञ करते हैं। सफर में भी यज्ञकुण्ड और हव्य-सामग्री साथ लेकर चलते हैं।'

वेद भक्त और यज्ञ प्रेमी मेरे अपने दादा हैं,
दुनिया में कहीं और कहां उनके जैसा दादा है?
ईश कृपा हुई है मुझ पर मैं उनके कुल में जन्मा,
पोते रूप में आया हूं मैं, और वह मेरे दादा।।

भगत सिंह के आर्य समाजी होने के इतने पुख्ता प्रमाण होने के उपरांत भी कांग्रेसियों और वामपंथियों ने उनके साथ ऐसा व्यवहार क्यों किया? यदि इस प्रश्न पर विचार किया जाए तो पता चलता है कि इन दोनों संगठनों का सामूहिक उद्देश्य भारत की आत्मा के साथ खिलवाड़ करने का रहा है। वेद और वैदिक संस्कृति से इनका कोई संबंध नहीं रहा। वैदिक संस्कृति को यह प्रारंभ से ही पाखंड और जड़ता का प्रतीक बताते रहे हैं। उनके दृष्टिकोण में सनातन भी जड़ता और यथास्थितिवाद का परिचायक है। यही कारण है कि वेद और वैदिक संस्कृति के साथ-साथ ये लोग सनातन को भी कोसते रहते हैं।

स्वाधीनता प्राप्ति के उपरांत जब इतिहास लेखन की जिम्मेदारी इनके हाथ में आई तो ये दोनों ही नहीं चाहते थे कि भारत के स्वाधीनता आंदोलन में स्वामी दयानंद जी महाराज और आर्य समाज के क्रांतिकारियों को उचित स्थान दिया जाए। वास्तव में कांग्रेसियों और वामपंथियों की विचारधारा भारत में तभी पनप सकती थी जब आर्य समाज या सत्य सनातन वैदिक धर्म को या तो खोखला किया जाए या उसे पूर्णतया उपेक्षित कर हाशिये पर धकेल दिया जाए। स्वामी दयानंद जी महाराज का आर्यराष्ट्र इन लोगों को क्यों पसंद आएगा इन्हें तो सावरकर जी का हिंदू राष्ट्र भी पसंद नहीं है। इन्हें तो खिचडी राष्ट्र अर्थात धर्मनिरपेक्ष हिन्दू विरोधी राज्य प्रिय है, जिसका सीधा सा अर्थ है कि भारत को वैचारिक धरातल पर कमजोर करके रखा जाए। जब संपूर्ण भूमंडल पर ईसाइयत और इस्लाम छा गए हों, तब उनकी चाटुकारिता कई लोगों को अच्छी लगती है। भारत विश्व में वैदिक सत्य सनातन धर्म को अर्थात सनातन को मानने वाला एकमात्र देश है। पिछली कई शताब्दियों की भांति यह धर्म आज भी विधर्मियों के निशाने पर है।

वैदिक सत्य सनातन का हम कभी नहीं अपमान करें।
जितना संभव हो सकता है, उतना हम यशोगान करें।।

आर्य राष्ट्र और हिंदू राष्ट्र ऊपरी तौर पर एक हैं, परंतु एक मौलिक अंतर इन दोनों में है और वह अंतर है विचारधारा का अंतर। यद्यपि हम इन दोनों शब्दों को लेकर किसी प्रकार के विवाद के पक्षधर नहीं है, परंतु फिर भी बता देना चाहते हैं कि आर्य राष्ट्र हमारे देश के सत्य सनातन वैदिक धर्म का प्रतिनिधि सोना जैसी खरी विचारधारा का राष्ट्र है। जबकि हिंदू में कुछ दुर्बलता है और उसमें कुछ दोगलापन भी है। जो लोग कट्टर राष्ट्रवादी विचारधारा को अपनाकर वैदिक आदर्शों और मूल्यों की बात करते हुए रामचंद्र जी और श्री कृष्ण जी का अनुकरण करते हुए शिवाजी के आदर्शों पर चलकर हिंदू राष्ट्र नीति के समर्थक हैं, हम उन सबको आर्य राष्ट्र के समर्थक ही मानते हैं।

यदि भगत सिंह जैसे क्रांतिकारियों के हाथों में स्वाधीनता के पश्चात देश की सत्ता आती तो निश्चित रूप से वह आर्य राष्ट्र के समर्थक होते। सरदार भगत सिंह और उन जैसे क्रांतिकारी स्वाधीनता के पश्चात सत्ता के दावेदार न बनें इसलिए उन्हें समय से निपटाना अथवा मरवाने के प्रति कांग्रेस और उसके बड़े नेता बहुत हद तक जिम्मेदार हैं।

उनके भीतर आर्य राष्ट्र का शिव संकल्प कूट-कूट कर भरा था। क्योंकि उनके परिवार ने स्वामी दयानंद जी महाराज के आदर्शों पर चलकर आर्य राष्ट्र के प्रति अपना संकल्प व्यक्त किया था। एक बार राष्ट्रभक्ति के पड़े संस्कारों को किसी परिवार या वंश से बहुत शीघ्रता से समाप्त नहीं किया जा सकता। अपनी इस प्रतिबद्धता को इस परिवार ने अपना शिवसंकल्प स्वीकार कर उसी के लिए जीने मरने की सौगंध उठाई थी। यह ऋषि दयानंद जी की विचारधारा का जादू ही था कि परिवार के मुखिया और भगत सिंह के दादाजी अर्जुन सिंह जी ने आने वाली पीढ़ियों के लिए भी यह संकेत दे दिया था कि यदि देश धर्म की सेवा करनी है तो आर्य राष्ट्र के ध्वज के नीचे आकर ही इस काम को किया जा सकता है।

शहीद भगतसिंह की सगी भतीजी वीरेन्द्र सिन्धु के द्वारा इस विषय में बड़ा स्पष्ट लिखा गया है। जिससे यह सिद्ध होता है कि भगत सिंह जी के परिवार पर स्वामी दयानंद जी की विचारधारा का गहरा प्रभाव था और पूरा परिवार उस विचारधारा के प्रति पूर्णतया समर्पित था। उनकी अमर कृति 'युगद्रष्टा भगतसिंह और उनके मृत्युंजय पुरखे' इस संबंध में इतिहास के कई रहस्यों से पर्दा उठा देती है। उन्होंने बिना किसी लागलपेट के इतिहास के सच को अपनी लेखनी से स्वर्णिम पृष्ठों पर उकेरने का सराहनीय और राष्ट्रभक्ति पूर्ण कार्य किया है। वीरेन्द्र सिन्धु हमारा मार्गदर्शन करते हुए लिखती है" सरदार अर्जुनसिंह ने ऋषि दयानन्द के दर्शन किए तो मुग्ध हो गये और उनका भाषण सुना तो नव-जागरण की सामाजिक सेना में भरती होकर आर्यसमाजी बन गए। वे उन थोड़े से लोगों में थे, जिन्हें स्वयं ऋषि दयानन्द ने दीक्षा दी थी, यज्ञोपवीत अपने हाथ से

पहनाया था। यह सरदार अर्जुनसिंह का सांस्कृतिक पुनर्जन्म था। मांस खाना उन्होंने छोड़ दिया, शराब की बोतल नाली में फेंक दी, हवन कुण्ड उनका साथी हो गया और सन्ध्या- प्रार्थना सहचरी। उनका जीवन पूरी तरह बदल गया था ....।'

हवन कुंड पर जा बैठे और छोड़ दिए दारू सुल्फा।
सौगंध उठा ली जीवन में, ना काम करूं कोई उल्टा।।

वीरेंद्र सिंधु के इन शब्दों में इतिहास कि वह चेतना छुपी है जिसे वह 'नवजागरण की सामाजिक सेना' के नाम से पुकार रही हैं। नवजागरण की यह सामाजिक सेना आर्य समाज था। जिसमें लोग स्वेच्छा से अपना नाम लिखवा रहे थे और इस सेना की संख्या में निरंतर वृद्धि करते जा रहे थे। नवजागरण की यह सेना दिन प्रतिदिन अंग्रेजों के लिए सिरदर्द बनती जा रही थी। इसके सामने कांग्रेस का आंदोलन पूर्णतया फीका और बेस्वाद हो चुका था। यद्यपि आर्य समाज के लोगों ने कांग्रेस के मंचों को उजड़ने से बचाकर उन पर अपनी उपस्थित दर्ज कराकर उन्हें जीवित रखा। इसके उपरांत भी कांग्रेस अपनी परंपरागत राजभक्ति से बाज नहीं आई। यदि आर्य समाज के लोग बड़ी संख्या में (अर्थात 80%) कांग्रेस के मंचों पर जाकर खड़े नहीं होते तो कांग्रेस खड़े होते - होते ही दम तोड़ गई होती। आर्य समाज के तत्कालीन नेतृत्व का यह बहुत ही दूरगामी निर्णय था कि उन्होंने कांग्रेस को भी जीवित बनाए रखने में भलाई समझी। उनकी सोच थी कि कांग्रेस के मंचों पर आर्य नेताओं / क्रांतिकारियों के जाने से कांग्रेस का चिंतन राष्ट्रवादी बनेगा। यह अलग बात है कि कांग्रेस का मौलिक चिंतन आज तक भी राष्ट्रवादी नहीं बन पाया है।

वीरेंद्र सिंधु आगे लिखती हैं कि 'सचमुच सरदार अर्जुनसिंह का आर्यसमाजी होना एक बड़ा क्रान्तिकारी कदम था। इसे यों समझा जा सकता है कि किसी हिन्दू का आर्यसमाजी हो जाना ही बड़ी बात थी, फिर सरदार अर्जुनसिंह तो सिख से आर्यसमाजी हुए थे। मन्दिर से ही आर्यसमाज का भवन काफी दूर था, पर वे तो गुरुद्वारे से चलकर आर्यसमाज- भवन पहुंचे थे, जो और भी दूर था. ..उन्होंने आर्यसमाज के साहित्य का बहुत गहरा अध्ययन किया। इस गहराई का पता इससे चलता है कि सनातनधर्मी पण्डितों के साथ मूर्तिपूजा और श्राद्ध जैसे विषयों पर कई शास्त्रार्थों में ये ही आर्यसमाज के प्रमुख प्रवक्ता रहे और आर्यसमाज के उत्सवों में दूर-दूर भाषण देने के लिए जाते रहे। वे अपने क्षेत्र के प्रमुख आर्यसमाजी नेताओं में गिने जाते थे और हर काम में उनकी सलाह मानी जाती थी....... गांव के अनपढ़ वातावरण में बहुत बार फुसफुसाहटों में ये शब्द इधर से उधर आते-जाते, जानें बड़े सरदार जी हर वक्त क्या लिखते हैं? यह सब आर्यसमाज के परिपत्र होते थे और छप कर दूर-दूर तक बंटते थे। कई पुस्तकें भी उन्होंने लिखी थीं। उनका बहुत साहित्य बाद की तलाशियों में पुलिस उठा ले गई, फिर भी बहुत कुछ सुरक्षित था। दुःख है कि वह सब बंटवारे की भेंट हो गया और इस प्रकार उनके साहित्य रूप की कहानी अनलिखी ही रह गई।"

शास्त्रार्थों में आर्य समाज का नेतृत्व करना बहुत बड़ी बात थी। यह हर किसी को सौभाग्य प्राप्त नहीं होता था कि वह आर्य समाज की ओर से किसी से जाकर शास्त्रार्थ करे। निश्चित रूप से यह सौभाग्य उसी को प्राप्त होता था जो बहुत अधिक अध्ययनशील होता था और शास्त्रों के अर्थ जानकर दूसरों से भिड़ने की क्षमता रखता था। तार्किक बुद्धि से किसी से भिड़ना शस्त्र बल से भिड़ने की अपेक्षा कहीं अधिक बड़ा काम होता है।

इस कार्य के लिए सरदार जी को चुना जाना, उनकी विद्वत्ता को प्रकट करता है। आर्य समाज के प्रति उनकी निष्ठा और समर्पण को प्रकट करता है। ऋषि सिद्धांतों का उन पर किस प्रकार प्रभाव हो चुका था? - इस बात को प्रकट करता है। अर्जुन सिंह जी नाममात्र के आर्य समाजी नहीं थे। उन्होंने स्वामी दयानंद जी की विचारधारा को घोटकर पी लिया था।

घोट घोट कर पीव लिया दयानंद का जाम।
सारे जगत में हुआ निज भगत का नाम।।

हमें और अधिक जानकारी देते हुए वीरेंद्र सिंधु लिखती हैं 'आर्यसमाजी होने पर भी उन्होंने बहुमत जनता का ध्यान कर गांव में गुरुद्वारा बनाने में पूरा सहयोग दिया, जब कि गुरुद्वारे में जाकर भी वे ग्रन्थ साहब के सामने मत्था नहीं टेकते थे। कहते थे कि यह तो मूर्ति पूजा की तरह ही पुस्तक-पूजा है। हर साल वे एक बड़ा यज्ञ करते थे.....जब उनके बड़े पोतों जगतसिंह और भगतसिंह का यज्ञोपवीत संस्कार हुआ, तो उन्होंने एक को अपनी बायीं भुजा में और दूसरे को दायीं भुजा में भर कर यह संकल्प किया- मैं अपने दोनों वंशधरों को इस यज्ञवेदी पर खड़े हो, देश की बलिवेदी के लिए दान करता हूँ।"

जब अर्जुन सिंह इस प्रकार का संकल्प ले रहे थे तब उनकी दृष्टि में स्वामी दयानंद जी का चित्र निश्चित रूप से उपस्थित रहा होगा। उन्होंने अपने दो वंशधरों को राष्ट्रवेदी और यज्ञवेदी के लिए समर्पित किया। इसका अभिप्राय था कि राष्ट्र और धर्म की उन्हें चिंता थी। जिसकी यज्ञाग्नि को बलवती बनाए रखने के लिए उन्होंने किसी और को उपदेश नहीं दिया बल्कि ऋषि के उपदेश को हृदयंगम कर अपने आप उस पर चलकर दिखाए।

इसी तरह भगतसिंह के पिता सरदार किशनसिंह के बारे में वीरेन्द्र ने लिखा है: "साईंदास ऐंग्लो-संस्कृत हाई स्कूल, जालन्धर में शिक्षा पाने के बाद उनका सार्वजनिक जीवन महात्मा हंसराज के साथ आरम्भ हुआ।" भगतसिंह की माता विद्यावती अपने विवाह के विषय में बातचीत करते हुए कहती हैं: "यों तो दोनों परिवार सिक्ख थे, पर इधर आर्यसमाज का विशेष प्रभाव होने के कारण विवाह गुरु ग्रन्थ साहब से न होकर आर्यसमाजी ढंग से हुआ। फेरे वेदों से हुए, सरदार जी ने पण्डित के साथ-साथ स्वयं भी सभी मन्त्र पढ़े.....सारे गांव में इस बात की चर्चा हुई कि सरदार बरयामसिंह के घर तो ऐसा दामाद आया है जो मन्त्र भी स्वयं ही पढ़ता है।' भगतसिंह के चाचा अजीतसिंह भी दृढ़ आर्यसमाजी थे।"

1894 ई. में अजीतसिंह ने साईंदास ऐंग्लो संस्कृत हाई स्कूल से मैट्रिक पास किया। उनकी इच्छा अब बनारस में पढ़ने की थी। कारण था संस्कृत में बेहद दिलचस्पी.....अब वे डी.ए.वी.

कॉलेज लाहौर के छात्र थे...... आर्यसमाज के लिए उन्होंने बहुत-से पैम्फलेट और ट्रैक्ट लिखे। इनमें 'विधवा की पुकार' बहुत प्रसिद्ध हुआ।'

सरदार अजीतसिंह आर्यसमाज से पूर्ण रूपेण प्रभावित थे। किशोर भगतसिंह ने जब कभी भी अपने दादाजी या पिताजी के लिए पत्र लिखा तो उसमें उन्होंने ओ३म् और नमस्ते को अवश्य लिखा। **"सत्यार्थ प्रकाश"** विमर्श' के लेखक डॉ रामप्रकाश उक्त तथ्यों की जानकारी देते हुए पृष्ठ 77 - 78 पर हमें बताते हैं कि जब 1923 ई. के उत्तरार्द्ध में अपनी सगाई की निश्चित तिथि से कुछ दिन पूर्व भगतसिंह घर से लाहौर चले गए और फिर फरार हो गए, तब पिता के नाम अपनी मेज की दराज में रखे पत्र में लिखकर गए थे: "पूज्य पिता जी, नमस्ते। "

"...आपको याद होगा कि जब मैं छोटा था तो बापू जी ने मेरे यज्ञोपवीत के वक्त एलान किया था कि मुझे खिदमते-वतन के लिए वक्फ कर दिया गया है। लिहाज़ा में उस वक्त की प्रतिज्ञा पूरी कर रहा हूं। उम्मीद है आप मुझे माफ फरमायेंगे।"

राम प्रकाश जी आगे लिखते हैं कि साण्डरस वध के पश्चात् भगतसिंह कोलकाता में दानवीर सर सेठ छाजूराम, केटी.सी.आई.ई. के घर पर ठहरे थे सेठ जी आर्यसमाज, कार्नवालिस स्ट्रीट (विधान सरणी), कोलकाता के प्रमुख नेता थे। उन्हें 'सर' की उपाधि मिली हुई थी। उनका घर अधिक सुरक्षित न समझा गया और भगतसिंह को फरारी के उन दिनों में आर्यसमाज, कोलकाता की छत पर निर्मित गुम्बजनुमा कोठड़ी में ठहराया गया। आर्यसमाज, कोलकाता में भगतसिंह 'हरि' नाम से जाने जाते थे। वे अंग्रेजी पोशाक पहनते थे। उनका हैट वाला प्रसिद्ध चित्र इसी आर्यसमाज में निवास के समय का है। जाते समय भगतसिंह आर्यसमाज के सेवक तुलसीराम को निशानी के रूप में थाली लोटा दे गए। समाज मन्दिर से चलते समय सुशीला दीदी ने भगतसिंह को अपने रक्त का टीका किया। असेम्बली बम काण्ड के पश्चात् जब भगतसिंह पकड़े गए और चित्र समाचारपत्रों में छपा, तब लोगों को पता चला कि आर्यसमाज मन्दिर की छत पर रहने वाला वह युवक कौन था? सांडर्स हत्या से पूर्व जब भगतसिंह कमलनाथ तिवारी (लाहौर केस अभियुक्त और बाद में संसद सदस्य) के साथ कुछ केमिकल्स खरीदने कोलकाता आए थे, तब भी इसी आर्यसमाज में ठहरे थे। यही भगतसिंह कुछ समय आर्यसमाज दीवान हाल, दिल्ली में भी रहे थे। व्यक्ति वहीं ठहरता है जहाँ उसे अपनापन महसूस होता हो। भगतसिंह के छोटे भाई सरदार कुलतारसिंह और उनका परिवार आज भी आर्यसमाजी है। इतना होने पर भी क्या 'भगतसिंह की क्रान्तिकारी चेतना आर्यसमाजी पृष्ठभूमि की देन' नहीं है?'

हमारा मानना है कि सारा क्रांतिकारी आंदोलन ही आर्य समाज की देन था। आर्य समाज वह पारसमणि था, जिसके संपर्क में आकर हर कोई क्रांतिकारी हो जाता था। फिर भगत सिंह जी का तो क्रांतिकारी हो जाना इसलिए भी निश्चित था कि उनके दादाजी ने उन्हें बचपन में ही राष्ट्र के लिए समर्पित कर दिया था। जिस बच्चे को बचपन में ही ऐसे संस्कार मिल गए हों और जिसे बता दिया गया हो कि आर्य समाज उसकी मां है, उसके आर्य समाज होने या ऋषि का शिष्य होने पर भी यदि प्रश्न उठाए जाते हैं तो इससे बड़ा दुर्भाग्य हमारे लिए और कोई नहीं हो सकता।

●●

अध्याय - 5

स्वामी दयानंद और वर्तमान समाज

आर्य समाज ऋषि दयानंद जी की विचारधारा का ध्वजवाहक है। पिछले लगभग डेढ़ सौ वर्ष में इस संस्था ने भारत को ही नहीं संपूर्ण भूमंडल के निवासियों को बहुत कुछ दिया है। देश-विदेश के अनेक विद्वानों ने इस क्रांतिकारी संगठन के महत्वपूर्ण योगदान की मुक्त कंठ से प्रशंसा की है। भारत की लुप्त वैदिक संपदा को फिर से संसार की दृष्टि में लाने का महत्वपूर्ण कार्य स्वामी दयानंद जी महाराज ने किया। जिसे समझ कर अनेक लोग आज यह अनुभव करते हैं कि संसार में शांति केवल वैदिक चिंतन के माध्यम से ही आ सकती है। इसके उपरांत भी हमें आज भी अनेक प्रकार की चुनौतियां खड़ी दिखाई दे रही हैं।

आर्य समाज की आवाज कभी हमारे देश की सरकार की आवाज नहीं बनी। धर्मनिरपेक्षता के सिद्धांत ने वैदिक चिंतन धारा को सरकारी कार्यालयों में फटकने तक नहीं दिया। जिससे देश के भीतर इस्लाम और ईसाइयत की चिंतनधारा भी तेजी से प्रवाहित होटी रही है। इन दोनों की चिंतनधारा को सुरक्षा कवच प्रदान करते हुए सरकारी स्तर पर इस्लाम, ईसाइयत और वैदिक संस्कृति या वैदिक चिंतनधारा तीनों को ही बराबर करके तोल दिया जाता है। दु:ख तब और भी अधिक होता है जब वैदिक चिंतनधारा को सरकारी मान्यता प्राप्त न होकर इस्लाम को भाईचारे का और ईसाइयत को शांति का प्रतीक कह दिया जाता है। यह दुर्भाग्य का विषय है कि ऋषि दयानंद जी महाराज ने देश को स्वराष्ट्र, स्वदेश, स्वभाषा, स्वसंस्कृति और स्वराज्य का बोध तो कराया पर जब देश आजाद हुआ तो देश की सरकारों ने उस बोध को आत्मसात करने से इनकार कर दिया।

स्वाधीन भारत में सरकारें बनीं तो सही परंतु उनके पास स्वबोध, इतिहास बोध और राष्ट्रबोध का सर्वथा अभाव रहा। आर्य समाज ने अपने आपको मुख्य भूमिका से हटाकर पीछे कर लिया। वह यज्ञों पर स्वाहा: स्वाहा: की आहुति देने में लग गया और उधर देश की आजादी की दुल्हन को राक्षस नोंचने में लग गए। भारत के संविधान को लेकर डॉ अंबेडकर ने 1953 संसद में कहा था कि वह इस संविधान को जलाने वाले पहले व्यक्ति होंगे, क्योंकि हमने जिस राष्ट्र मन्दिर की परिकल्पना की थी उसमें राक्षस विराजमान हो गया।

डॉ अंबेडकर का उदाहरण

डॉ भीमराव अंबेडकर जी ने अपनी बात को स्पष्ट करते हुए उस समय कहा था कि - हम एक मंदिर बनाते हैं जिससे कि भगवान उसमें आएं और रहने लगें। लेकिन, भगवान के आने से पहले यदि उसमें दानव आकर रहने लगें तो मंदिर को नष्ट करने के अलावा क्या रास्ता बचेगा? यह सोचकर कोई मंदिर नहीं बनाता है कि उसमें असुर आकर वास करने लगें। सभी चाहते हैं कि उस मंदिर में देवों का वास हो। यही कारण है कि उन्होंने संविधान को जलाने की बात की थी।'

यह 1955 की बात है जब डॉ. अंबेडकर जी ने अपना उपरोक्त वक्तव्य राज्यसभा सांसद अनूप सिंह के द्वारा उनका ध्यान उनके द्वारा ही 1953 में दिए गए उपरोक्त वक्तव्य की ओर दिलाया था। सारी संसद उन्हें उस समय बड़े ध्यान से सुन रही थी। आश्चर्यचकित होकर उस समय एक सांसद ने उनसे कह दिया था कि मंदिर को नष्ट करने के बजाय दानव को ही समाप्त करने की बात क्यों नहीं करनी चाहिए?

इस पर भी डॉ अंबेडकर ने बड़ा मार्मिक उत्तर दिया था। उन्होंने कहा था कि 'यह आप नहीं कर सकते। हमारे देश के प्राचीन साहित्य में सुर - असुर संग्राम की ओर संकेत करते हुए तब उन्होंने कहा था कि जैसे उसे समय अमृत को असुर प्राप्त करने में सफल हो गए थे और देवताओं को अंत में अमृत को लेकर भागना पड़ा था, कुछ वैसी ही स्थिति इस समय पैदा हो गई है।'

आर्य समाज मौन क्यों रहा?

निश्चित रूप से इस स्थिति को आर्य समाज जैसी क्रांतिकारी संस्था को समझना चाहिए था। स्थिति कुछ वैसी ही बन गई थी जैसी डॉ अंबेडकर बयां कर रहे थे। अमृत मंथन किसने किया और उस अमृत मंथन के फल को प्राप्त करने में कौन सफल हुआ! यह उस समय का बहुत बड़ा प्रश्न था। जिस पर आर्य समाज मौन साध गया। राष्ट्र मंदिर बना तो उसमें वह कौन व्यक्ति था या कौन सा विचार था, जो एक राक्षस के रूप में विराजमान हो गया था? और यदि ऐसा हो गया था तो ऐसी कौन सी मजबूरी थी जिसके चलते आर्य समाज को चुप्पी साधनी पड़ी?

माना कि उस समय के अनेक आर्य विद्वान तत्कालीन सरकार का विरोध कर रहे थे, परंतु ऐसा क्यों नहीं हुआ कि जब तत्कालीन सरकार देश के इतिहास का विकृतिकरण कर रही थी और उसमें से आर्य समाज को इस प्रकार निकाल कर फेंक रही थी जैसे कोई दूध में से मक्खी निकाल कर फेंक देता है, तब देश के वास्तविक इतिहास लेखन के लिए आर्य समाज आगे क्यों नहीं आया और जो कुछ इतिहास के साथ देश की तत्कालीन परिस्थितियों में हो रहा था, उसको लेकर आर्य समाज ने आंदोलन क्यों नहीं चलाया? हमारा मानना है कि उस समय इतिहास के विकृतिकरण और विलुप्तिकरण की कोशिशों के विरुद्ध आर्य समाज को आवाज उठानी चाहिए

थी। आंदोलन खड़ा करना चाहिए था और नेहरू एंड कंपनी की धूर्तता व चालाकी को सड़कों पर लाकर नंगा करना चाहिए था।

हमने दूसरे क्षेत्रों में भी मैदान खाली छोड़ दिया

राजनीति के क्षेत्र में तो हमने मैदान पर उनका अधिकार स्वीकार किया ही जिनका अधिकार नहीं होना चाहिए था। हमने धर्म के क्षेत्र में भी उन पाखंडियों और अंधविश्वासियों को खुला मैदान सौंप दिया जिन्होंने सदियों से देश के समाज का पाखंडीकरण किया था। इन सब बातों को देखकर आज यह कहने में कष्ट होता है कि परिणाम आशानुकूल नहीं आए या कहिए कि वर्तमान समय में परिणाम की दिशा विपरीत हो गई लगती है। जिस प्रकार तेजी से देश में पाखंड फैल रहा है,अंधविश्वास में वृद्धि हो रही है,सामाजिक मूल्यों का पतन हो रहा है, माता-पिता के लिए वृद्धाश्रम बनाए जा रहे हैं, उन सबके बीच कुछ ऐसा लगता है जैसे मानव का कोई बहुत मूल्यवान धन उससे कहीं खो गया है। बड़े यत्न से प्राप्त की गई कोई चीज जब खो जाती है तो जिस प्रकार उस चीज के खो जाने पर उसके स्वामी को दु:ख होता है वैसा ही दु:ख आज मां भारती को हो रहा है। मां भारती को अपेक्षा थी कि उसका जो कुछ भी अतीत में लूटा गया है, वह उसे ससम्मान लौटाया जाएगा, पर जिनसे ऐसी अपेक्षा की गई थी वह भी दूसरे वेश में लुटेरे ही निकले। यदि इन नए लुटेरों को सहज रूप में आर्य समाज ने काम करने दिया अर्थात लूट मचाने दी तो इस क्रांतिकारी संगठन के लिए भी कहना पड़ेगा कि इसने भी ऋषि दयानंद जी के उस साहस को कहीं पीछे छोड़ दिया, जिसने लॉर्ड नॉर्थ ब्रुक जैसे विदेशी अत्याचारी शासक का बहादुरी के साथ सामना कर उसके साम्राज्य के अंत होने की प्रार्थना करने संबंधी बात कही थी।परिवार,समाज और राष्ट्र के संस्कारों को खोकर हमने जिस नई दुनिया को बसाया है वह दुनिया रसहीन और बेस्वाद सी लगती है।

सामाजिक परिवेश बहुत ही कष्टदायक है

इस सबके बीच निकट के संबंधों में हिंसा का प्रवेश होना अत्यधिक चिंताजनक है। खून ही खून को पी रहा है और खून ही खून का दुश्मन हो गया है। निकट के रिश्तों में बंधे जिन लोगों को देखकर कभी आत्मिक प्रसन्नता हुआ करती थी, आज लोग उनको देखकर ही नाक भौं सिकोड़ते दिखाई देते हैं। जिनसे उम्मीदें थीं उन्होंने ही उम्मीदों के पर कतर दिए हैं। यदि आर्य समाज पहली सरकार की शिक्षा नीति का विरोध करता, इतिहास के साथ उसके द्वारा किए जा रहे अत्याचारों का विरोध करता, अपने स्वभाव के अनुसार जन जागरण करते हुए लोगों को गलत नीतियों के विरुद्ध उठ खड़ा होने की शिक्षा देता तो बहुत कुछ ऐसा था जिसे बचाया जा सकता था। इन कष्टदायक परिस्थितियों के लिए सरकारों का भारत विरोधी स्वभाव और आर्य समाज का उसके विरुद्ध क्रांतिकारी ढंग से सड़क पर न उतरना ही अधिक जिम्मेदार रहा है।

नैतिक पतन हुआ देश का, खड़े रहे हम मौन।
कौन - कौन दागी बने, उत्तर देगा कौन?

हमारे देश में माता के लिए कहा जाता है कि वह अपनी ममता के चलते कभी भी संतान के प्रति हिंसक नहीं हो सकती पर आज तनाव और कुंठा से ग्रसित आधुनिक कही जाने वाली नारी अपनी संतान के प्रति हिंसक घटनाएं करती हुई जब समाचार पत्रों में प्रकाशित होती है तो अपार कष्ट होता है। ध्यान रहे कि जब ममता अपनी धुरी से हिल जाती है या अपनी धुरी से इधर-उधर होकर गति करते हुए भटक जाती है तो उसके परिणाम बड़े खतरनाक होते हैं। इसी प्रकार पिता का पितृत्व भी कहीं ना कहीं अपनी धुरी से हिला हुआ दिखाई दे रहा है। जबकि संतान का माता-पिता के प्रति दृष्टिकोण तो बहुत ही कष्टदायक हो चुका है। बहन - भाई या पिता- पुत्री के बीच के रिश्तों की पवित्रता अभी छुटपुट रूप में भंग होती हुई दिखाई दे रही है पर भविष्य कैसा हो सकता है इसका सहज ही अनुमान लगाया जा सकता है।

अवैधानिक लोग कर रहे हैं विवाह संस्कार

देश का सर्वोच्च न्यायालय और पूरी न्यायिक व्यवस्था तथा राजनीति में बैठे लोग जो देश को दिशा देने की बात करते हैं, विधि की व्याख्या करते हैं,विधि का निर्माण करते हैं, भी नौजवान लड़के लड़कियों के हिंदू / वैदिक समाज में पूर्णतया निषिद्ध संबंधों में होने वाले प्रेम विवाह को भी मान्यता देते जा रहे हैं, चाहे ऐसा प्रेम विवाह निकटतम संबंधों में ही क्यों ना हो गया हो। मानव की मनुजता को भुलाकर उसके भीतर पशुता को स्थापित किया जा रहा है और समाज के जिम्मेदार लोग कह रहे हैं कि आधुनिकता के नाम पर यह सब कुछ उचित है।

आर्य समाज मन्दिर में कभी विवाह संपन्न होते थे तो उनको पूर्णतया प्रामाणिक माना जाता था। आज आर्य समाज मंदिरों में अनेक स्थानों पर बड़ी संख्या में ऐसे लोग प्रवेश करने में सफल हो गए हैं जो अवैधानिक ढंग से विवाह कर रहे हैं। कहीं-कहीं ऐसे प्रकरण भी सामने आए हैं जहां मुस्लिम लड़के आर्य समाजों में प्रवेश पाकर इस प्रकार के संस्कार करवा रहे हैं। जिनका आर्य समाज से दूर-दूर का कोई संबंध नहीं है, वे आर्य समाज में प्रवेश पाने में कैसे सफल हो गए और कैसे उन्हें इस प्रकार के अवैधानिक कृत्य करने के अधिकार मिल गए? इस ओर आर्य समाज के नेतृत्व का ध्यान जाना अपेक्षित है। आर्य समाज मंदिरों का पूर्णतया व्यवसायीकरण हो गया है वहां पर वैदिक समाज में निषिद्ध संबंधों में भी विवाह संस्कार कराये जा रहे हैं। टी0वी0 चैनलों पर आर्य समाज के द्वारा कराए जा रहे विवाहों की प्रामाणिकता पर जब संदेह करते हुए सवाल उठाए जाते हैं तो बड़ा कष्ट होता है।

जैसे पौराणिक मंदिरों में कुपात्र लोग अपनी तिकड़मबाजी के आधार पर पंडिताई का काम करने में सफल होते रहे हैं, वैसे ही कई स्थानों से ऐसे समाचार प्राप्त हो रहे हैं जहां पर कुपात्र लोग

आर्य समाज मंदिरों में बैठकर अपनी व्यावसायिक गतिविधियों को चला रहे हैं। कइयों ने इस कार्य को वैधानिकता का चोला पहनाने के उद्देश्य से प्रेरित होकर आर्य समाज मंदिर बना लिया है, या वेदशाला या ऐसा ही कोई भ्रमित करने वाला नाम अपनी संस्था को दे दिया है।

कुछ तो करना होगा ....

ऐसे में जरा सोचिए कि क्या हम फिर उस पशु जगत की ओर जा रहे हैं जिसमें रिश्तों की कोई कीमत नहीं होती या जिसको समय की रेत पर बहुत पीछे छोड़ते हुए एक सामाजिक आदर्श व्यवस्था हमारे पूर्वजों ने बनाई थी। क्या हम नैतिक मूल्यों को भूलकर अंधी वासना का शिकार होकर अंधकार में भटकते हुए अंधे समाज की स्थापना करने में लगे हैं? लगता है कि हम समाज बनाने के अपने पवित्र दायित्व को ही भूल गए हैं। कमाई - कमाई और पैसा ही पैसा की भूख हमसे हमारे भीतर के आदर्श मानव को छीन चुकी है।

हमारे पूर्वजों ने तो हमें अंधी वासना, अंधकार और अंधानुकरण सबसे रोककर आत्मावलंबी बनने, अपने आपसे ही अपना मार्ग बूझने और आत्मा के प्रकाश में बैठकर पवित्र चिंतन कर पवित्र निर्णय लेने का मार्ग बताया था। उस मार्ग को ही उन्होंने धर्म कहा था। स्वामी दयानंद जी महाराज ने काल के कपाल पर सवार होकर इस धर्म के मार्ग पर खड़े हो गए। उन्होंने बीहड़ जंगल को साफ करने का बहुत भारी परिश्रम किया था। बीहड़ जंगल के बीच एक नई राह बनाकर उन्होंने हमें सीधे वेदालोक से जोड़ दिया था। पर आज जब फिर धर्म के मार्ग में बीहड़ जंगल खड़ा होता जा रहा है तो लगता है कि ऋषि का पुरुषार्थ व्यर्थ ही गया?

आर्य समाज इस दिशा में क्या कर रहा है? विशेष रूप से तब तो यह प्रश्न और भी अधिक प्रासंगिक हो जाता है जब हम देख रहे हैं कि जिन परिवारों में कभी आर्य समाज की दिव्य रोशनी हुआ करती थी, वहां आज घुप्प अंधेरा हो गया है। जिन परिवारों से आर्य महाशय जन समाज सुधार के अभियान के लिए निकला करते थे, वहां आज पाखंड पसर गया है। जिनके बाप दादा समाज में पाखंड, अंधविश्वास और मूर्ति पूजा के लिए दल बनाकर चला करते थे, उनके बच्चे, बेटे - पोते आज किसी त्यौहार विशेष के अवसर पर जब पाषाण पूजा के या किसी भी प्रकार के अंधविश्वास को बढ़ावा देने वाले स्टिकर लगाकर शुभकामना संदेश भेजते हैं तो आत्मा कराह उठती है। उनके घरों में चारों ओर अंधविश्वास पसर गया है, मूर्ति पूजा हो रही है और उनके बच्चे पाषाण पूजा में लगे हुए हैं। जो दूसरों की बुद्धि को सुधारने के लिए चला करते थे, उनके बच्चों की ही बुद्धि पर पत्थर पड़ गए हैं। पत्थर पूजते - पूजते जो लोग 'पत्थर के हो गए' बात उनकी नहीं हो रही जो पत्थर से दूर होकर फिर पत्थर के हो गए हैं बात उनकी हो रही है।

फिर से पत्थर के हो गए लोग

ऐसे अनेक आर्य परिवार हैं जिनके बुजुर्ग समाज में जाकर पाषाण - पूजा, अंधविश्वास के विरुद्ध भाषण झाड़ते हैं, लोगों से दान वसूलकर यज्ञ आदि के कार्यक्रम कराते हैं, पूरी निष्ठा से

महर्षि के सपनों को साकार करने में लगे हुए हैं, पर उनके घर में ही मूर्ति पूजा के चित्र लगे होते हैं। किसी कोने में मूर्ति रखी होती है या कोई न कोई ऐसा पाखंड हो रहा होता है जो कि वेद विरुद्ध होता है। फिर से 'पत्थर के हो गए' इन लोगों को देखकर लगता है कि स्वामी दयानन्द जी महाराज और उनके बाद के आर्य विद्वानों का पुरुषार्थ व्यर्थ गया।

मैंने ऐसे भी लोगों को देखा है जो स्वयं दारू पीते हैं, मांस खाते हैं और दूसरे प्रकार के निरामिष भोजन का स्वाद लेते हैं और फिर वही आर्य समाज के सत्संगों में साफा बांधकर, कुर्ता धोती पहनकर जाकर आर्य समाजी बनकर बैठते हैं। कितने ही स्थानों पर आर्य समाज के पदाधिकारियों को भी इसी प्रकार का आचरण करते हुए देखा गया है। कितनी ही आर्य समाजें ऐसी हैं जहां पर पापपूर्ण कार्य किये जा रहे हैं,इतना ही नहीं ऐसी आर्य समाजों के प्रधान, कोषाध्यक्ष, मंत्री आदि उन पाप कार्यों में लगे हुए देखे जाते हैं।

स्वामी दयानंद जी के जाने के सवा सौ वर्ष पश्चात ही आर्य समाज की ऐसी दयनीय दशा हो जाएगी, यह तो किसी ने सोचा भी नहीं था। बच्चों पर बड़े लोगों के आचरण का प्रभाव पड़ा करता है। यदि बड़े लोगों का आचरण पाखंडी हो तो बच्चों का वैसा बनना भी निश्चित है। जब हमारे अपने लोगों में से अधिकांश ने वेदों का अध्ययन करना छोड़ दिया हो, जब वे अंग्रेजी के गीत गाकर हिंदी /आर्य भाषा की उपेक्षा कर रहे हों, संस्कृत और संस्कृति का अपमान कर रहे हैं तो बच्चों से अपेक्षा कैसे की जा सकती है कि वह पवित्र संस्कार लेंगे?

संतान सबसे बड़ा धन

हमारे ऋषि पूर्वजों ने धन कमाने को अच्छा माना है, पर भौतिक धन से बड़ा धन उन्होंने संतान को माना। इसलिए उनका ध्यान इस ओर जाता था कि धन कमाने से बेहतर उत्तम संतान का निर्माण करना होता है। जिसकी संतान अच्छी होती है, उसके पास दुनिया की सबसे बड़ी दौलत होती है। आज की संतान यदि हिंसक होकर नैतिक मूल्यों से पलायन कर रही है तो इसका एकमात्र कारण यह है कि हमने संतान रूपी धन को कमाने की ओर ध्यान देना बंद कर दिया है। अपनी संस्कृत, संस्कृति,वेद और वैदिक ज्ञान से शून्य रखकर हम अपने बच्चों के हृदय में अंग्रेजी और अंग्रेजियत के संस्कार डालकर कभी किसी खास दिन होने वाली किसी पूजा पर आए पंडित जी के माध्यम से उन्हें संस्कृत का ज्ञान दिलाने की मूर्खता करते हैं और सोचते हैं कि अपने संस्कारों से हमारा बच्चा एक दिन में ही जुड़ जाएगा? जबकि ऐसा कदापि संभव नहीं।

हमने विवाह जैसे पवित्र संस्कार को आविष्कृत किया और उसे पूरी निष्ठा के साथ लागू किया। इस संस्कार का उद्देश्य केवल संतान उत्पत्ति करना ही नहीं होता था बल्कि परमपिता परमेश्वर की सृष्टि की क्रमानुगत वृद्धि हो और पवित्र आत्माओं से युक्त समाज और राष्ट्र का निर्माण करना भी इसका उद्देश्य होता था। जिससे माता-पिता संयम का परिचय देते हुए दिव्य संतान की उत्पत्ति करने को अपना धर्म मानते थे। इस धर्म को और भी अधिक ऊंचाई पर

पहुंचाने के लिए वह पूरी निष्ठा और समर्पण के साथ अपनी संतान के निर्माण में लगे रहते थे। संतान निर्माण की एक पूरी साधना की व्यवस्था समाज में की गई थी। उसमें तनिक सा भी प्रमाद समाज और राष्ट्र के साथ किए जाने वाले छल के समान माना जाता था। इसके लिए ही माता अनेक प्रकार के कष्ट सहन करती थी। नौ महीने गर्भ धारण कर उस समय अनेक प्रकार के संयम बरत कर समाज और राष्ट्र के प्रति अपने कर्तव्य का निर्वाह करती थी और आज भी करती है।

माता द्वारा निभाए जाने वाले इस प्रकार के कर्तव्य धर्म की ऋणी होकर संतान उसके प्रति सदैव आदरभाव बनाए रखने वाली होती थी। इसमें कोई स्वार्थ नहीं होता था ना ही पवित्र कार्य का बदला लेने की कोई भावना होती थी। माता निष्काम भाव से संतान का निर्माण करती थी उसकी शिक्षा की समुचित व्यवस्था करती थी उसे पढाने - लिखाने संस्कार देने में अपना पूरा समय देती थी। आजकल की माता की भांति नौकरी को प्राथमिकता न देकर वह निर्माण पर ध्यान देती थी। मां संतान का निर्माण भी अपने लिए नहीं बल्कि समाज और संसार के लिए करती थी। फिर संतान निष्काम भाव से मां के ऋण को चुकता करने के लिए किसी प्रकार का एहसान भाव दिखाते हुए नहीं बल्कि अपना स्वाभाविक कर्तव्य मानते हुए माता के साथ-साथ पिता की भी सेवा करती थी।

स्वामी दयानंद जी महाराज का ऋण

स्वामी दयानंद जी महाराज ने हमें माता-पिता के हमारे जीवन में महत्वपूर्ण स्थान से अवगत कराया और बताया कि सत्य सनातन वैदिक धर्म में किस प्रकार की पवित्रता इन संबंधों के बीच में है! बड़े पवित्र और निष्काम भाव से सब एक दूसरे के प्रति समर्पित हैं। कर्तव्य भाव से एक दूसरे के प्रति बंधे हैं और धर्म की पवित्र भावना का सम्मान करते हुए सब एक दूसरे के प्रति सम्मान सत्कार, लगाव और आत्मीयता का संबंध रखते हैं। उनका रिश्ता इतना पवित्र माना जाता था कि एक को सुई चुभती थी तो दूसरे को उसका दर्द होता था। इस दर्द को स्वामी जी महाराज ने धर्म के साथ नत्थी किया और लोगों को समझाया कि इस दर्द का मोल समझकर अपने धर्म के साथ जुड़िए।

जब देश आजाद हुआ तो इस दर्द को भूलकर लोगों ने दूसरी ओर ध्यान देना आरंभ कर दिया। जिस ओर से स्वामी दयानंद जी महाराज ने बड़े यत्न से लोगों को रोका था, लोगों की भीड़ बेतहाशा उसी ओर भागने लगी अर्थात धन कमाने की ओर। उसी का परिणाम है कि मात्र 75 वर्ष में ही बनी बनाई व्यवस्था फिर बिगड़ गई है।

हमने पश्चिम के संबंधों की फीकी कपास में मिठास ढूंढने का काम किया पर वहां कुछ नहीं मिला। अब अपने मूल की ओर जा नहीं सकते और भूल करते-करते जिधर पहुंच गए हैं वहां कुछ मिल नहीं रहा है। उसी का परिणाम है कि समाज किंकर्तव्यविमूढ़ की अवस्था में खड़ा है।

रिश्तों में ठंडक आ चुकी है और लोग रिश्तों को बनाना तक भी अब अच्छा नहीं मान रहे हैं। नई पीढ़ी रिश्तों को ही भूलती जा रही है।

जब संतान का निर्माण उपेक्षा भाव से किया जाएगा और संतान का निर्माण अपने हाथों में न रखकर उसे सुशिक्षित और सुसंस्करित गुरुजनों की देखरेख में न देकर कुसंस्कारी टीचरों के हाथों में दे दिया जाएगा तो उसका परिणाम यही आएगा जो आज दीख रहा है।

बुढ़ापा उनको भी आएगा....

हमारे देश में जो सन्तानें वर्तमान समय में अपने माता- पिता की सेवा व सहायता न करके उनके साथ अपमानजनक व्यवहार कर रही हैं, उनकी उपेक्षा कर रही हैं,उन्हें वृद्ध आश्रमों में भेजकर उनके बुढ़ापे में चार जूते मार रही हैं, उन्हें यह ध्यान रखना चाहिए कि बुढ़ापा उनको भी आएगा और फिर यदि उनके साथ ऐसा व्यवहार हुआ तो उन्हें कैसा लगेगा? यदि इस बात पर गहराई और गंभीरता से सोच विचार कर लिया जाए तो स्थिति में बहुत सुधार हो सकता है। माता-पिता के प्रति सम्मानजनक भाव उत्पन्न करके उनसे उत्पन्न होने वाले अपने बहन भाइयों के प्रति भी हमारा दृष्टिकोण बदल जाएगा और हम सोचेंगे कि जिन माता-पिता के प्रति हम सेवा - भाव रखते हैं सत्कार और सम्मान का भाव रखते हैं उन्हीं से इनका भी निर्माण हुआ है इसलिए हम उनके प्रति भी सहज, सरस और सरल रहने का प्रयास करें। स्वामी दयानंद जी महाराज ऐसी पारिवारिक सामाजिक व्यवस्था के पक्षधर थे।

जो लोग स्वामी दयानंद जी के सपनों का भारत बनाना चाहते हैं आर्यावर्त की बात करते हैं,आर्य और आर्यभाषा की बात करते हैं, उन्हें अपने परिवार में होने वाली इन छोटी-छोटी बातों की ओर ध्यान देना चाहिए और समझना चाहिए कि यदि वे स्वयं अपने माता-पिता के प्रति उपेक्षा पूर्ण व्यवहार करते हैं, भाई-

बहनों,चाचा - ताऊ, चाची,ताई,मौसी, नाना,नानी, दादा, दादी, बुआ - फूफा आदि के प्रति उनके हृदय में कोई स्थान नहीं है तो उनका यज्ञ करना या जनेऊ धारण करना या और इसी प्रकार का कोई दिखावा करना केवल पाखंड है। ऐसे लोगों से कभी भी यह अपेक्षा नहीं की जा सकती कि वे किसी दयानंद के सपनों का भारत या आर्यावर्त बना सकेंगे।

अन्त में तनिक विचार कीजिए कि यदि स्वामी दयानंद जी आज होते तो वह क्या करते? निश्चित रूप से इस सारी उलट-पुलट हुई व्यवस्था को वह ठीक करने के लिए उठ खड़े होते। स्वामी जी भौतिक धन को कमाने की अपेक्षा वास्तविक धन को कमाने अर्थात सन्तान के निर्माण करने पर ध्यान देते और सारी शिक्षा व्यवस्था को सुधारकर माता-पिता और संतान को एक दूसरे के प्रति कर्तव्यों के बंधन में बांधने का प्रयास करते। आर्य समाज के जो लोग अपने बच्चों के भीतर अंग्रेजों के संस्कार डाल रहे हैं, उन्हें लताड़कर वे ठीक रास्ते पर लाने का भी प्रयास करते।

यज्ञ के ढोंग से स्वामी जी प्रभावित नहीं होते बल्कि लोगों को ढंग से यज्ञ करना और उसके संस्कारों को लेना सिखाते।

आर्य समाज के मंचों पर बैठकर जो लोग बीड़ी, सिगरेट, शराब, तम्बाकू, भांग, धतूरा पीते या खाते हैं, मांस का सेवन करते हैं - उन सबको वे पाखंडी घोषित कर एक ही दिन में सीधा कर देते।

●●

अध्याय - 6

आर्य समाजों की राजनिति

आज देश में अधिकांश ऐसी आर्य समाजें हैं जिनमें घटिया स्तर की राजनीति हो रही है। लोग पदों के लिए कुत्तों की भांति लड़ रहे हैं। एक दूसरे की टांग खींचना, एक दूसरे के प्रति जहर उगलना और ओच्छी मानसिकता से उपजी अभद्र भाषा का प्रयोग करना, आर्य समाज में बैठे लोगों की एक सामान्य सी प्रवृत्ति हो गई है। कभी इन्हीं आर्य समाजों में बहुत ऊंचे चरित्र के विद्वान लोग पदों को सुशोभित किया करते थे। उनके भीतर पदलोलुपता नाम की भावना ढूंढे से भी नहीं थी। उनके लिए पद से अधिक कार्य के प्रति समर्पण का भाव महत्व रखता था। पद प्राप्त करने के पश्चात वह अपने पदीय दायित्वों का निर्वाह करने में किसी प्रकार का प्रमाद नहीं दिखाते थे। उसकी गरिमा को बनाए रखना के लिए अपने आपको हर प्रकार से आर्य सिद्ध करने का प्रयास करते थे। उस समय आर्य समाज के पदाधिकारियों का अन्य लोग भी हृदय से सम्मान करते थे। सभी लोग उन पर विश्वास करते थे और उनके आचरण को अपने लिए अनुकरणीय मानते थे। उन्हें देखकर लोग यही कहते थे :-

आचरण की उच्चता को देखकर हैरान हूं
कौन होगा और ऐसा, सोच कर परेशान हूं?
दीपक जलाए प्रेम के और धर्म के तेल से,
डाल बाती दिव्यता की आर्य की पहचान हूं।।

आर्य समाज के पदाधिकारियों की भाषा बड़ी परिष्कृत होती थी। जब वे बोलते थे तो उनके मुख से फूल से झड़ते थे। लोग उन्हें ध्यान लगाकर सुनते थे और उनके कहे हुए शब्दों को अमृत वचन मानकर ग्रहण करते थे। उनका अपनी भाषा पर इतना नियंत्रण और अधिकार होता था कि घंटों तक धाराप्रवाह बोलने के पश्चात भी लोग उनकी सभा से हिलते नहीं थे। नई से नई बात बताकर वे लोगों को मंत्रमुग्ध करते थे और अपने साथ बांधे रखने में सफल होते थे।

जोड़ तोड़ की राजनीति

अपवादस्वरूप आज भी ऐसी दिव्य विभूतियां हैं, जो आर्य समाजों के पदों को सुशोभित

कर रही हैं और वे जब बोलते हैं तो उनके मुखारविंद से भी अमृत की वर्षा होती है, परंतु उनकी संख्या निरंतर कम होती जा रही है। मेरी दृष्टि में कई आर्य समाज ऐसी हैं जिनके प्रधानों का आर्य विचारधारा से दूर-दूर का भी कोई संबंध नहीं है। वह अपनी जोड़-तोड़ की राजनीति के माध्यम से किसी प्रकार प्रधान पद पर पहुंच गए। इसके पश्चात ये लोग वहां के पुरोहित को, विद्वानों को, संन्यासी, वानप्रस्थियों को उत्पीड़ित करते हैं। उनसे अभद्र भाषा का प्रयोग करते हैं। अपने मनमाने ढंग से उन्हें भगाने का प्रयास करते हैं। कितने ही विद्वानों के ऐसे प्रसंग मेरे पास हैं जिन्होंने बड़े दु:ख के साथ बताया कि अमुक आर्य समाज के अमुक प्रधान ने किस प्रकार उनके साथ अभद्रता का व्यवहार कर उन्हें आर्य समाज से बाहर कर दिया?

रक्षक ही भक्षक बन बैठे, गैरों से शिकायत क्या होगी?
मित्र भी मित्र रह न सका, शत्रु से इनायत क्या होगी?

जिसको आर्य समाज में 'सेवक' के नाम से जाना जाता है, यदि उसकी जाति बिरादरी किसी शूद्र वर्ग से है तो उसका उत्पीड़न उसी प्रकार होता है जैसे समाज में अपना वर्चस्व बना कर रखने वाले लोग करते देखे जाते हैं। जिस आर्य समाज की स्थापना शूद्र के कल्याण के लिए की गई थी, उसमें उसकी ऐसी दुर्दशा देखकर आर्य समाज के संस्थापक स्वामी दयानंद जी महाराज की आत्मा भी कराहती होगी। यदि आज स्वामी दयानंद जी महाराज होते तो ऐसे लोगों को वह निश्चय ही आर्य समाज से बाहर का रास्ता दिखा देते।

विद्वानों को भी नहीं छोड़ा

अनेक आधिकारिक विद्वान भी ऐसे हैं जो इन अभद्र और अशोभनीय भाषा बोलने वाले प्रधानों की तानाशाही का शिकार बने हैं और जिन्हें बहिष्कृत करके इन लोगों ने आर्य समाजों से दूर कर दिया है। मेरी नजरों में कई चेहरे ऐसे हैं जिन्होंने मुझे आपबीती सुनाई है और उनकी विद्वत्ता को किस प्रकार तिरस्कृत और बहिष्कृत होना पड़ा है? - उसको कहते - कहते उनकी आंखों में आंसू आ गए। इन लोगों का दोष केवल इतना होता है कि यह आर्य समाज के सिद्धांतों के अनुसार कई बार अपनी बात को मनवाने का प्रयास करते हैं जबकि तानाशाह प्रधान अपनी प्रधानी को ऊपर रखकर उनके दिए हुए परामर्श को मानना अपना अपमान मानते हैं। विद्वानों की तर्कसंगत, न्यायसंगत,शास्त्रसंगत और लोकसंगत बातें भी इन तानाशाह प्रधानों को अपने आदेशों के सामने तुच्छ और हेय दिखाई देती हैं।

यह आर्य समाज ही था जिसने राजा को विद्वानों की परिषद के अधीन रहकर काम करने के भारत के प्राचीन राजनीतिक संस्कार को स्थापित करने पर बल दिया था। स्वामी दयानन्द जी महाराज के राजनीतिक चिंतन को यदि पढ़ा जाए तो उन्होंने **"सत्यार्थ प्रकाश"** में इस संबंध में मनु महाराज को बार-बार उद्धृत कर इस व्यवस्था को अपनाने पर बल दिया है, जिसमें ब्राह्मण

अर्थात विद्वान की बात को मानना राजा का धर्म बताया गया है। यह कितना दुर्भाग्यपूर्ण है कि राजा अर्थात किसी आर्य समाज का तानाशाह प्रधान लोकतांत्रिक ढंग से न चुना जाकर बलात पदों को कब्जा रहा है और फिर बौद्धिक शक्ति की अवहेलना कर ऋषि के सिद्धांतों और उनकी सोच का उपहास कर रहा है? जिस पद पर बैठकर किसी व्यक्ति से न्याय,नीति और धर्म के पालन की अपेक्षा की जाती थी वही व्यक्ति उस पद पर बैठकर अन्याय,अनीति और अधर्म के कार्य कर रहा है, जिससे विद्वानों का उत्पीड़न हो रहा है। विद्वानों का उत्पीड़न किसी भी समाज के लिए शुभ नहीं माना जा सकता। जब-जब ऐसी स्थिति आती है तब - तब समझो कि पतन की गहरी निशा अपना प्रभाव दिखाने लगी है।

स्वामी जी ने भी नहीं सोचा होगा कि....

स्वामी जी महाराज ने कभी कल्पना भी नहीं की होगी कि उनके जाने के इतने समय पश्चात ही आर्य समाज में पदों को लेकर लोग इस प्रकार लड़ेंगे और ऐसे लोग पदों पर काबिज हो जाएंगे जिनका नैतिकता व सिद्धांतों से दूर-दूर का भी संबंध नहीं होगा। मनु महाराज की मनुस्मृति का उन्हें क, ख, ग भी नहीं आता होगा।

पुरानी पीढ़ी के आर्य समाजियों ने अपने जीवन की गाढ़ी कमाई से आर्य समाजों को खड़ा करने का प्रयास किया। उन्होंने आर्य समाज के भावी कार्यक्रमों की रूपरेखा निरंतर चलती बनती रहे, इसके लिए आर्य समाजों के लिए कोई ना कोई ऐसा साधन बना कर दिया जिससे उन्हें मासिक आय दुकानों के किराए आदि से निरन्तर प्राप्त होती रहे। यह उनकी दूरगामी सोच का ही प्रतीक है कि उन्होंने प्रत्येक आर्य समाज मंदिर के लिए स्थायी रूप से कमाई का साधन बनाकर दिया। लेकिन आज स्थिति दूसरी हो गई है। आर्य समाज के कोष और उसके स्थायी आर्थिक संसाधनों पर किसी परिवार या व्यक्ति विशेष का कब्जा हो गया है। इसी कोष को लेकर या कमाई के आर्थिक संसाधनों को लेकर लगभग हर आर्य समाज घटिया राजनीति का शिकार होकर रह गया है। इसके पीछे के कारणों पर यदि विचार किया जाए तो पता चलता है कि जहां कुछ असामाजिक और अनार्य लोग इसके लिए जिम्मेदार हैं,वहीं कुछ ऐसे लोग भी आर्य समाज में काम करते देखे जाते हैं जिनके माता - पिता के संस्कारी होते हुए भी वे अपने माता-पिता के संस्कार नहीं ले पाए। वे इंग्लिश मीडियम स्कूल में पढ़े और परंपरागत रूप से या अपने माता-पिता के प्रभाव का दुरुपयोग करते हुए पिता से प्रधान पद को या किसी और पद को प्राप्त करने में सफल हो गए।

इस लड़ाई के लिए जिम्मेदार कौन?

इस प्रकार की पदों की राजनीति में कुत्तों की भाति लड़ते हुए ऐसे लोग भी देखे जाते हैं जिनके माता या पिता में से कोई कभी उक्त आर्य समाज का प्रधान रहा था। वह केवल इस बात के दृष्टिगत लड़ाई कर रहे होते हैं कि कभी मेरे पिता ने इस आर्य समाज के अमुक पद पर काम

किया था तो मैं क्यों नहीं कर सकता? पर ऐसा सोचते समय वे यह भूल जाते हैं उसके पिता के संस्कार कुछ और थे और उनके पश्चात इंग्लिश मीडियम में पढ़कर व जवानी भर नौकरी करने के पश्चात तेरे वे संस्कार तो बन ही नहीं पाये, जो तेरे पिता के भीतर थे। इसके उपरांत भी अब तू किस आधार पर अपने आपको इस आर्य समाज के अमुक पद का दावेदार घोषित करता है? सच्चाई यह है कि आर्य समाज मंदिरों का कोई भी पद अनुवांशिक नहीं है। यह किसी व्यक्ति की योग्यता पर निर्भर करता है कि कौन व्यक्ति किस पद के लिए अपनी पात्रता सिद्ध कर चुका है? स्पष्ट है कि यह पात्रता प्रत्येक व्यक्ति अपनी कार्यशैली, कार्यनीति और कार्य व्यवहार को दिखाकर ही सिद्ध कर पाता है।

इस सारी स्थिति के लिए बाहरी असामाजिक तत्व ही जिम्मेदार नहीं हैं। जिम्मेदार वे लोग भी हैं जो अपने आपको विद्वान मानते हैं। इन विद्वानों की एक सबसे बड़ी कमजोरी होती है कि यह पलायनवादी होते हैं। विद्वान होने का अहंकार पालकर इनके दिमाग में यह बात बैठ जाती है कि उन्हें संसार के किसी भी प्रकार के पद आदि से कोई लेना-देना नहीं है और उन्हें इस प्रकार का दिखावा करना चाहिए कि जैसे वे इन सबसे ऊपर उठ गए हैं। वास्तव में जो लोग इस प्रकार की मानसिकता से ग्रस्त हो जाते हैं उनकी विद्वत्ता अधकचरी होती है। या तो वे परिस्थिति का सही ढंग से सामना करने में अपने आपको अनुपयुक्त मानते हैं या फिर वह यह भूल जाते हैं कि संसार के प्रति तेरा कर्तव्य क्या है? व्यवस्था को व्यवस्थित बनाए रखने में तेरी उपयोगिता क्या है! और यदि तू पलायन कर गया तो इसका परिणाम क्या होगा? वे यह भी भूल जाते हैं कि यदि तू ऐसा करेगा तो निश्चित रूप से तेरे स्थान पर कोई छोटी सोच का व्यक्ति आएगा जो संगठन का, समाज का और राष्ट्र का अहित करेगा।

महर्षि मनु का आदर्श उदाहरण

जब प्राचीन काल में धर्म के शासन में या धर्म की व्यवस्था में कुछ असामाजिक तत्वों ने व्यवधान डालना आरंभ किया तो ऋषियों ने महर्षि मनु से निवेदन किया कि वह इस समय राजा पद को स्वीकार करें। उस समय महर्षि मनु ने भी इस बात का विरोध किया और कहा कि मेरा राजा पद से कोई मोह नहीं है। तब उपस्थित महात्माओं के उस विद्वतमंडल ने महर्षि मनु को समझाया कि प्रत्येक व्यक्ति को ईश्वर किसी विशिष्ट कार्य के संपादन के लिए ही संसार में भेजता है। जीवन की उपयोगिता अपना कल्याण करने में नहीं है बल्कि संसार का कल्याण करने के लिए मानव जन्म मिलता है। यदि आप सक्षम और समर्थ होकर संसार का कल्याण करते हुए आत्म कल्याण के मार्ग पर आगे बढ़ोगे तो निश्चय ही आप निष्काम कर्म योगी होकर मोक्ष पद के अधिकारी होओगे। आपको आर्य संस्कृति और वेदनिंदक लोगों का संहार कर इस समय वैदिक धर्म की रक्षा करते हुए सज्जन समाज के कल्याण के लिए आगे आना चाहिए। इस प्रकार के आप्त वचनों को सुनने के पश्चात महर्षि मनु ने राजा पद को स्वीकार किया।

अब आप तनिक कल्पना कीजिए कि यदि महर्षि मनु ऐसा नहीं करते तो क्या होता? क्या तब आर्य संस्कृति की रक्षा हो पाती? कदापि नहीं। इसी प्रकार यदि मर्यादा पुरुषोत्तम श्री राम सही समय पर अपने शत्रु संहार करने या राक्षसों का वध करने के धर्म को विस्मृत कर गए होते तो भी क्या होता? क्या तब वैदिक संस्कृति बच पाती? मैं फिर कहूंगा कि कदापि नहीं। यदि श्री कृष्ण जी भी ऐसा ही करते कि वह भी आत्मकल्याण के लिए कहीं वनों में चले गए होते तो भी क्या आर्य संस्कृति की उस समय रक्षा हो पाती? हम फिर कहेंगे कि कदापि नहीं।

विद्वानों को संसार से पलायन नहीं करना चाहिए। उन्हें महर्षि मनु, मर्यादा पुरुषोत्तम श्रीराम, योगीराज श्री कृष्ण जी और स्वयं स्वामी दयानन्द जी महाराज जैसे महापुरुषों के जीवन का और उनके आदर्शों का अनुकरण करना चाहिए। भारतवर्ष में राजा जनक जैसे अनेक ऐसे राजा हुए हैं जिन्होंने राजकाज करते हुए भी अपने आपको विदेह बनाकर रखा। निष्काम कर्मयोग में विश्वास रखने वाले भारतवर्ष में विद्वान वही होता है जो कीचड़ में रहकर भी अपने आपको निष्कलंक और निष्पाप बनाये रखने में सफल होता है।

कभी-कभी ऐसा भी होता है...

कई बार ऐसा भी होता है कि विद्वान लोग किसी आर्य समाज में बैठी चांडाल चौकड़ी का सम्यक रूप से सामना करने में अपने आपको कमजोर या असमर्थ पाते हैं। तब वह उस चांडाल चौकड़ी के लिए या तो रास्ता छोड़ देते हैं या फिर उनसे संघर्ष करने के लिए उनसे बड़े किसी बदमाश या असामाजिक तत्व को आर्य समाज में प्रवेश दिला देते हैं। सचमुच में वे दोनों प्रकार से ही गलती कर रहे होते हैं। इसके अतिरिक्त कई बार ऐसा भी होता देखा गया है कि किसी विद्वान को कोई कंस या दुर्योधन प्रवृत्ति का व्यक्ति समाज में घुसकर जबरन असहाय, असमर्थ और बेसहारा कर देता है।

इन सबको देखने के लिए इस समय आर्य समाज में किसी के पास फुर्सत नहीं है। दुनियादारी की भागदौड़ में आर्य समाज के लोग सम्मिलित हो चुके हैं। जो आर्य समाज श्रीरामजी और श्रीकृष्ण जी की क्षत्रिय परंपरा को लेकर आगे बढ़ा था, जिसने यह संकल्प लिया था कि कहीं पर भी अन्याय या अत्याचार नहीं होने देंगे, उसी की नाक नीचे अन्याय और अत्याचार आर्य समाज मंदिरों जैसी पवित्र संस्थाओं में बैठकर खुलेआम हो रहा है। यदि एक प्रक्रिया के अंतर्गत किसी उच्च पदाधिकारी से अर्थात प्रदेश स्तर के किसी नेता से शिकायत की जाती है तो पता चलता है कि वहां नीचे से भी बुरा हाल है।

आर्य समाज में ऐसे लोगों का प्रवेश या वर्चस्व स्थापित होना जो एक दूसरे के अधिकारों का हनन करते हैं,एक दूसरे के प्रति घृणा का परिवेश सृजित करते हैं, एक दूसरे को नीचा दिखाने की हरकतों में चौबीसों घंटे लगे रहते हैं, एक दूसरे को अपमानित करने का कोई अवसर न चूकते हैं, सचमुच चिंता का विषय है। ऐसे लोगों को भी आर्य समाज के किसी प्रतिष्ठित पद पर बैठे हुए

मैंने देखा है जो आचमन तक करना भी नहीं जानते, या फिर जो सभा में बैठे-बैठे सोते रहते हैं। इन्हीं की निष्क्रियता अकर्मण्यता और ऋषि सिद्धांतों के विरुद्ध काम करने की प्रवृत्ति ने अनेक आर्य समाजों का बेड़ा गर्क कर दिया है।

आर्य समाज का सफाई अभियान

स्वामी दयानंद जी महाराज ने अपने समय में जिस मठाधीश प्रवृत्ति या मानसिकता का विरोध किया था, यदि आज आर्य समाज के भीतर भी उसी प्रवृत्ति का विकास हो रहा है और धीरे-धीरे वह लोगों के लिए जी का जंजाल बनती जा रही है तो यह ऋषि के मिशन को मार देने की दिशा में किया जा रहा घोर पाप है। जिसका समय रहते उपचार किया जाना आवश्यक है। कभी मंदिरों के मठाधीश जिस प्रकार पापपूर्ण आचरण मंदिर जैसी पवित्र संस्थाओं में बैठकर किया करते थे, वही आचरण आर्य समाज के कई पदाधिकारी करते देखे जाते हैं।

दयानंद जी महाराज ने आर्यसमाज की स्थापना इस प्रकार की लड़ाई की मानसिकता या मठाधीश प्रवृत्ति को बनाए रखने के लिए नहीं की थी, बल्कि इस प्रकार की हरकतों और पापपूर्ण मानसिकता को समाप्त करने के उद्देश्य से प्रेरित होकर की थी। पर व्यवहार में स्वामी जी का ही नाम लेकर काम करने वाले लोगों ने मटियामेट कर दिया है। नाम ऋषि का लेते हैं और काम 'किसी' के लिए करते हैं। ऋषि का नाम लेकर 'किसी' के लिए काम करना यदि यह आर्य समाज का स्थायी संस्कार बन गया तो घोर अनर्थ हो जाएगा। उस समय मत कहना कि ऋषि को किसी व्यक्ति विशेष ने या किसी व्यवस्था ने मार दिया था बल्कि समझना कि ऋषि के सिद्धांतों की हत्या करके उनकी वास्तविक हत्या हमने की है।

स्वामी जी ने आर्य समाज की स्थापना एक 'सफाई अभियान' के रूप में की थी। उनका यह 'सफाई अभियान' देश, समाज और राष्ट्र की मशीनरी के प्रत्येक पुर्जा में आई निष्क्रियता के विरुद्ध छेड़ा गया अभियान था। व्यक्ति की मानसिक कुंठा को खोल कर इस प्रकार साफ करने का अभियान था जैसे मोटरसाइकिल के पुर्जों को खोल - खोलकर उसका मालिक साफ करता है। यदि ऋषि का मिशन अपने इस सफाई अभियान की गंभीरता से दूर चला गया है तो इसके लिए जिम्मेदार लोगों को अपने आप अपनी जिम्मेदारी समझनी चाहिए।

आर्य समाज और ऋषि दयानंद का उद्देश्य

स्वामी जी ने आर्यसमाज की स्थापना की तो इसका अभिप्राय यह नहीं था कि वह मंदिरों के विरोधी थे। उन्हें यह भली प्रकार ज्ञात था कि मंदिरों की स्थापना भी जब कभी की गई थी तो उस समय मंदिरों में राष्ट्रचिंतन, धर्म चिंतन और आत्मचिंतन बड़ी ऊंचाई के साथ निकलता था। उनकी सोच थी कि मंदिर संस्कृति के इसी वास्तविक स्वरूप को पुनः स्थापित किया जाए। उन्होंने मंदिरों का वास्तविक स्वरूप मंदिरों को लौटाया। इसलिए आर्य समाज की स्थापना कर

उनमें यज्ञ की परंपरा को पुनर्जीवित कर उस पर धर्मचिंतन,राष्ट्रचिंतन और आत्मचिंतन को आवश्यक रूप से लागू कराया।

यह एक दुर्भाग्यपूर्ण तथ्य है कि आज की अधिकांश आर्य समाजों में इसका उल्टा हो रहा है। सबसे बड़ी समस्या यह है कि साप्ताहिक सत्संगों में भी लोगों की उपस्थिति कम होती जा रही है। इसके लिए मंदिरों की राजनीति भी जिम्मेदार है। इस प्रकार भारत की मंदिर संस्कृति को स्वामी जी ने उसकी मौलिकता प्रदान की तो उनके कई मानने वाले लोगों ने उनकी मान्यता को विकृति प्रदान की। यदि आर्य समाज के पदाधिकारी आज के परिवेश में अपनी स्वार्थ पूर्ण राजनीति के फेर में पड़कर ऋषि के मिशन की धत्ता बता रहे हैं तो उनसे यह कैसे अपेक्षा की जा सकती है कि वे देश की राजनीति का सफाई अभियान चलाकर स्वामी दयानन्द जी के सपनों का भारत बना सकेंगे?

●●

अध्याय - 7

गुरुकुलीय शिक्षा और स्वामी दयानंद

प्राचीनकाल से ही भारत में गुरुकुल शिक्षा प्रणाली को प्रधानता प्रदान की गई है। भारत की यह शिक्षा प्रणाली आचार्य केंद्रित हुआ करती थी। जिसमें आचार्य को इस बात की खुली छूट दी जाती थी कि वह जिस प्रकार चाहे बच्चों की प्रतिभा को निखारते हुए उनका निर्माण कर सकता है। इसके लिए उसे यथापेक्षित बच्चों को दंड देने का अधिकार भी होता था। जैसे एक कुंभकार किसी घट का निर्माण करते समय भीतर हाथ का सहारा देता है और बाहर से थपकी मारता है, इसी प्रकार के व्यवहार की अपेक्षा आचार्य से की जाती थी कि वह बाहर से कठोरता दिखाते हुए भी भीतर से कोमल स्वभाव वाला होना चाहिए। आचार्य से अपेक्षा की जाती है कि वह जितेंद्रिय होना चाहिए। उसके भीतर ईर्ष्या लेशमात्र के लिए भी नहीं होनी चाहिए। इसके अतिरिक्त काम,क्रोध,मद, मोह, लोभ, ईर्ष्या आदि जैसी मानवीय दुर्बलताओं का भी उसमें तनिक सा भी समावेश ना हो।

बहुत संभव है कि आचार्य जिस कक्षा को पढ़ा रहे हों उसी में उनका अपना पुत्र भी पढ़ता हो। ऐसा भी संभव है कि उनका अपना पुत्र तो मंदबुद्धि हो, जबकि दूसरे विद्यार्थी उससे अधिक तीव्र बुद्धि वाले हों। आचार्य को इतना सहृदय होना चाहिए कि वह अपने मंदबुद्धि पुत्र के रहते हुए अन्य विद्यार्थियों की उपेक्षा ना करे। ना ही उनके प्रति रूखा व्यवहार करे। इसके स्थान पर उन विद्यार्थियों के प्रति अपनी सहृदयता और उदारता को यथावत बनाए रखे।

श्री रामचंद्र जी का उदाहरण

एक उदाहरण रामचंद्र जी के जीवन का है। उनको अपने वनवास की सूचना अपनी माता कैकेई से उन्हीं के कक्ष में मिली। जब वह माता कैकई के कक्ष से बाहर निकले तो उनके युवराज घोषित होने के कारण शिष्टाचार के अंतर्गत उनके अनुज लक्ष्मण उनके लिए छाता लिए खड़े थे। रामचंद्र जी ने अब अपने युवराज न होने की सूचना का संकेत देते हुए लक्ष्मण से कहा कि 'प्रिय अनुज! अब मुझे इस छाते की आवश्यकता नहीं पड़ेगी। इसके पश्चात श्री राम अपने राजा बनने की तैयारी में हुई साज सजावट को देखने लगते हैं। साथ ही साथ वह इस बात के लिए भी

भगवान से प्रार्थना करते हैं कि उनके भाई भरत का राज्याभिषेक शांतिपूर्ण ढंग से संपन्न हो। उन्हें अपने भाई भरत से इस बात के लिए तनिक सी भी ईर्ष्या नहीं हुई कि अब मेरे स्थान पर उसका राज्याभिषेक होगा। बस, यही भाव आचार्य को भी अपनाना चाहिए।

आचार्य के आचार व्यवहार का शिष्य पर बड़ा गहरा प्रभाव पड़ता है। उसकी सौम्यता, शालीनता, बुद्धिमत्ता, चलना - फिरना, उठना - बैठना, खाना - पीना, बोलना - चालना आदि सभी की नकल उसका शिष्य करता है। यदि आचार्य श्रेष्ठ गुणों से संपन्न है तो उसी प्रकार उसके शिष्य का निर्माण होना भी स्वाभाविक है।

गुरु उसी को जानिए, जो करे शिष्य निर्माण।
सब का हित चिंतन करे, और करे कल्याण।।

स्वामी दयानंद जी महाराज ने लॉर्ड मैकाले की शिक्षा नीति को भी नजदीक से देखा था। उसमें जिस प्रकार के अध्यापकों का निर्माण किया जा रहा था, वे सब के सब प्राचीन कालीन भारतीय आचार्यों की अपेक्षा गुणों में बहुत ही निम्न स्तर पर खड़े दिखाई देते थे। स्कूली शिक्षा की सारी दुर्बलताओं को स्वामी दयानंद जी महाराज ने गहराई से देखा, समझा और लोगों को सचेत किया कि यदि इस प्रकार की गुणहीन शिक्षा प्रणाली को हमारे देश में लागू किया गया तो गुणहीन नागरिकों का निर्माण होने से संपूर्ण देश गुणहीन लोगों का बन जाएगा।

गुरुकुलों का महत्व

भारत की शिक्षा व्यवस्था, सामाजिक व्यवस्था, धार्मिक व्यवस्था और राजनीतिक व्यवस्था आदि सभी क्षेत्रों में गुरुकुलों की महत्वपूर्ण भूमिका होती थी। भारत में प्राचीन काल में धौम्य, च्यवन ऋषि, द्रोणाचार्य, सांदीपनी, वशिष्ठ, विश्वामित्र, वाल्मीकि, गौतम, भारद्वाज आदि ऋषियों के आश्रम प्रसिद्ध रहे हैं। जिन्होंने मानव निर्माण से राष्ट्र निर्माण तक में अपनी महत्वपूर्ण भूमिका निभाई। बौद्धकाल में बुद्ध, महावीर और शंकराचार्य की परंपरा से जुड़े गुरुकुल जगप्रसिद्ध थे, जहां विश्वभर से मुमुक्षुजन आत्म कल्याण के लिए ज्ञान प्राप्त करने हेतु आते थे। इन सभी गुरुकुलों में गणित, ज्योतिष, खगोल, विज्ञान, भौतिक आदि सभी तरह की शिक्षा दी जाती थी।

गुरुकुल से ही राष्ट्र का, निखरे तेज स्वरूप।
गुरुकुल ही दें राष्ट्र को, दिव्यता का रूप।।

महर्षि दयानन्द जी महाराज वेदों के परम भक्त थे। उन्होंने वेद को सभी सत्य विद्याओं का पुस्तक कहकर उसका महिमामंडन किया। उन्होंने वेद के मर्म को जाना और बड़े गर्व के साथ यह उद्घोष किया कि संपूर्ण मानव समाज को वेदों की ओर लौटना चाहिए। वेदों में परम शांति

है और उस शांति को प्राप्त करके ही मानव मोक्षपद को प्राप्त कर सकता है। स्वामी जी ने ईसाई मत की शिक्षा नीति का विरोध किया। उसकी सामाजिक, राजनीतिक और आर्थिक विचारधारा का भी कभी समर्थन नहीं किया। उनकी दृष्टि में ईसाई मत का खोखलापन उसकी धर्म पुस्तक बाइबल से हो जाता है। यही कारण था कि स्वामी जी महाराज लॉर्ड मैकाले की शिक्षा नीति को भारत के लिए अनुपयुक्त मानते थे। उन्होंने इस शिक्षा नीति का विरोध केवल विरोध के लिए नहीं किया। इसके विपरीत वह जानते थे कि यदि पश्चिमी जगत की सांप्रदायिक शिक्षा नीति को भारत में लागू किया गया तो देर सवेर भारत के वैदिक सत्य सनातन धर्म का तो विनाश होगा ही साथ ही समाज भी नैतिक रूप से भ्रष्ट हो जाएगा। वे जानते थे कि पश्चिमी जगत की शिक्षा नीति भारत के वेदों का, उपनिषद, रामायण, महाभारत आदि सभी का विनाश पर डालें।

स्वामी दयानंद जी महाराज और वैदिक समाज

स्वामी जी महाराज ने वेद के प्रचार - प्रसार के लिए ही आर्य समाज की स्थापना की थी। उनका यह मानना था कि मानव निर्माण के लिए यदि वेद की शिक्षा की आवश्यकता है तो उसके लिए पूर्णरूपेण समर्पित एक समाज होना चाहिए। जिसे उन्होंने आर्य समाज का नाम दिया।

ऋषि दयानंद द्वारा स्थापित आर्य समाज में तन - मन - धन से समर्पित होकर वेद - प्रचार के लिए कार्य भी किया। आर्य समाज की पहली, दूसरी और तीसरी पीढ़ी के समर्पित कार्यकर्ता और नेता, संन्यासी मुनि और त्यागी तपस्वी लोग धूम मचाते हुए वेद प्रचार के लिए जीवन खपा गए।

अपने आर्य समाज के सदस्यों के लिए स्वामी जी ने संदेश दिया कि "वेद सब सत्य विद्याओं का पुस्तक है। वेद का पढ़ना - पढ़ना और सुनना सुनाना सभी आर्यों का परम धर्म है।" स्वामी जी महाराज ने सभी आर्यजनों के लिए यह अनिवार्य किया कि वह वेद के साथ जुड़ें। वेद को पढ़ें भी और पढावें भी। सुनें, सुनावें और उसके प्रचार - प्रसार में अपना समय लगावें। इस काम के लिए स्वाभाविक रूप से शिक्षा के केंद्रों की स्थापना करना आवश्यक था।

भारत की प्राचीन शिक्षा प्रणाली अर्थात गुरुकुल शिक्षा प्रणाली की ओर स्वामी जी और उनके बाद उनके शिष्यों का ध्यान गया। फलस्वरूप देश में अनेक गुरुकुलों की स्थापना की गई। पहली व दूसरी पीढी के समर्पित शिक्षा महारथियों ने शिक्षा के क्षेत्र में ऐसा अनुकरणीय कार्य किया कि लेखनी से भी उनका वर्णन नहीं हो सकता। अनेक आर्य युवाओं ने गुरुकुल शिक्षा प्रणाली के माध्यम से शिक्षा प्राप्त कर देश के स्वाधीनता आंदोलन में भाग लिया। उन्होंने सामाजिक क्षेत्र में भी उल्लेखनीय कार्य किया। स्वामी जी महाराज ने वेदों का हिंदी भाष्य करने की परम्परा का भी श्रीगणेश किया। उसके बाद इस दिशा में भी बहुत ही उल्लेखनीय और महत्वपूर्ण कार्य किया गया।

वेद और संस्कृत भाषा

संस्कृत संसार की सबसे प्राचीन भाषा है। वेदों का वास्तविक लाभ वेदों की भाषा अर्थात संस्कृत का और संस्कृत व्याकरण का ज्ञान होने पर ही प्राप्त हो सकता है। इसके लिए आवश्यक है कि गुरुकुल शिक्षा प्रणाली को लागू किया जाए। वेदों का अर्थ हिंदी में होने से उन्हें समझा जा सकता है, परंतु वेद की वास्तविक चिंतन शैली का रसास्वादन तो संस्कृत जानकर ही प्राप्त किया जा सकता है। अनेक लोगों ने वेदों का अंग्रेज़ी अनुवाद करके भी परिश्रम साध्य कार्य किया है, परंतु यह भी बहुत अधिक उत्तम नहीं माना जा सकता। स्वामी जी द्वारा इंगित की गई गुरुकुल शिक्षा प्रणाली के माध्यम से लोगों ने संस्कृत शिक्षा प्राप्त की और योग, समाधि व साधना की दिशा में बड़ी महत्वपूर्ण उपलब्धियां प्राप्त की। स्वामी दयानंद जी महाराज द्वारा स्थापित आर्य समाज और उसके द्वारा किए गए महान क्रांतिकारी कार्य इस बात का प्रमाण हैं कि संस्कृत भाषा से ही भारत की उन्नति संभव है। संस्कृत भाषा और प्राचीन वैदिक साहित्य में सर्वत्र क्रांति के बीज बिखरे पड़े हैं। आर्य समाज ने उन बीजों का जितना ही संग्रह किया, उतना ही भारत अपनी आजादी के निकट पहुंचता गया।

स्वामी जी महाराज ने यह स्पष्ट किया कि शिक्षा अथवा विद्याध्ययन करना एक साधना है। इस साधना में मन को सब ओर से रोकना होता है। मन के वेग को रोकने के लिए उसे विषय विकारों से भी दूर रखना होता है। विषयों की आंधी न चले, इसके लिए शांत और एकांत स्थान में परमपिता परमेश्वर के साथ योग की स्थिति को प्राप्त करना भी साधक विद्यार्थी के लिए आवश्यक होता है। इसी प्रकार की साधना में मनुष्य की जागतिक और राष्ट्रीय उन्नति समाहित होती है।

नेताजी ने कहा था - 'आर्य समाज मेरी मां है'

स्वामी दयानंद जी के बाद आर्य समाज की अगली पीढ़ियों में गुरुकुल शिक्षा प्रणाली के माध्यम से वेद का प्रचार स्वामी श्रद्धानन्द, पं. गुरूदत्त विद्यार्थी, पं. लेखराम, स्वामी दर्शनानन्द, ब्रह्मदत्त जिज्ञासु, मेहता जैमिनी, पं. युधिष्ठिर मीमांसक या पं. विजयपाल आदि ने किया था। इन सब महापुरुषों का और इन जैसी अन्य दिव्य विभूतियों का इस प्रकार का कार्य नमनीय, वंदनीय और अभिनंदनीय रहा। गुरुकुल कांगड़ी ने भारत के क्रांतिकारी स्वाधीनता आंदोलन में बढ़ - चढ़कर भाग लिया और अपने अनेक ब्रह्मचारियों को देश सेवा के लिए राष्ट्र की बलिवेदी पर ऐसे समर्पित कर दिया जैसे कोई देवता पर फूल चढ़ा रहा हो।

नेताजी सुभाष चंद्र बोस 22 जून 1940 को सावरकर जी से मिलते हैं। दोनों की सावरकर सदन मुंबई में बैठकर बातचीत होती है। सावरकर जी ने नेताजी सुभाष चंद्र बोस को परामर्श दिया कि वह देश छोड़कर जर्मनी चले जाएं और वहां पर रासबिहारी घोष द्वारा निर्मित की गई

आजाद हिंद फौज की कमान संभालने का काम करें। नेताजी ने सावरकर जी के परामर्श को बहुत ही विनम्रता के साथ शिरोधार्य किया। सावरकर जी से विचार - विमर्श के पश्चात आर्य समाज लाहौर पहुंचे।

आर्य समाज लाहौर का उस समय सम्मेलन चल रहा था। गुरुकुल कांगड़ी के कुलपति महाशय कृष्ण जी 'प्रताप' नाम के अखबार के संपादक भी थे। उस समय वे वहीं पर थे। महाशय कृष्ण और नेताजी सुभाष चंद्र बोस का आपस में वार्तालाप हुआ। महाशय कृष्ण जी ने कहा कि 'सुना है, वीर सावरकर ने आपको देश से बाहर जाकर सेना बनाने का सुझाव दिया है। इस पर नेताजी ने कहा - 'जी।' तब महाशय कृष्ण बोले कि 'आर्य समाज इसके लिए आपको ₹10000 की थैली तत्काल भेंट करता है।'

नेताजी ने इस पर संक्षिप्त सा जवाब दिया - 'धन्यवाद।'

तब महाशय जी कहा कि 'धन्यवाद किस बात का? नेताजी जब भी आप आवाहन करेंगे गुरुकुल कांगड़ी के सभी ब्रह्मचारी आपकी सेना में भर्ती होने के लिए पहुंच जाएंगे।'

इस पर नेताजी ने कहा था कि 'आर्य समाज तो मेरी मां है। आजादी के जंग में जो भी भाग ले रहा है उसका किसी न किसी रूप में आर्य समाज से संबंध अवश्य है। भले ही वह किसी भी मत या पंथ से संबंध रखता हो, परंतु दयानंद जी के स्वदेशी के आवाहन का उस पर प्रभाव है। क्योंकि स्वामी जी ने ही सबसे पहले कहा था कि स्वदेशी राज्य ही सर्वोपरि उत्तम होता है।

(इस बात का उल्लेख जीवन प्रकाशक राजपाल एंड संस लाहौर द्वारा किया गया है। जिसे 'भारतीय स्वतंत्रता संग्राम में आर्य समाज का विशेष (80%) योगदान' नामक पुस्तक में विद्वान लेखकों द्वारा पृष्ठ संख्या 195 पर दिया गया है।)

इस तथ्य से स्पष्ट होता है कि आर्य समाज के गुरुकुलों द्वारा स्वाधीनता आंदोलन में किस प्रकार बढ़-चढ़कर अपना योगदान दिया गया था? और उनके योगदान ने किस प्रकार संपूर्ण भारतवर्ष में क्रांति का बिगुल फूंक कर राष्ट्र, राष्ट्रवाद और राष्ट्रीयता की धूम मचा दी थी?

लिए हाथ में झंडा,चले जो धर्म निभाने को।
भगाना है फिरंगी को वतन आजाद कराने को।।
वतन की चिंता में जलकर जो खुद को खाक कर देता,
बनता है वही चंदन कि माथा नित्य सजाने को।।

आज के गुरुकुल किरठल की अवस्था

पर आज क्या हो रहा है? कई गुरुकुल जहां ऋषि सिद्धांतों के अनुकूल अपना कार्य पूर्ण निष्ठा के साथ संपादित कर रहे हैं, वहीं कई ऐसे गुरुकुल भी लोगों की दृष्टि में आ चुके हैं, जिन्होंने अपने इतिहास पर अपने आप ही कालिख पोत ली है।

ऐसा ही एक गुरुकुल किरठल (हरियाणा) में बड़ी प्रमुख जिम्मेदारी का निर्वाह करते हुए अपना एक स्वर्णिम और शानदार इतिहास रखता है। प्रसिद्ध क्रांतिकारी आर्य नेता जगदेव सिंह सिद्धांती जी का इस गुरुकुल के साथ गहरा आत्मीय सम्बन्ध रहा है। उनके कुशल मार्गदर्शन और नेतृत्व में इस गुरुकुल ने बहुत प्रसिद्धि भी प्राप्त की।

पर आज यह गुरुकुल अपने दुर्भाग्य पर रो रहा है। मुझे आर्य समाज बरेली में उदय मुनि जी के द्वारा जानकारी हुई कि यह गुरुकुल इस समय अपने दुर्दिनों का शिकार है। उन्होंने बताया कि यहां पर विद्यार्थियों की संख्या बहुत कम रह गई है। जिसका कारण है कि यहां के प्रबंधन तंत्र ने खुली लूट मचा रखी है। बच्चों को उचित भोजन नहीं दिया जाता। उनकी शिक्षा की ओर भी कोई ध्यान नहीं दिया जा रहा है। एक प्रकार से गरीब माता - पिता के बच्चों को लाकर के यहां पर कैदखाने में डाल दिया जाता है। जिन माता-पिताओं को सच्चाई की जानकारी हो जाती है वह शीघ्र ही अपने बच्चों को यहां से निकाल लेते हैं। अध्यापक केवल मटरगश्ती करते हैं और कई कई दिन के अवकाश पर चले जाते हैं। छात्रों के भविष्य से खिलवाड़ करते इस गुरुकुल के प्रबंधन तंत्र और अध्यापक वर्ग को तनिक भी लज्जा नहीं आती। जिससे बच्चों का भविष्य चौपट हो रहा है ऋषि का मिशन यहां पर बड़ी दयनीय अवस्था में है। यदि इस और कोई ध्यान दिलाता है तो उसे धमकाकर चुप कर दिया जाता है। उदय मुनि जी ने भी इस ओर ध्यान दिलाने का प्रयास किया, परंतु उनके साथ भी अभद्रता का व्यवहार करते हुए उन्हें खामोश रहने के लिए कह दिया गया।

जिन नन्हें - मुन्हें नौनिहालों की प्रतिभा को निखारकर उसे राष्ट्र के लिए उपयोगी बनाने के लिए गुरुकुल पूर्ण निष्ठा के साथ अपना काम करते थे और जिसके लिए इस गुरुकुल की विशेष पहचान भी बनी, वही गुरुकुल अपने निकम्मे और कर्तव्यविमुख अध्यापकों और प्रबंधन तंत्र के कारण बच्चों की प्रतिभाओं को मारने का काम कर रहा है। बच्चों की हो रही इस दुर्दशा पर कोई भी सुनने के लिए तैयार नहीं है।

शिक्षा के केंद्र गुरुकुल इतनी शीघ्रता से लूट के केंद्र बन जाएंगे, उपेक्षा और उत्पीड़न का पर्याय बन जाएंगे, मानसिक अत्याचार और गरीबों की गरीबी का उपहास उड़ाने वाले हो जाएंगे, ऐसा तो किसी ने भी नहीं सोचा था। जब इन गुरुकुलों की स्थापना हो रही थी तो उस समय यही अपेक्षा की गई थी कि ये गुरुकुल दीर्घकाल तक शिक्षा के केंद्र के रूप में अपने दायित्वों का निर्वाह करेंगे और जब तक सूरज चांद हैं तब तक यह इसी प्रकार प्रकाश को फैलाने का काम करते रहेंगे। पर लोगों की अपेक्षाओं और आशाओं पर इतना शीघ्र तुषारापात हो जाएगा,यह तो किसी ने भी नहीं सोचा था।

दुष्टता का खेल रचकर, हक मारते संसार का,
घोंटते गला न्याय का, करें कर्म अत्याचार का।

नीच जन शिक्षा में आकर भरते हैं निज कोष को,
जानिए पापी उन्हें, और शत्रु सब संसार का।।

जिन बच्चों को तराशने का कार्य आर्य समाज ने अपने हाथों में लिया था और जिनके बारे में संपूर्ण मानव समाज को यह विश्वास दिलाया था कि उन्हें मानव समाज और राष्ट्र के लिए उपयोगी बनाकर वह देगा, उनके साथ गुरुकुल के ये लोग क्या कर रहे हैं? आर्य समाज जैसी पवित्र संस्था तो उन अत्याचारी, नालायक और निकम्मे लोगों को पाठ पढ़ाने के लिए स्थापित की गई थी जो बच्चों के और गरीबों के भविष्य के साथ खिलवाड़ करते हैं। इस बात के लिए तो इस संस्था को स्थापित नहीं किया गया था कि यहां भी दूसरों की नकल करते हुए कार्य आरंभ हो जाएगा?

भारत में वैदिक संस्कृति का पतन क्यों हुआ था? यदि इस बात पर विचार किया जाए तो एक ही निष्कर्ष निकलता है कि जब अध्यापक वर्ग ने अथवा ब्राह्मण वर्ग ने अपने धर्म से अलग हटकर कार्य करना आरंभ किया तो पतन की प्रक्रिया तेजी से आगे बढ़ी। इस संबंध में स्वामी दयानंद जी का क्या विचार था? यदि इस पर विचार करें तो स्वामी जी ने एक ही बात सोची थी कि देश का अध्यापक या ब्राह्मण वर्ग अपने धर्म पर अडिग रहना चाहिए। उसके हाथ में समाज और राष्ट्र निर्माण का महत्वपूर्ण दायित्व होता है। इसलिए गुरुकुलों में शिक्षा देने वाले शिक्षक अपने धर्म के प्रति सदा जागरूक रहें।

●●

अध्याय - 8

आर्य समाज की प्रचार शैली

हमारे देश में इस समय लोगों का मूर्ख बनाने वाले अनेक गुरु और स्वयंभू भगवान घूम रहे हैं। यह बड़े ही आश्चर्य की बात है कि केवल पाखंड और अंधविश्वासों में फंसाने वाले इन गुरुघंटाल भगवानों की सभाओं में बड़ी संख्या में लोगों की उपस्थिति होती है। जबकि वेद धर्म का सीधा सरल और सच्चा रास्ता बताने वाले आर्य समाज के किसी महासम्मेलन में भी इतनी अधिक उपस्थिति नहीं होती। सत्य कड़वा होता है या नहीं यह तो हमें नहीं पता, पर इतना अवश्य है कि सत्य उपेक्षित बहुत होता है। भीतर से सत्य की इच्छा होने के उपरांत भी लोग उस पर ही अधिक पर्दा डालते हैं। जहां रहस्य सुलझ जाना चाहिए लोग उसे वहां और अधिक गहरा कर देते हैं।

जो सही है, मार्केट में वह नहीं बिकता, बल्कि जो दोगला है और जो भ्रामक स्वरूप लिए खड़ा है या छद्म रूप में हमें बार-बार ठगता है, वह अधिक बिकता है। संसार की नदिया में असत्य या मिथ्यावाद ऊपरी सतह पर तैरता रहता है और सत्य कहीं नीचे पेंदी में छुपा बैठा रहता है। लोग ऊपरी सतह पर तैरने वाली वस्तु की ओर ध्यान देते हैं और उसके नीचे पैठ बनाए हुए सत्य से मुंह फेर लेते हैं। संसार के बड़े-बड़े महापुरुष सत्य का मार्ग बताते - बताते चले गए, पर जो मिथ्या और भ्रामक है - लोग भेड़चाल से उसी पर चलने के अभ्यासी बने रहते हैं। बात भी ठीक है, जो चीज वजन में भारी होती है वह नीचे ही बैठ जाती है। और जो थोथी है वह ऊपर बहती हुई दिखाई देने लगती है। लोगों को बहती हुई चीज के चक्कर में नहीं पड़ना चाहिए। उन्हें समझना चाहिए कि जो 'बह गया', उसमें क्या रह गया? सार तत्व तो उसी में है जो जमाने के दौर में बहा नहीं। बह जाना हल्केपन का प्रतीक है और जमकर बैठ जाना भारीपन का प्रतीक है। सत्य कभी बहता नहीं और मिथ्यावाद कभी एक स्थान पर रहता नहीं।

बड़े-बड़े संत चले गए, राह बताते लोगों को।
हमसे कहते रहे हमेशा मत गले लगाओ भोगों को।।

क्या कभी आपने इस प्रकार की स्थिति के कारण पर विचार किया? यदि नहीं तो आपको करना चाहिए।

ओशो भगवान का उदाहरण

अपनी बात को आगे बढाने से पहले मैं आपको बताना चाहूंगा कि एक बार मैं अमर स्वामी प्रकाशन विभाग गाजियाबाद में बैठा हुआ कुछ पुस्तकों को देख रहा था। तभी प्रकाशन के प्रतिष्ठाता मेरे बड़े भाई सम आदरणीय लाजपत राय अग्रवाल जी ने मुझे आचार्य रजनीश अर्थात ओशो का साहित्य पढ़ने के लिए कहा। मैंने ओशो के बारे में पहले ही सुन रखा था कि वह क्या लिखते हैं और क्या बोलते रहे हैं? तब मैंने बड़े आश्चर्य से श्री अग्रवाल जी से कहा कि मैं उनका साहित्य क्यों पढ़ूं? इस पर उन्होंने कहा कि आप एक बार पढ़ें तो सही और थोड़ा देखिए कि वह लिखते किस शैली में हैं?

यह कहकर उन्होंने मुझे 'संभोग से समाधि' नामक ओशो की प्रसिद्ध पुस्तक हाथों में थमा दी और कहा कि कहीं से भी एक दो पेज पढ़ने का प्रयास कीजिए। मैं बड़ी ईमानदारी से यह कह सकता हूं कि मैंने उस पुस्तक को पढ़ना आरंभ किया तो लगा कि सचमुच ही उस व्यक्ति की लेखन शैली कमाल की थी। यह एक अलग बात है कि वह पुस्तक हमारे आप सबके लिए पूर्णतया अनुपयोगी थी। परंतु उस पुस्तक के लेखक ओशो भगवान की लेखन शैली में ऐसा जादू था कि वह अपने साथ अपने पाठक को बांधे रखने में माहिर था। तब मैं समझा कि उस व्यक्ति को सुनने के लिए लोग इतनी बड़ी संख्या में क्यों पहुंचते थे? ओशो ने लोगों को लोगों की भाषा में अपनी बात को समझाने का प्रयास किया। मैं मानता हूं कि उनकी बातों में अधिकांश बकवास भरी पड़ी है, पर ऐसा भी नहीं है कि सारी बातों को बकवास कह दिया जाए।

मिथ्या मिथ्या चुन रहे, सच को रहे हैं भूल।
लोग बावरे हो गए, चुनते जा रहे शूल।।

यही मिथ्यावाद है। जो संसार सरणी की सतह पर प्रवाहित हो रहा है। वेद का निर्मल पवित्र ज्ञान वही ज्ञान है जो अच्छे-अच्छे गोताखोरों की नजरों से कहीं छुपा है। बड़े यत्न से कोई सच्चा गोताखोर अर्थात् परमयोगी उस सत्य को खोजकर और बाहर लाकर लोगों को दिखाने में सफल होता है। स्वामी दयानन्द जी महाराज एक ऐसे ही गोताखोर महान योगी थे। जिन्होंने ज्ञान की निर्मल धारा को अर्थात सत्य को संसार की बहती हुई नदिया की पेंदी से बाहर लाकर लोगों को दिखाने का सफल प्रयास किया था।

पुराने समय के आर्य समाजी भजनोपदेशक

हमारे देश में आर्य समाज की स्थापना के पश्चात आर्य समाज के भजनोपदेशकों ने वैचारिक क्रांति पैदा करने में महत्वपूर्ण योगदान दिया। उसका भी एकमात्र कारण यही था कि वे लोग भी जनभाषा में लोगों से संवाद स्थापित करते थे। मैं यह भी कहना चाहता हूं कि हमारे आर्य विद्वान वेदों की जिस भाषा में लोगों से संवाद स्थापित करने का प्रयास करते हैं, उनका वह

प्रयास निष्फल जाता है। इसका कारण यह है कि उनके लिए रोता के रूप में मंच के आगे बैठने वाले अधिकांश लोग ऐसे होते हैं जो वेदों की क्लिष्ट संस्कृत को या संस्कृत निष्ठ हिंदी को समझ नहीं पाते। लोग आपकी बात को किस्से कहानियों के माध्यम से सरलता के साथ समझते हैं। वह अपनी भाषा में आपकी बात को सुनना चाहते हैं। ओशो जैसे लोग अपनी बात को कहने और लोगों को समझाने में इसलिए सफल हो जाते हैं कि वह छोटी-छोटी कहानियों के रूप में अपनी बात को कहते चले जाते हैं। आर्य समाज के विद्वान इस ओर कम ध्यान देते हैं। उनके भाषण विद्वानों के लिए होते हैं और विद्वान सभाओं में आकर किसी की बात को सुनते नहीं।अब समस्या यह हो जाती है कि विद्वान मंच पर बैठा रह जाता है और सुनने वाले श्रोता मंच के आगे बैठे रह जाते हैं, ना तो सुनाने वाला सफल होता और ना सुनने वाले सफल होते। परिणाम यह आता है कि लोग आर्य समाज से दूरी बनाने लगते हैं।

सहज सरल आनंद की, कर लो सीधी बात।
दिन बीते आनंद में, चैन में बीते रात।।

कुछ समय पहले यह समस्या आर्य परिवारों के साथ नहीं थी। गुरुकुलों के पढ़े हुए स्नातक आर्य परिवारों में हुआ करते थे। कम से कम इतना तो कहा ही जा सकता है कि हिंदी की प्राइमरी पाठशालाओं से निकले हुए बच्चे भी उस समय हिंदी और संस्कृत को सुन व समझ लिया करते थे। पर अब वह बात नहीं है।

'अंकल! मुझे हिंदी की गिनती नहीं आती'

अब हम मानें या ना मानें पर सच यही है कि हम संस्कृत से तो बहुत दूर कर ही दिए गए हैं अच्छी हिंदी से भी हम दूर कर दिए गए हैं। नई पीढ़ी हिंदी के अंकों को भी लिखना नहीं जानती, ना पढ़ना जानती। आप किसी नवयुवक को अपना मोबाइल नंबर लिखवाने लगें तो नई पीढ़ी के बच्चे कहते हैं कि अंकल! इंग्लिश में बोलो तब हम लिख पाएंगे। वह अक्सर कहते हैं कि 'अंकल! मेरे को ना हिंदी में गिनती नहीं आती।'

अब जिस देश की युवा पीढ़ी को अपने देश की भाषा में अंक लिखने नहीं आते उसे आप राष्ट्रभक्ति और स्वदेशी का समर्थक कैसे बना सकते हैं?

फ्रेंच लेखक रिचर्ड का कहना था कि ऋषि दयानन्द का प्रादुर्भाव लोगों को कारागार से मुक्त कराने और जाति बन्धन तोड़ने के लिए हुआ था। उनका आदर्श है- आर्यावर्त! उठ, जाग, आगे बढ़। समय आ गया है, नये युग में प्रवेश कर।'

क्या स्वामी जी महाराज ने आर्यवर्त के उत्थान के लिए आर्य लोगों का इसलिए आवाहन किया था कि उनके बच्चे कुछ समय बाद ही यह कहने लगे कि 'अंकल! मेरे को ना हिंदी नहीं आती।'

इस स्थिति के लिए आज के अभिभावक भी जिम्मेदार हैं। जिन्होंने ऋषि दयानंद जी के स्वभाषा, स्वराष्ट्र, स्वदेश, स्वसंस्कृति और स्वराष्ट्र के मिशन को पीछे छोड़ दिया। हिंदी नहीं आने की शिकायत ने ही लोगों को हिंदी और संस्कृति से दूर कर दिया है। अब उन्हें भाषा का अर्थ केवल इतना ही दिखाई देता है कि जैसे भी हो अपनी बात को दूसरे के गले उतार दो। इसी प्रकार की अभिव्यक्ति का माध्यम लोगों ने भाषा को बना दिया है। यद्यपि हम ऐसे लोगों की इस बात से सहमत नहीं हैं। अपनी सहमति के उपरांत भी हम यह मानते हैं कि प्रत्येक वक्ता को अपनी भाषा को ऐसा फुट अवश्य देना चाहिए, जिससे वह जो कुछ कहना चाहता है उसे लोगों के गले से नीचे आराम से उतार सके।

ओशो जैसे तथाकथित भगवान ऋषि दयानंद जी के शिष्यों की भांति गूढ़ भाषा में अपनी बात को रखने का प्रयास नहीं करते वह प्रचलित भाषा का प्रयोग करते हैं।

बोलने की शैली सरल हो

हम स्वयं इस बात के समर्थक हैं कि हम अपनी हिंदी भाषा का और उसके शुद्ध शब्दों का प्रयोग अपने संवाद, भाषण, व्याख्यान या प्रवचन के दौरान करें। अपने अच्छे से अच्छे साहित्यिक शब्दों को लाने का भी प्रयास करें, परंतु भाषा इतनी गूढ़ ना हो जाए कि वह लोगों की समझ में ना आए। यदि शुद्ध साहित्यिक,संस्कृतनिष्ठ शब्दों का कहीं प्रयोग किया जा रहा है तो बोलते समय वक्ताओं को उनका भी सरलीकरण करना चाहिए। यह इसलिए आवश्यक है कि आपके सामने बैठी आज की युवा पीढ़ी आपकी राष्ट्रभाषा में चाहे आपके भाषण को सुन रही हो, पर वह उसे उतना समझ नहीं पाती जितने की अपेक्षा आप उससे कर रहे हैं।

हम खिचड़ी भाषा हिंदी के भी समर्थक नहीं हैं। जिसमें अनेक भाषाओं के शब्दों को सम्मिलित कर हिंदी संस्कृत की व्याकरण का सर्वनाश किया जाता हो। इसके स्थान पर भी हम यही कहेंगे कि अधिक से अधिक साहित्यिक शब्दों का प्रयोग किया जाए। इसके उपरांत भी हमारी मान्यता है कि लोगों को समझाने के समय उनके बौद्धिक स्तर का ध्यान रखा जाए। आर्य समाज के प्रत्येक उपदेशक को इस बात की ओर ध्यान देना चाहिए। उन्हें वेद की बात को भी लोगों की भाषा में कहने का अभ्यास करना चाहिए। स्वामी दयानंद जी महाराज संस्कृत के परम विद्वान होकर भी उस समय ही अधिक सफल हुए जब उन्होंने लोगों से लोगों की भाषा में संवाद करना आरंभ किया।

यह बात पूर्णतया गलत है कि आजकल के जितने भी नए-नए मत, पंथ या संप्रदायों के धर्मगुरु हैं वे सब पूर्व में वेद, उपनिषद, महाभारत या रामायण आदि में लिखित आत्मोत्थान की बातों को अपनी कहकर प्रस्तुत करते हैं, या ऐसा आभास देते हुए प्रस्तुत करते हैं कि वह जो बोल रहे हैं वह उनका अपना मौलिक चिंतन है। पर उनके ऐसा करने से उनके सामने बैठे श्रोता उनके साथ बंध जाते हैं और वह समझ लेते हैं कि इनसे बड़ा कोई भगवान नहीं है। इसके विपरीत

आर्य समाज के विद्वान सही दृष्टिकोण अपनाते हुए वेद, उपनिषद् आदि की बातों को उन्हीं की बात कहकर लोगों में उनका प्रचार - प्रसार करते हैं। इसके उपरांत भी वे अपने साथ लोगों को जोड़ने में अर्थात उनका आर्यकरण करने में सफल नहीं हो पाते। भाषा की दुरुहता इसका एक कारण है। आवश्यकता मध्यम मार्ग अपनाने की है। समयानुसार निर्णय लेने की है।

मूर्ति पूजक और आर्य समाजी

दूसरी बात है कि हमारे धर्माचार्य प्रमुख, प्रवचनकार, उपदेशक कई बार अपने सामने बैठे श्रोताओं को भांप नहीं पाते। वे यह समझ लेते हैं कि पंडाल में बैठे सभी लोग आर्य समाज और महर्षि जी के भक्त हैं। जबकि उनमें कई लोग ऐसे भी बैठे होते हैं जो मूर्ति पूजक पौराणिक होते हैं। जब हमारा कोई भी वक्ता उपदेशक या प्रवचनकार उन पौराणिकों की मूर्ति पूजा पर प्रहार करता है और उनके देवी - देवताओं को उल्टा - सीधा बोलता है तो उन्हें वह पसंद नहीं आता। वह कई बार अपने साथी आर्य समाजियों से इस बात की शिकायत करते देखे जाते हैं कि आपके यहां तो जाते ही हमारे देवी - देवताओं को गाली दी जाती है। माना कि आर्य समाज के विद्वान से मूर्ति पूजा के खंडन की अपेक्षा की जा सकती है परंतु उसे वह संतुलित मर्यादित शब्दों में करे, उससे यह भी अपेक्षा की जाती है। साथ ही उससे यह भी अपेक्षा की जाती है कि वह लोगों को पहले मूर्ति पूजा की निस्सारता को समझाए। उनके मूर्ति पूजा के ढंग और ढोंग पर या उनके देवी - देवताओं पर किसी प्रकार का कटाक्ष ना करे बल्कि उन्हें उस दिशा से धीरे-धीरे मोड़ने का प्रयास करे और बताये कि सच्चा मार्ग क्या है?

जब आप बाजार में घूम रहे होते हैं तो चलते-चलते यदि आपकी नजर किसी दुकानदार के यहां रखे चावलों की बोरी पर पड़ जाती है तो वह दुकानदार तुरंत समझ जाता है कि आपको चावलों की आवश्यकता है। आपके बिना बोले वह पहले ही आपसे कहने लगता है कि 'आ जाओ! चावल अच्छे हैं, ले लीजिए।' वह चावल विक्रेता लाला कभी आपसे यह नहीं कहता कि 'मेरे चावल अच्छे हैं और पड़ोसी के खराब हैं। आप आगे मत बढ़ो।'

अच्छा कहकर बेचिए, रोज ही अपना माल।
भूले से भी मत कहो, और का माल खराब।।

बस लाला वाला दृष्टिकोण ही हमको अपनाना चाहिए। हमको अपने उपदेश और प्रवचन में अपने माल को अर्थात वैदिक धर्म की मान्यताओं को अच्छा बताने का प्रयास करना चाहिए। दूसरे की मान्यताएं कैसी हैं? यह बहुत दूर का और देर का विषय है। हम दूर के विषय पर पहले आ जाते हैं और आज जहां से हमको शुरुआत करनी है, उसको हम भूल जाते हैं। हमको ध्यान रखना चाहिए कि जब गर्मी की ऋतु आती है तो वह एकदम नहीं आ जाती है। परिवर्तन धीरे-धीरे आता है। धीरे-धीरे ही गर्मी के बाद सर्दी बढ़ती है। धीरे-धीरे ही दिन बढ़ते हैं धीरे-धीरे ही

रातें बढ़ती हैं। धीरे-धीरे ही वृक्ष बढ़ता है। धीरे-धीरे ही समय आने पर उस पर फल लगते हैं। इसी प्रकार मरीज भी धीरे-धीरे ही निरोग होता है। बस, यही बात समाज की है। समाज की यदि दिशा गलत हो गई है तो उसे अचानक आप मोड़ने की गलती ना करें। उसकी दिशा को मोड़ने के लिए थोड़ा धैर्य रखना चाहिए। आपके तर्क बाण मजबूत होने चाहिए। सीधे निशाने पर लगने चाहिए। आपके पास अपने मनोबल, आत्म बल की शक्ति के साथ-साथ दल-बल की शक्ति भी होनी चाहिए। दल-बल की शक्ति का अभिप्राय किसी से जोर आजमाइश करना नहीं है, बल्कि इसका अर्थ है कि परिवर्तन की दिशा को और भी अधिक प्रभावी बनाने के लिए आपके पास प्रचारकों की बड़ी संख्या हो।

आर्य समाज श्रीराम और कृष्ण जी को मानता है...

प्रतीक्षा करने की असीम शक्ति होना भी उपदेशक, प्रचारक या प्रवचनकार की एक विशेषता होती है। स्वामी दयानंद जी ने अपने जीवन काल में वेद प्रचार की धूम मचाई, परंतु परिवर्तन के लिए उनके पास असीम धैर्य भी था। उन्होंने खंडनात्मक दृष्टिकोण से भी **"सत्यार्थ प्रकाश"** में बहुत कुछ लिखा। इसके

उपरान्त भी उन्होंने विपरीत संप्रदाय के किसी भी धर्माचार्य प्रमुख का कभी अपमान नहीं किया। ना ही उनके साथ शास्त्रार्थ करते समय उनके लिए अपशब्दों का प्रयोग किया। उन्होंने अपनी बात को पूरी दृढ़ता के साथ रखा और उसे पूर्णतया शास्त्र संगत, तर्कसंगत एवं बुद्धि संगत सिद्ध करने का अनेक बार सफल प्रयास किया।

आज अनेक लोग हैं, जो यह मानते हैं कि आर्य समाज रामचंद्र जी को नहीं मानता। कृष्ण जी को नहीं मानता। शिवजी को नहीं मानता। गणेश जी को नहीं मानता। इन लोगों के भीतर इस भाव को किसने बैठा दिया? एक तो आर्य समाज के उपदेशकों की शैली ने ऐसी धारणा बनाने में सहायता की है, दूसरे उन लोगों के धर्माचार्य उनको आर्य समाज से इसी प्रकार की मिथ्या धारणाओं का प्रचार कर के दूर करने का प्रयास करते हैं कि ये लोग आपके देवताओं को गाली देते हैं। आपके भगवान को भगवान नहीं मानते,इसलिए ये नास्तिक लोग हैं। आर्य समाज के विद्वान जब इन मिथ्या आरोपों के बारे में सुनते हैं तो वह इनका खंडन पौराणिकों के बीच जाकर नहीं करते बल्कि आर्य समाज के मंचों पर करते हैं। जहां उनके सामने बैठे श्रोता आर्य समाज से जुड़े लोग ही होते हैं। होना यह चाहिए कि ऐसे आरोपों का खंडन आर्य समाज के लोग पौराणिकों के मंचों पर जाकर करें और वहां बैठे श्रोताओं को यह समझाएं कि हम वास्तव में श्री रामचंद्र जी के चरित्र की पूजा करते हैं, योगीराज श्री कृष्ण जी के चरित्र की पूजा कर उन्हें राष्ट्ररक्षक, धर्म रक्षक, संस्कृति रक्षक के रूप में पूजते और सम्मान देते हैं।

क्षेत्रीय यज्ञ समितियों के कार्यक्रम

आजकल हम यह भी देख रहे हैं कि जितने भी आर्य समाज के लोग हैं वह क्षेत्रीय यज्ञ समितियों के माध्यम से यज्ञों का संचालन करते हैं। जब 10-20 गांवों की इस प्रकार की कोई क्षेत्रीय यज्ञ समिति कार्य करती है तो प्रत्येक गांव में वही लोग उपस्थिति देते हैं जो पहले गांव में उपस्थित रहे थे। नए जुड़ने वाले लोग 10 या 5 ही होते हैं और वह भी किसी एक गांव विशेष में उस गांव के निवासी होने के कारण पहुंच जाते हैं। आर्य समाजी आर्य समाजी के ही यहां जाकर यज्ञ समिति का हवन करते हैं। चौपाल पर या सार्वजनिक स्थानों पर यज्ञ करने करने और सारे गांव को बुलाकर वेद प्रचार करने की परंपरा समाप्त हो गई है। यज्ञ समितियां केवल औपचारिकता निभाकर अपना कर्तव्य निर्वाह मात्र कर रही हैं। उनमें कोई क्रांति का भाव दिखाई नहीं देता।

ऐसा भी देखा जाता है कि एक गांव में जितने भर भी आर्य समाजी यज्ञ करने के लिए जाते हैं वे सारे के सारे ही पूरे दिन का बोरियत पैदा करने वाला लंबा कार्यक्रम करते हैं। कुछ घिसी पिटी बातों को ही लोग बार-बार दोहराते रहते हैं। जिससे अच्छा संकेत नहीं जाता। होना यह चाहिए कि किसी एक विद्वान वक्ता को घंटेभर बुलवाया जाए और आधा घंटे का यज्ञ रखकर अधिकतम दो घंटे में कार्यक्रम समाप्त किया जाए। आजकल की भाग दौड़ की जिंदगी में लोग सारा दिन आपके बोरियत पैदा करने वाले कार्यक्रम को सुनने के लिए तैयार नहीं हैं। वैसे भी परिवर्तन एक दिन में ही नहीं आता है। छोटी-छोटी बातों को महत्वपूर्ण संदेशों के माध्यम से छोड़ने का प्रयास करना चाहिए। लोग उन्हें ग्रहण करेंगे और उन्हें अच्छा समझेंगे तो वह स्थाई रूप से आपके साथ जुड़ने का प्रयास करेंगे। अतः एक आधिकारिक वक्ता को विषय देकर बोलने का अवसर दिया जाए। जिसको लोग तन्मयता के साथ सुनें। उस वक्ता से भी पहले यह कह दिया जाए कि आपको विषय को किस प्रकार प्रस्तुति देनी है? ऐसा करने से अच्छे परिणाम आने की संभावना है।

कुल मिलाकर आर्य समाज को अपने प्रचार तंत्र को चुस्त दुरुस्त करते हुए प्रचार शैली पर भी विचार करना होगा।

●●

अध्याय - 9

पाखंड और आर्य समाज के पुरोहित

अपने स्थापना काल से ही आर्य समाज ने प्रत्येक प्रकार के पाखंड का पुरजोर विरोध किया है। हमारे देश में समाज को जिन ब्राह्मणों ने अपनी मूर्खतापूर्ण बातों से भ्रमित कर पाखंडों में फंसाया उन्हें आर्य समाज ने प्रारंभ से ही नकारा। यही कारण रहा कि आर्य समाज की पहचान एक ऐसी पवित्र क्रांतिकारी संस्था के रूप में बनी जो समाज को जड़ता और पाखंडवाद से मुक्ति दिलाने का काम करती है। तनिक याद कीजिए, हमारे देश में एक समय वह भी था जब कोई पंडित पुजारी किसी मृतक व्यक्ति के पश्चात जब उसके घर में जाकर यज्ञ हवन करता था तो वह मृतक व्यक्ति के परिवार के लोगों को अनेक प्रकार से डराया बहकाया करता था। यहां तक कि मृत व्यक्ति के लिए वह लड्डू,खीर आदि के भोग लिया करता था। उसके पेट में जगह न होने के कारण कई बार वह नाटक करता था कि अभी आपका दादा-पिता, माता या दादी आदि लड्डू आदि को ग्रहण नहीं कर रहे हैं। इसलिए अभी कोई लड्डू या खीर आदि का ग्रास नहीं लिया जा सकता। लोग उस पाखंडी को झूला झुलाते रहते थे। जब उसके पेट में भूख लगती तो वह मुंह खोलता, तब लोग यह सोचकर शीघ्रता से लड्डू आदि दिया करते कि अब हमारे मृत संबंधी को यह भोग सीधा पहुंच जाएगा। स्वामी दयानंद जी महाराज आए तो इस प्रकार की अनेक प्रकार की पाखंडी बातों का उन्होंने समाज से उन्मूलन किया।

पाखंडी जंजाल में, फंसा हुआ था देश।
दयानंद ने आनकर, काटे सकल क्लेश।।

जब इस प्रकार की पाखंड पूर्ण बातें समाज में फैली हुई थीं तो उसमें जनसाधारण का उतना दोष नहीं था, जितना उस पाखंडी ब्राह्मण वर्ग का दोष था, जिसने अपने स्वार्थ की पूर्ति के लिए लोगों की धार्मिक भावनाओं के साथ खिलवाड़ करने का इस प्रकार का प्रबंध किया था। उसने लोगों की धार्मिक आस्था को अपने लिए जीविकोपार्जन का एक अच्छा माध्यम बनाया। उस समय के इस पाखंडी ब्राह्मण वर्ग के भीतर यह भावना आ गई थी कि समाज का शेष वर्ग पूर्णतया अनपढ़ ही रहे तो अच्छा है। क्योंकि उसके अनपढ़ रहने से ही उसके स्वार्थ की

पूर्ति होना संभव था। सारा समाज जड़ता में बंध चुका था। तब स्वामी दयानंद जी का आगमन किसी देवता से कम नहीं था। उन्होंने इस सारे पाखंड के विरुद्ध आवाज बुलंद की और लोगों को झकझोर पर जगाने का काम किया। स्वामी जी ने सभी देशवासियों को बताया कि ये पाखंडी लोग किस प्रकार उनका मूर्ख बना रहे हैं? जिस ओर ये पाखंडी लोग मेरे देशवासियों को ले जा रहे हैं, सच्चाई वह नहीं है, बल्कि सच्चाई कुछ दूसरी है। उस सच्चाई की ओर बढ़ने का आवाहन करते समय हुए स्वामी दयानंद जी महाराज ने लोगों को बताया कि तुम्हें वेद मार्ग की सच्चाई की ओर चलना चाहिए।

वेद मार्ग के सत्य को, करो सभी स्वीकार।
दयालु की दया मांगिए, होगा बेड़ा पार।।

पहली दूसरी पीढ़ी के आर्य विद्वानों के पाखंड विरोधी भाषणों और व्याख्यानों का जनता पर बड़ा अच्छा प्रभाव पड़ा। इसका कारण यह था कि उन आर्य विद्वानों की भाषा बड़ी सरल होती थी। उनकी बातों में तर्क होता था और लोगों को वेदों की ओर लौटने की उनकी प्रबल प्रेरणा भी बड़ी बलवती होती थी। लोगों से सीधे संवाद स्थापित करना और मूर्ति पूजक लोगों के बीच जाकर पहले उन्हें बड़े प्यार से मूर्ति पूजा की निस्सारता को समझाना, उनके कुछ ऐसे उपाय होते थे, जिससे लोग सहज रूप में उनकी ओर आकर्षित होते थे। धीरे-धीरे इस स्थिति में परिवर्तन होने लगा।

पौराणिक पंडितों का पाखंड

जब हमारे देश में पौराणिक पंडितों का पूरा वर्चस्व स्थापित था तब वह कई प्रकार से अपने यजमान को लूटने का प्रबंध कर लेते थे। कई प्रकार के अंधविश्वासों और भूत प्रेत आदि की कहानियों को सुनाकर वे लोग यजमान लोगों से विभिन्न उपायों से धन ऐंठने का काम करते थे। आर्य समाज ने जब इस दिशा में आगे बढ़ना आरंभ किया तो कुछ देर व्यवस्था बहुत अच्छी चली पर धीरे-धीरे स्थिति में परिवर्तन आने लगा। आज की स्थिति यह है कि जब कोई यजमान हमारे किसी पौराणिक पुरोहित को सीधी उंगली से घी नहीं निकालने देता है अर्थात उन्हें अच्छी दक्षिणा नहीं देता है तो वे भी पौराणिक पंडितों की भांति धन ऐंठने के कुछ उपायों को हाथ में लेने लगे हैं।

यज्ञ के समय यजमान के माध्यम से गोदान कराना, मंदिर के लिए दान लेना या गुरु के लिए दान लेना या किसी और इसी प्रकार के बहाने से लोगों से धन ऐंठना आज भी पौराणिक पंडितों की विशिष्टता है। थोड़े से अर्थ परिवर्तन के साथ आज कुछ इसी प्रकार की परंपराओं को आर्य समाज के आचार्य / पुरोहित भी अपनाते जा रहे हैं। आर्य समाज की स्थापना के पश्चात प्रारंभ में आर्यजनों ने अपने आर्य विद्वानों का स्वागत सत्कार करना अपना धर्म माना। कई आज भी ऐसे

सज्जन हैं जो अपने घर आए आर्य विद्वान की भरपूर सेवा सम्मान करते हैं, दान दक्षिणा भी देते हैं। आर्य समाज की स्थापना के कुछ काल पश्चात तक यह स्थिति दो बातों पर टिकी रही - एक तो उस समय आर्य विद्वान किसी प्रकार का लोभ लालच करके किसी के घर में यज्ञ करने नहीं जाते थे। अतः उन्हें जो भी कुछ वहां से मिलता था, उसे वह सहज रूप में स्वीकार कर जेब में रखे चले आते थे। इसके अतिरिक्त घर गृहस्थ वाले लोग भी अपने अतिथि विद्वान को अपनी सामर्थ्य से अधिक देने का प्रयास करते थे। दोनों ओर से इस प्रकार के पवित्र भाव के चलते व्यवस्था बनी रही।

बदल गया आदर्श हमारा, बदल गया आचार।
बदल गए विचार हमारे, बदल गया व्यवहार।।

आज परिस्थितियां बहुत कुछ बदल गई हैं। समाज में जिस प्रकार भौतिकवाद की हवा चली है, उसके चलते अनेक आर्य विद्वानों की आवश्यकताएं भी बढ़ गई हैं। माना कि अधिकांश विद्वान किसी प्रकार का लोभ लालच आज भी नहीं रखते परंतु जिनके घर परिवार में बच्चे हैं, उनकी पढ़ाई - लिखाई के खर्चे तो उनके लिए जी का जंजाल बन गए हैं। उनमें से कई ऐसे भी हैं जो धन के लालच के वशीभूत होकर यज्ञ आदि करने के काम में लगे हुए हैं। उधर बहुत से यजमानों की स्थिति ही इस समय बहुत कुछ अधिक खर्च करने की नहीं रही है। इसका कारण यह है कि वह भी भौतिकवाद की चकाचौंध में परेशान हैं। किसी के परिवार वाले दान दक्षिणा नहीं देना चाहते तो कोई स्वयं ही देने में अपने आपको असमर्थ पाता है। ऐसी स्थितियों में आर्य समाज की मान्य और आदर्श परंपराएं बड़ी तेजी से लुप्त होती जा रही हैं। इसी का परिणाम है कि कई आर्य विद्वानों ने भी यज्ञ के समय कलावा बांधना, थाली में रखे हुए चावलों और चंदन से या हल्दी से लोगों का तिलक करना, थाली को सब लोगों के सामने घुमाना और इस अपेक्षा से घुमाना कि सभी लोग तिलक लगवाते जाएं और इसमें पैसा डालते जाएं, जैसी कुछ विकृतियां आती जा रही हैं। कुल मिलाकर आर्य समाज के विद्वानों का इस समय पौराणिकरण हो रहा है।

परिवर्तन भारी हुआ, चल रहा लगातार।
पुराण धर्म अपना रहे, ऋषि के पहरेदार।।

पौराणिक लोगों के पंडितों के बारे में आर्य समाज के विद्वान अक्सर कहा करते थे कि वे लोग बहुत शीघ्रता से यज्ञ को संपन्न कर डालते हैं। उनके मंत्रों में किसी प्रकार का तारतम्य नहीं होता और ना ही वह यज्ञ की सही प्रक्रिया को जानते हैं। यदि जानते भी हैं तो उसे सही ढंग से लागू नहीं करते हैं। इनमें से अधिकांश पंडित ऐसे होते हैं जो एक-एक दिन में कई - कई यज्ञ करते हैं और वहां से मनमानी दक्षिणा लेते हैं। जब वह किसी एक घर में यज्ञ कर रहे होते हैं तो उनका मन उस समय दूसरे परिवार में होने वाले यज्ञ में पड़ा रहता है और जब दूसरे घर में जाकर यज्ञ

कर रहे होते हैं तो वहां जाकर तीसरे परिवार में उनका मन जाकर उछल कूद मचाने लगता है। इस सारी प्रक्रिया से सबसे अधिक यजमान लोग प्रभावित होते हैं। जिनके यहां पर यज्ञ को पंडित जी ने करने के उपरांत भी सही ढंग से नहीं किया। आर्य समाज ने इस प्रकार की प्रवृत्ति को दोषपूर्ण माना और इसका विरोध किया। जबकि आज के आर्य विद्वान भी इसी प्रकार का कार्य निष्पादित करते देखे जाते हैं। उन्हें एक यज्ञ के बाद दूसरे यज्ञ की चिंता रहती है। यही कारण है कि वह शीघ्रता से यज्ञ की सारी क्रिया को पूर्ण करने का प्रयास करते हैं। कई ऐसे पंडित भी हैं जो आर्य समाज का विद्वान होने के कारण यज्ञ कुंड अपने साथ रखते हैं। जब वह एक घर में यज्ञ करके आगे चलने की तैयारी करते हैं तो उस यज्ञ कुंड में सुलगती हुई आग को वह इधर-उधर डालकर जल्दी निकलने का प्रयास करते हैं। यह प्रक्रिया पूर्णतया दोषपूर्ण, अनैतिक और वेद विरुद्ध है।

आर्य समाज एक साबुन है

आर्य समाज एक ऐसी साबुन है जो समाज के प्रत्येक दाग धब्बे को धोने का काम करती है। स्वामी दयानंद जी महाराज ने दीर्घकाल के परिश्रम के उपरांत यह निर्णय लिया था कि देश को निरंतर शुद्ध बनाए रखने के लिए किसी ऐसे संगठन की आवश्यकता है जो चौबीसों घंटे समाज और राष्ट्र की आराधना में लगा रहे। स्वामी जी महाराज ने बड़ी गंभीरता से यह अनुभव किया था कि निकम्मे लोग समाज के लिए बोझ होते हैं। उनके रहने से सारी व्यवस्था धुंधली होती चली जाती है। अनेक प्रकार की विसंगतियां समाज में जन्म लेने लगती हैं। रूढ़िवाद को पैर फैलाने का अवसर उपलब्ध होता है। उनके कारण समाज की दशा बिगड़ती चली जाती है।

वही नर निकम्मे होत हैं, करें व्यवस्था भंग।
बीमार करें सब देश को, रह जाते सब दंग।।

स्वामी जी महाराज जिस समय इस धरती पर विचरण कर रहे थे, यदि उस समय के भारतीय समाज के बारे में विचार करें तो उस समय भारतीय धर्म और संस्कृति के प्रति लोगों की उदासीनता चरम सीमा पर थी। उस उदासीनता के परिणाम स्वरूप पराधीनता की रात्रि और भी अधिक गहराती जा रही थी। माना जा सकता है कि अनेक स्थानों पर लोग संघर्ष कर अपनी स्वाधीनता के लिए लड़ रहे थे, उन्हें अपने धर्म और अपनी संस्कृति की चिंता भी थी, पर अधिकांश लोग जड़ता और रूढ़िवाद में फंसे हुए थे। जिनके कारण भारतीय समाज और राष्ट्र दोनों ही रुग्णावस्था में थे।

स्वामी जी ने इस रुग्णावस्था से समाज और राष्ट्र को उभारने के लिए उपचार के रूप में महौषधि बनाकर आर्य समाज को प्रस्तुत किया। स्वामी जी ने जैसा रोगी देखा उसको वैसा ही उपचार बताया। किसी के लिए आर्य समाज टैबलेट बन गया, किसी के लिए लेपन बना, किसी के लिए इसे चूर्ण बनाकर दिया गया। इसके फलस्वरुप बड़ी संख्या में समाज और राष्ट्र के लोग

स्वस्थ होने लगे। उन्हें अपने वास्तविक स्वरूप का बोध हुआ। नई ऊर्जा, नए जोश और नई शक्ति का संचार उनके शरीर में होता हुआ दिखाई दिया।

आज की भयावह स्थिति

पर आज क्या हो गया है? आज फिर जड़ता और रूढ़िवाद ऊर्जावान संस्था आर्य समाज के भीतर समाप्त हो जाती है, वह अपनी सारी शक्ति को गंवा बैठता है। हमें नहीं कहना चाहिए कि आर्य समाज कभी शक्तिहीन होकर अपनी ऊर्जा को गंवा बैठेगा, पर इतना अवश्य कहना चाहेंगे कि स्थितियां इतनी उत्साहजनक नहीं है, जितनी होनी चाहिए थीं। यदि हम वर्तमान को रूढ़िवाद और जंगली पान की सीमाओं से बाहर लाने में सफल हो गई तो यह है समाज के लिए बहुत उपयोगी होगा।

आर्य समाज आगे चिरकाल तक समाज और राष्ट्र को नई गति देता रहेगा और समाज और राष्ट्र के भीतर किसी भी प्रकार की ऐसी विषमताओं या विसंगतियों को जन्म नहीं लेने देगा जिससे जड़ता को पैर पसारने का अवसर उपलब्ध हो। इसी सोच और उद्देश्य से प्रेरित होकर स्वामी दयानंद जी महाराज ने आर्य समाज की स्थापना की थी। आर्य समाज संसार के लिए एक ज्योति स्तंभ है। समाज के लिए एक धुलाई करने वाली साबुन है और एक इकाई के रूप में प्रत्येक व्यक्ति के लिए यह उसके बहुमुखी विकास की पूर्ण गारंटी है। पर यह स्थिति तब तक ही रह सकती है जब तक कि ऋषि दयानंद जी महाराज के द्वारा इसे स्थापित करने के उद्देश्य को आगे रखकर यह संस्था काम करने में अपने आपको किसी भी प्रकार से असमर्थ नहीं मानेगी। यदि स्वामी दयानंद जी महाराज के सपनों के आधार पर कार्य को निरंतरता देने में संगठन दुर्बल सिद्ध हो रहा है तो मानना पड़ेगा कि व्यवस्था में कहीं ना कहीं दोष है।

ऋषिवर तेरे देश में, बढ़ते जाते दोष।
नियम संयम भंग हैं, फैल रहा है रोष।।

संगठन में प्रवेश पा रहे दोषों की ओर जिम्मेदार लोगों का ध्यान जाना चाहिए। यदि समय रहते उपाय और उपचार नहीं किया गया तो परिणाम समाज और राष्ट्र के हित में नहीं आएंगे।

आर्य समाजी ही करते हैं परस्पर उन्मादी शास्त्रार्थ

आज एक आर्य समाजी ही आर्य समाजी को शास्त्रार्थ की चुनौती देता है। शास्त्र चर्चा और शास्त्रार्थ की मुठभेड़ दोनों में अंतर है। पर लंगर लंगोट कसकर और जंघाओं पर हाथ मारकर दूसरे के स्वाभिमान को चोट पहुंचाते हुए शास्त्रार्थ का आवाहन किया जाता है। निर्णायक मंडल ऐसी स्थिति को देखकर असमंजस में फंस जाता है। हम मान सकते हैं कि शास्त्रार्थ दो विद्वानों के मध्य ही होता है और उनके लिए यह आवश्यक नहीं कि उनमें से कोई एक विपरीत मत या

संप्रदाय का हो, तभी शास्त्रार्थ होगा। हमारे विद्वानों के मध्य प्राचीन काल में भी शास्त्रार्थ होते रहे हैं, पर उनकी एक दूसरे के प्रति संबोधन की भाषा शैली बड़ी पवित्र और ऊंची होती थी। क्रोध नाम का शत्रु तो वहां पर फटकता तक भी नहीं था। किसी आवेश या उग्रवाद या उन्माद की स्थिति में चर्चा करना उचित नहीं माना जाता था। क्योंकि जहां पर यह शत्रु प्रवेश कर जाते हैं वहां चर्चा विरोध में परिवर्तित हो जाती है। जिसका परिणाम चर्चा में भाषा स्तर के गिरने में देखा जाता है। जिसे किसी भी दृष्टिकोण से उचित नहीं कहा जा सकता।

भाषा संयम है नहीं, करें नियम की बात।
शास्त्र पढ़े पर ना गुने, मिले रावण की जात।।

शास्त्रार्थ के लिए आवश्यक है कि भाषा स्तर ऊंचे दर्जे का होना चाहिए। अपने से विपरीत मत रखने वाले के प्रति भी सम्मान के शब्द वाणी से निकलने चाहिए। जिससे शास्त्र चर्चा या शास्त्रार्थ के स्थल पर किसी भी प्रकार की उत्तेजना ना फैलने पाए। शास्त्रार्थ में भाग लेने वाले प्रत्येक सहभागी या प्रतियोगी की विद्वत्ता उसकी भाषा से स्पष्ट होनी चाहिए। इसके अतिरिक्त जब शास्त्र चर्चा या शास्त्रार्थ के लिए बैठा जाए तो उस समय इस बात का पूरा ध्यान रखना चाहिए कि हम किसी तर्कसंगत, बुद्धि संगत, सृष्टि नियमों के अनुकूल सत्य निष्कर्ष पर पहुंचने के लिए इस चर्चा या शास्त्रार्थ का आयोजन कर रहे हैं। जैसे ही हम अपने बुद्धि संगत निष्कर्ष पर पहुंच जाए तो उस समय दूसरे पक्ष को सत्य के पक्ष में तुरंत आत्म समर्पण कर देना चाहिए और स्वयं यह घोषणा करनी चाहिए कि मेरी अपनी शंका का समाधान हो गया है। मैं इस शास्त्र चर्चा को यहीं पर पूर्णविराम देता हूं। ऐसी सकारात्मक सोच शास्त्रार्थ के स्थल के परिवेश को सृजनात्मक शक्ति से भर देती है।

●●

अध्याय - 10

ऋषि की कमी और आर्य समाज

ऋषि दयानन्द संसार के इतिहास के एकमात्र ऐसे महापुरुष हैं जिनके जाने के पश्चात उनके विरोधियों ने भी उनकी मृत्यु पर अफसोस व्यक्त किया था। उन्होंने अपनी दिव्य प्रतिभा से विरोधियों पर भी अपनी अद्भुत छाप छोड़ी। उन्होंने संसार के प्रत्येक वर्ग,समुदाय या संप्रदाय के बुद्धिजीवियों को बौद्धिक रूप से झकझोर कर रख दिया था। यही कारण था कि चाहे कोई मुसलमान हो या फिर ईसाई हो या किसी अन्य मत का व्यक्ति हो, यदि उसके पास थोड़ी सी भी बुद्धि थी और वह दयानंद के बताए सत्य मार्ग को अपनाने की थोड़ी सी भी क्षमता रखता था तो वह इतना तो अवश्य ही अनुमान लगा लेता था कि उसके अपने मजहब या संप्रदाय की बात के सामने दयानंद की बात ही सच्ची थी। यह अलग बात है कि उसे अपने लोगों के साथ रहकर जिंदगी जीने के लिए वही मानना पड़ता था जो उसका मजहब उससे कहता था।

हमको दिखाया रास्ता, ऋषि देव दयानंद ने,
सर झुका अपना लिया, देश प्यारे हिंद ने।
सबको लगा वह ही उचित, जो किया संकेत था,
एक-एक विदेशी भगने लगा, मेरे प्यारे हिंद से।।

ऐसी परिस्थितियों में स्वामी दयानंद जी के व्यापक चिंतन के संदर्भ में हमें यह बात ध्यान रखनी चाहिए कि उन्होंने अपने जीवन काल में अपने विचारों की ओजस्विता से ऐसे अनेक लोगों को प्रभावित किया जो विभिन्न संप्रदायों के कहलाते थे। कुल मिलाकर अपने जीवन काल में स्वामी दयानंद जी महाराज ने संसार के बुद्धिजीवियों का नेतृत्व किया।

उन्होंने बौद्धिक क्षेत्र में पड़े अनेक तालों को खोलकर रख दिया। उन्होंने जड़ता को चुनौती दी। यदि ऐसे दयानंद की कल्पना करें तो वास्तविक रूप में खुलेपन और आधुनिकता की सोच का विचार देने वाले संसार के पहले व्यक्ति दयानंद जी थे। यद्यपि उन्होंने अपने खुले विचारों को जड़ता से मुक्त कर मर्यादा के बंधन में बांधने का प्रयास किया, जबकि जिन लोगों ने खुलेपन के विचार देने का आज ठेका सा ले लिया है, उन्होंने अपने खुले विचारों के खेल से लोगों को

जड़ता में फंसा कर हमको अशुद्ध आचरण करने के लिए प्रेरित किया है। इस प्रकार स्वामी दयानंद जी की आधुनिकता और खुलापन जहां संसार के हित के अनुकूल था, वहीं आधुनिक खुलेपन के समर्थक लोगों का आधुनिकता और खुलेपन का मंत्र संसार के विरुद्ध पड़ रहा है।

आदर्श हमारे देवता और ऋषि दयानंद हैं,
झुकते जिनके सामने दुनिया के छल छंद है।
आ रही सब ओर से जयकार की आवाज है,
किसकी भला? - जिसका नाम दयानंद है।।

ऐसे स्वामी दयानन्द जी महाराज जब संसार से गए तो प्रेरक 'हिन्दी प्रदीप (प्रयाग) ने स्वामी दयानंद जी महाराज के देहांत पर अपने श्रद्धा सुमन निम्न प्रकार अर्पित किये थे- "हा! आज भारतोन्नति कमलिनी का सूर्य अस्त हो गया। हा! वेद का खेद मिटाने वाला सद्वैद्य गुप्त हो गया। हा! दयानंद सरस्वती आर्यों की सरस्वती जहाज का पतवारी बिना दूसरों को सौंपे तुम क्यों अंतर्धान हो गये? हा! सच्ची दया के समुद्र....कहां चले गये?

इसी प्रकार उर्दू पत्र 'देशोपकारक (लाहौर) ने अपनी भावांजलि को इस प्रकार शब्दों में पिरोया था-" दिवाली की रात गो मसनूई चिरागों से रोजे रौशन है, लेकिन हकीकी आफताब गरूब हुआ। हम बिल्कुल नादान थे। वह हमें हर एक चीजें शनाख्त कराता था। हम कमताकती से उठ नही सकते थे, वह हमें उठा सकता था। हमने अपना नंगों नामूस गंवा दिया था, वह हमें फिर दिलवाना चाहता था। ऐ खुदा! हम तुझसे बहुत दूर हो गये थे वह हमको तुझसे मिलना चाहता था।'

हृदय से निकले इन शब्दों में सच्ची संवेदना है। सच्ची श्रद्धांजलि है। भावांजलि है। पुष्पांजलि है। विनम्रता और मानवतावाद का बोध कराने वाली इन पंक्तियों से पता चलता है कि ऋषि दयानंद जी महाराज का सम्मान करने में लोग किसी प्रकार की कमी नहीं छोड़ते थे। जिन बौद्धिक आतंकवादियों का उन्होंने सामना किया उनका चाहे जितना विरोध हो, पर मानवता में विश्वास रखने वाले लोगों ने उन्हें सम्मान देने में ही अपना सम्मान समझा।

विक्टोरिया पेपर की श्रद्धांजलि

'विक्टोरिया पेपर (स्यालकोट) ने भी अपना दुःख इस प्रकार प्रकट किया था-"एशिया कौचक हमें मुखतालिफ जलजलों के आने और जावा के आतिशाफिशां पहाड़ों के फट जाने से स्वामी दयानंद का इन्त काल कम अफसोस की जगह नही है, क्योंकि ऐसे लायक शख्स का जीना जिसका सानी इल्म संस्कृत में कोई न हो, लाखों आदमियों की जिंदगी पर तरजीह रखता है।.... स्वामी दयानंद नाम के संन्यासी नही थे।

दीपावली की अमावस्या की रात्रि में जब सारा संसार गहन निशा में निमग्न था, तब भारत अपने नाम के अनुरूप संसार से अज्ञानान्धार को मिटाकर ज्ञान का प्रकाश फैलाने के लिए सर्वत्र

दीप जला रहा था। तभी काल की क्रूर नियति ने व्याकरण का महान सूर्य और वेदों का प्रकाण्ड पंडित, देशोद्धारक, पतितोद्धारक, स्त्री जाति का सच्चा हितैषी, मानवता का अनुरागी, राष्ट्रचेता, राष्ट्रधर्म प्रणेता, आदि दिव्य गुणों से सुभूषित महर्षि दयानंद सरस्वती जी महाराज को हमसे छीन लिया।

आज इस घटना को घटित हुए लगभग 135 वर्ष हो रहे हैं। हम आज भी दीप जला रहे हैं, बिना इस बात का ध्यान किये कि हमारे अंत:करण में कितना अंधकार है?

अज्ञान की गहरी निशा छाई थी भारत देश में।
पाखंडियों का बज रहा था, डंका मेरे देश में।।

हमने बहुत कुछ सुना कि ऋषी ने भारत में आकर पाखंडियों का इस प्रकार सामना किया या उनके गढ़ों पर वैदिक ध्वजा इस प्रकार फहराने में सफलता प्राप्त की? उन्होंने जो कुछ किया, वह उनके साथ चला गया। वह एक इतिहास बन गया और इस इतिहास की समाधि पर हम अनंत काल तक खड़े नहीं रह सकते। जो जातियां समाधियों पर फूल चढ़ाने में व्यस्त रह जाती हैं, समय उन्हें पीछे छोड़कर आगे बढ़ जाता है। इसलिए जीवंत जातियां अपने महापुरुषों के जीवन को सनातन बनाकर अपने हृदय मंदिर में सजाकर आगे बढ़ने का संकल्प लेती है।

आज के परिवेश में आर्यसमाज

आज आर्यसमाज के लिए अपने अंत:करण में झांकने का समय है। अपने आपसे ही कुछ पूछने का समय है। प्रश्न भी टेढ़े- मेढ़े नही अपितु सपाट सीधे कि 'ऋषि मिशन भटका या हम भटके, हमारी वाणी कर्कश हुई या हम रूखे फीके और नीरस हो गये? अंतत: हम ऋषि के राष्ट्र जागरण को एक दिशा क्यों नही दे पाए? बहुत से प्रश्न, इतने प्रश्न कि झड़ी लग जाए। अनुत्तरित प्रश्न और अनसुलझे रहस्यों से भरे प्रश्न, जो लोग महर्षि के आर्य समाज को किन्ही विशेष लोगों तक समेटकर देखते हैं वे संकीर्ण हैं, उनसे भी बड़े संकीर्ण वे लोग हैं जो आर्य समाज को एक अलग सम्प्रदाय घोषित करते हैं, या ऐसा कराने की मांग करते हैं, और उनसे भी बड़े संकीर्ण वे हैं जो आर्य समाजों को किन्ही जाति विशेष की बपौती बनाकर प्रयोग कर रहे हैं।

जिनकी छोटी सोच है, उनके छोटे काम।
खोट है जिनकी सोच में, होते हैं बदनाम।।

तनिक विचार करें 1875 में ऋषि दयानंद ने क्या कहा था और हम क्या कर बैठे? ऋषि ने कहा था-"भाई हमारा कोई स्वतंत्र मत नही है। मैं तो वेद के अधीन हूं और हमारे भारत में पच्चीस कोटि (तब भारत की जनसंख्या 25 करोड़ थी और उस सारी जनता को ही ऋषि आर्य कह रहे हैं) आर्य हैं। कई-कई बात में किसी-किसी में कुछ-कुछ भेद है सो विचार करने से आप

ही छूट जाएगा। (ऋषि कितने आशावादी हैं और साथ ही कितने सरल कि कुछ-कुछ भेदों को सम्प्रदाय का भेद नही मान रहे हैं) मैं संन्यासी हूं और मेरा कर्त्तव्य है कि जो आप लोगों का अन्न खाता हूं, इसके बदले में जो सत्य समझता हूं, उसका निर्भयता से उपदेश करता हूं। मैं कुछ कीर्ति का राही नही हूं। चाहे कोई मेरी निंदा करे या स्तुति करे, मैं अपना कर्त्तव्य समझ के धर्म बोध कराता हूं। कोई चाहे माने वा न माने, इसमें मेरी कोई हानि या लाभ नही हो।'

स्वामी जी महाराज ने अपने इस संक्षिप्त से संदेश में यह स्पष्ट किया कि वह सत्य को कहने से किसी भी स्थिति में पीछे हटने वाले नहीं हैं। निर्भीकता उनके भीतर कूट-कूट कर भरी थी और वही उनका सबसे बड़ा हथियार था। जिसके सामने अच्छे - अच्छे बलशाली लोग झुक जाते थे। उनके भीतर गजब का वीरता का भाव था। परंतु उन्होंने कभी भी अपनी इस वीरता को किसी गरीब के खिलाफ प्रयोग नहीं किया। उन्होंने बलशाली के विरुद्ध ही अपनी वीरता को प्रकट किया। गरीब, असहाय और मजबूर लोगों के अधिकार दिलाने के लिए उन्होंने अपनी वीरता का प्रयोग किया। इस दृष्टि से वह सच्चे वीर निर्भीक साहसी योद्धा भी थे। स्वामी दयानंद जी महाराज हर उस निर्बल, असहाय और मजबूर व्यक्ति के अधिवक्ता बन गए जो बोल नहीं सकते थे। उनके द्वारा स्थापित किए गए आर्य समाज जैसे क्रांतिकारी संगठन ने भी सदा दुर्बल का पक्ष लेकर यह सिद्ध करने का प्रयास किया कि वह अपने ऋषि दयानंद के मिशन को आगे बढ़ाने के लिए कृत संकल्पित है।

आज की बड़ी चुनौती

ऋषि अपना मत वेदाधीन रखकर चल रहे थे इसलिए उन्होंने कहा कि मेरा कोई स्वतंत्र मत नही है। परंतु आज स्थिति शीर्षासन कर गयी है। बड़े दु:ख के साथ कहना पड़ रहा है कि आज वेद विरूद्ध आचार - विचार और आहार - विहार ने आर्यों की गति और मति दोनों ही भंग कर दी हैं।

टेढ़ी राहों को अपनाना जीवन को गलत बनाना है,
संगत बुरी में रहना भी, शीश पकड़ पछताना है।
सत्संगति पाकर दुनिया में जो जीवन सरल बनाते हैं,
याद करे इतिहास उन्हें और गाता उनका गाना है।।

आज हम देख रहे हैं कि भारतवर्ष में ही नये -नये सम्प्रदाय, नये-नये मत और भांति - भांति के पाखण्ड नित पैर पसार रहे हैं और आर्य समाज सो रहा है। पहले से भी अधिक पाखंड फैलता जा रहा है। अज्ञानी लोग जब सड़कों पर नाचते गाते और अपने किसी देवता की सवारी निकालते देखे जाते हैं तो उन्हें देखकर बड़ा तरस आता है। कुछ पाखंडी और ढोंगी लोग उनकी इस अज्ञानता का और भोलेभालेपन का लाभ उठाते हैं और उन्हें सही रास्ता नहीं दिखाते।

जबकि आर्य समाज के अधिकतर विद्वानों ने उन्हें किसी विपरीत मत का अनुयायी मानकर उन्हीं के दुर्भाग्य पर अकेला छोड़ दिया है।

आर्य समाज के अनेक लोग पदों पर गिद्धों की भांति लड़ रहे हैं, सार्वदेशिक आर्य प्रतिनिधि सभा के एक से अधिक धड़ों को देखकर लगता है संसार को आर्य नही अनार्य बनाने का बीड़ा हमने उठा लिया है। यही स्थिति अन्य आर्य समाजों की है। किसी भी पौराणिक को अपना शत्रु सम माना जाता है, उसके देवता को अपशब्दों में संबोधित करना हमने गर्व का विषय बना लिया है। इसलिए हमारे सम्मेलनों का नाम चाहे 'विशाल आर्य सम्मेलन रखा जाए पर वहां उपस्थिति बहुत कम लोगों की ही होती है। वक्ता की वाणी में विनम्रता का अभाव होता है, सहज सरल और विनम्र भाव से अपनी बात को लोगों के हृदय में उतारने वाले 'महात्मा आनंद स्वामी अब इस संस्था के पास न के बराबर हैं।

दयानंद! मेरे देश का यह हाल हो गया,
छद्म - पाखंड और भी विकराल हो गया।
तेरे नाम की सौगंध ले कहता हूं तेरे सामने
तेरा मिशन इतिहास में, गुमनाम हो गया।।

गांव में जाकर आर्य सम्मेलन करने वाले आर्योपदेशक स्वामी भीष्म जी जैसे वेद प्रचारक भी अब नही हैं। गुरूकुल कांगड़ी की स्थापना कर हजारों देशभक्तों की कार्यशाला आरंभ कर 'हिंदू संगठन के निर्माता और नियामक स्वामी श्रद्धानंद भी नही रहे, अब तो हिंदू कहने-कहाने पर भी संग्राम आरंभ हो जाता है। ऋषि की विनम्रता नही ली और ना ही ऋषि का मण्डनात्मक चिंतन लिया। **"सत्यार्थ प्रकाश"** को विपरीत दिशा से पढऩा आरंभ कर दिया है और सारा बल खण्डनात्मक चिंतन पर लगा दिया गया है। जिससे लगता है कि आर्य समाज दूसरों की केवल निंदा करता है। इससे आगे कुछ नही करता और ना कुछ कर सकता है।

गोरक्षा और हिंदी आंदोलन इस समाज का मुख्य उद्देश्य था पर अब यह भी नही रहा लगता है। आर्य समाज के हिंदी आंदोलन को डी0ए0वी0 शिक्षा संस्थानों ने तथा गौ रक्षा आंदोलन को अन्य गोरक्षा दलों ने हड़प लिया है। लगता है कि सारा समाज (अपवादों को कोटिश: नमन करते हुए) महर्षि की कमाई खाने में ही लगा है, और अकर्मण्यता इस सर्वाधिक कर्मशील संगठन की रगों में व्याप्त हो गयी है।

महर्षि दयानंद जी महाराज ने कहा था-"आज यदि समाज से पुरूषार्थ कर परोपकार कर सकते हो, तो आर्य समाज स्थापित कर लो। इसमें मेरी कोई मनाही नही है, परंतु इसमें यथोचित व्यवस्था न रखोगे तो आगे गड़बड़ाध्याय हो जाएगा। मैं तो जैसा हूं अन्य को उपदेश देता हूं, वैसा ही आपको भी करूंगा और इतना लक्ष्य में रखना कि मेरा कोई स्वतंत्र मत नही है और मैं सर्वज्ञ भी नही हूं।

इससे यदि कोई मेरी गलती आगे पाई जाए तो युक्तिपूर्वक परीक्षा करके इसी को सुधार लेना। यदि ऐसा न करोगे तो आगे यह भी एक मत हो जाएगा और इसी प्रकार से बाबा वाक्यं प्रमाणम् करके इस भारत में नाना प्रकार के मतमतांतर प्रचलित होके, भीतर भीतर दुराग्रह रखके धर्मांध होके लड़कर नाना प्रकार की सद्विद्या का नाश करके यह भारतवर्ष दुदर्शा को प्राप्त हुआ है। इससे यह भी (आर्य समाज) एक मत बढ़ेगा। मेरा अभिप्राय तो यह है कि इस भारतवर्ष में नाना मत मतांतर प्रचलित हैं वे भी सब वेदों को मानते हैं, इससे वेद शास्त्र रूपी समुद्र में यह सब नदी नाव पुन: मिला देने से धर्म ऐक्यता होगी और धर्म ऐक्यता से धार्मिक और व्यावहारिक सुधारणा होगी और इससे कला कौशल आदि सब अभीष्ट सुधार होके मनुष्य मात्र का जीवन सफल होके अंत में अपना धर्मबल से अर्थ, अर्थ से काम और मोक्ष मिल सकता है।'

महर्षि के मन्तव्य से हम कितने दूर चले गये? बाप की कमाई खाने से निकम्मापन तो आता ही है, हममें परस्पर की शत्रुता भी बढ़ती है और आज यही हो रहा है।

दीपावली के पावन पर्व पर ऋषि के नाम का एक दीपक अपनी हृदय गुफा में जलाने की आवश्यकता है। वहां प्रकाश हो गया तो हम ऋषि को भी सच्ची श्रद्धांजलि दे सकेंगे और इस पावन प्रकाश पर्व को भी सही अर्थों में मना सकेंगे। 'पिता की कमाई खानी छोड़ें अपनी कमाई पर भरोसा करें।'

(12 नवंबर 2023: दीपावली के प्रकाश पर्व के अवसर पर)

●●

अध्याय - 11

आर्य समाज और आरएसएस

बात 1920 – 21 की है, जिस समय अंग्रेजी सरकार ने तुर्की के बादशाह को उसके पद से हटा दिया था, जो कि मुस्लिम जगत का खलीफा अर्थात धर्मगुरु था। इसको लेकर भारत के मुसलमानों में आक्रोश था। मुसलमान चाहते थे कि उनके खलीफा का पद यथावत बना रहे और अंग्रेज उसमें किसी प्रकार का हस्तक्षेप न करें। पहली बात तो यह थी कि भारत के मुसलमानों का खलीफा के पद से राष्ट्रहित को पीछे रखकर कोई संबंध नहीं होना चाहिए था। उनके लिए राष्ट्र प्रथम वरीयता पर होना चाहिए था। फिर भी यदि एक बार यह मान भी लिया जाए कि उनका यह अपना निजी विषय था और यदि उनके धर्मगुरु को हटाने का प्रयास अंग्रेज कर रहे थे तो उस पर उनका मुखर होना स्वाभाविक था, तो भी हम कहेंगे कि ऐसी स्थिति में भी भारत का इस घटना से कोई संबंध नहीं था। 'भारत' का हित तो केवल भारत था।

गांधी का राजनीति में पदार्पण

समकालीन इतिहास की एक बहुत ही दुखद घटना है कि खलीफा को उसके पद से हटाने से भारत के मुसलमान में बने आक्रोश के उस परिवेश को समर्थन देकर गांधी जी ने भारत की राजनीति में पदार्पण किया। 1921-22 में गांधी के भारत की राजनीति में पदार्पण करते ही मुस्लिम सांप्रदायिकता देश में हावी हो गई। इस प्रकार गांधी जी का भारतीय राजनीति में पदार्पण करना ही भारतीय राजनीति का दुर्भाग्य था। कहना नहीं होगा कि उनके आगमन से भारत की राजनीति तुष्टिकरण की जिस डगर पर आगे बढ़ी, वह भारत के लिए आगे चलकर बहुत भयानक सिद्ध हुई।

गांधी जी ने खलीफा के पद को फिर से बहाल करने को लेकर 'खिलाफत आंदोलन' चलाया। जिससे मुस्लिम लोगों ने नागपुर व देश के कई अन्य स्थानों पर सांप्रदायिक दंगे आरंभ कर दिए। तब केरल के मालाबार में हिंदुओं की स्थिति बहुत ही अधिक दयनीय हो गई थी। वहां पर बड़ी संख्या में हिंदुओं की हत्या की गई थी।

मालाबार के हिंदुओं की दशा को देखने के लिए नागपुर के कुछ प्रमुख हिंदू महासभाई नेता

डॉक्टर बालकृष्ण शिवराम मुंजे, डॉक्टर हेडगेवार और आर्य समाज के नेता स्वामी श्रद्धानंद वहां गए। ये नेता उस समय हिंदू समाज के स्तंभ थे। इनके वहां जाने का अभिप्राय था कि पूरा हिन्दू समाज ही अपने हिन्दू भाइयों के घावों पर मरहम लगाने के लिए केरल पहुंच गया था। इन नेताओं ने जब हिंदुओं के साथ हुए अत्याचार को अपनी नग्न आंखों से देखा तो इनका हृदय द्रवित हो उठा। तब इन्होंने राष्ट्रीय स्तर पर एक ऐसे संगठन को स्थापित करने की बात सोची जो ऐसे सांप्रदायिक दंगों से देश के हिंदू समाज की रक्षा कर सके।

हिन्दू संगठन बनाने का लिया गया निर्णय

इसके पश्चात डॉ. मुंजे ने तब भारत के कुछ प्रसिद्ध हिन्दू नेताओं की एक बैठक बुलाई। जिनमें डॉ. हेडगेवार व डॉ. परांजपे सम्मिलित थे। इसी बैठक में एक हिंदू संगठन बनाने का निर्णय लिया गया। जिसका उद्देश्य था कि हिंदुओं की रक्षा की जाए और हिंदुस्तान को एक सशक्त हिंदू राष्ट्र बनाने की दिशा में ठोस कार्य किया जाए। इन महान नेताओं का उद्देश्य भारत की प्राचीन संस्कृति को उभारकर लाना और भारत के हिंदुओं में लंबी दासता से आए हुए किसी भी प्रकार के हीनता के भावों को मिटाकर उनमें गर्व और गौरव का भाव जागृत करना था। इस कार्य को आर्य समाज पहले से ही कर रहा था, इसलिए आर्य समाज के नेता स्वामी श्रद्धानंद जी को डॉक्टर मुंजे और हेडगेवार के द्वारा किए जा रहे ऐसे प्रयासों को समर्थन देने में कोई संकोच नहीं हुआ। उन्होंने तुरंत ही आर्य समाज की ओर से अपनी सहमति व्यक्त कर दी। वैसे भी डॉक्टर हेडगेवार के पिता आर्य समाजी पृष्ठभूमि के थे। अतः स्वामी श्रद्धानंद जी को यह भी विश्वास था कि आर्य समाज का राष्ट्रवादी चिंतन ही डॉक्टर मुंजे और डॉक्टर हेडगेवार को प्रभावित करेगा और उस राष्ट्रवाद को आर्य समाज के द्वारा समर्थन देने में किसी प्रकार की कोई आपत्ति नहीं है। इस संगठन को खड़ा करने का दायित्व डॉक्टर मुंजे ने डॉ केशव बलिराम हेडगेवार को दिया। जिन्होंने बड़ी निष्ठा से अपने दायित्वों का पालन किया। तब डॉ केशव बलिराम हेडगेवार ने 'हिंदू युवा क्लब' की स्थापना 28 सितंबर 1925 को विजयदशमी के दिन की। कालांतर में यह 'हिंदू युवा क्लब' ही 'राष्ट्रीय स्वयंसेवक संघ' बना।

सावरकर जी और भारत भूमि

इन सभी नेताओं का वीर सावरकर जी के प्रति बहुत श्रद्धा का भाव था। वीर सावरकर जी जेलों में रहते हुए भी जिस प्रकार भारतीय धर्म, संस्कृति और इतिहास के क्षेत्र में उल्लेखनीय कार्य कर रहे थे, उसका भारत के ये सभी नेता हृदय से सम्मान करते थे।

वीर सावरकर जी ने कहा था :–

आसिंधु सिंधु पर्यंता यस्य भारत भूमिका।
पितृभू: पुण्यभूश्चैव सा वै हिंदू रीति स्मृता।।

अर्थात जो इस पवित्र भारत भूमि को अपनी पुण्य भूमि और पितृभूमि मानता है, वह स्वाभाविक रूप से हिंदू है। मुसलमान और ईसाई इस भारत भूमि को अपनी भूमि तो मानते थे, परंतु इसे अपनी पुण्यभूमि और पितृभूमि नहीं मानते थे, उनकी धार्मिक निष्ठा किसी और भूमि के प्रति जुड़ी हुई थी। पितृभूमि भी वह अपने – अपने मजहबों के मूल देश के लोगों की भूमि को ही मानते थे। इसलिए यह परिभाषा ईसाई और मुसलमानों पर लागू नहीं होती थी। फिर भी सावरकर जी ने इस परिभाषा में यह उदारता दिखाई थी कि यदि कोई इस बात की गारंटी देता है कि वह पवित्र भूमि भारत को ही अपनी पुण्य भूमि व पितृभूमि मानेगा तो उसे भी हिंदू माना जा सकता है।

सावरकर जी का यह महान विचार राष्ट्रीय सेवक संघ, आर्य समाज व हिंदू महासभा तीनों का ही प्रेरक वाक्य बना। इसका अभिप्राय था कि ये तीनों संगठन अलग अलग न होकर राष्ट्र के महान कार्य के लिए एकमत होकर आगे बढ़ने पर सहमत थे। आर्य समाज और हिंदू महासभा ने आरएसएस को इसीलिए पैदा किया था कि यह भारत की संस्कृति, धर्म और इतिहास की संरक्षा व सुरक्षा के लिए महान कार्य करेगा।

सबने आगे बढ़ने का निर्णय लिया

सावरकर जी के इसी विचार को अपनाकर और उस पर अपनी सहमति और स्वीकृति की मोहर लगाकर आर्य समाजी, सनातनी, जैन, बौद्ध व सिख आदि धर्म विचारों को मानने वाले लोगों ने एक दिशा में आगे बढ़ना व सोचना आरंभ किया। इस एकता के भाव ने ऋग्वेद के 'संगठन सूक्त' को धरती पर लाकर साकार कर दिखा दिया। इन सभी ने मिलकर इस्लाम और ईसाइयों की ओर से भारत में हिंदू समाज के प्रति अस्पृश्यता का जो भाव अपना रखा था, उसको मिटाने और हिंदुओं का सैनिकीकरण करने की दिशा में ठोस कार्य किया। सैनिकीकरण का अभिप्राय प्रत्येक व्यक्ति को अपनी संस्कृति व धर्म का रक्षक बनाने की शिक्षा और प्रेरणा देना था। इसके अतिरिक्त हिंदू समाज में भी जिस प्रकार ऊंच-नीच, भेदभाव और छुआछूत जैसी बीमारियां घर कर गई थीं, उन्हें दूर करने में भी इन तीनों संगठनों ने अपने–अपने क्षेत्र में महान कार्य किया और हिंदू समाज को आधुनिकता के साथ जोड़ने में सफलता प्राप्त की। जिसका परिणाम यह निकला कि देश स्वतंत्र हुआ।

आर्य समाज ने महाराणा प्रताप, शिवाजी, वीर हकीकत राय, बंदा वीर बैरागी, छत्रसाल आदि के विलुप्त इतिहास को ढूंढ–ढूंढकर उसे लोकगीतों के माध्यम से समाज में लोगों के सामने इस प्रकार प्रस्तुत किया कि लोगों के हृदय झंकृत हो उठे और देश व समाज की रक्षा के लिए देशभक्तों के दल के दल मैदान में उतर आए। यही कार्य राष्ट्रीय स्वयंसेवक संघ के लोगों ने भी किया। उन्होंने भी विचार गोष्ठियों का आयोजन किया और राणा प्रताप, शिवाजी आदि को अपना आदर्श बनाकर उनके बारे में युवाओं को बताना आरंभ किया। वीर सावरकर जी के द्वारा लिखित पुस्तक 'हिंदुत्व' को पढ़कर स्वयंसेवक जब लोगों को सुनाते थे तो लोगों के रोंगटे

खड़े हो जाते थे। जिसका परिणाम यह होता था कि उन सबके भीतर देश को आजाद कराने की भावना जागृत होती थी।

सावरकर जी के भाई बाबाराव सावरकर ने अपने 'युवा संघ' के 8000 सदस्यों को राष्ट्रीय स्वयंसेवक संघ में यह सोचकर मिला दिया था कि हम सब मिलकर देश का कार्य करें। उसी समय एक संत पाँचलेगाँवकर भी हिंदू धर्म के लिए बड़ा कार्य कर रहे थे। उनका अपना संगठन 'मुक्तेश्वर दल' के नाम से जाना जाता था। उन्होंने भी अपने उस दल के 5000 लोगों को राष्ट्रीय स्वयंसेवक संघ के साथ मिला दिया था। संत महोदय ने ईसाई बने हिंदुओं को पुनः हिंदू बनाकर उन्हें अपने दल के सदस्यों में सम्मिलित कर लिया था। 1937 में जब सावरकर जी जेल से बाहर आए तो वह हिंदू महासभा के अध्यक्ष बने। अगले वर्ष हिंदू महासभा के नागपुर अधिवेशन में उन्हें फिर से हिंदू महासभा का अध्यक्ष चुना गया। नागपुर अधिवेशन की सारी व्यवस्था राष्ट्रीय स्वयंसेवक संघ ने ही संभाली थी। उस समय इसकी सदस्य संख्या बढ़कर 700000 हो गई थी।

लेकिन देखने वाली बात यह है कि इनकी इतनी बड़ी सदस्य संख्या को बढ़ाने में हिंदू महासभा और आर्य समाज ने बढ़-चढ़कर योगदान किया था। इसके अतिरिक्त अन्य ऐसे हिंदूवादी संगठन भी इसमें स्वेच्छा से सम्मिलित होने लगे थे जो हिंदू समाज की एकता के लिए कार्य करना चाहते थे। कुल मिलाकर राष्ट्रीय स्वयंसेवक संघ को भारत की आवाज बनाने का कार्य आर्य समाज,हिंदू महासभा और अन्य अनेक संगठनों ने किया।

आज का राष्ट्रीय स्वयंसेवक संघ

यह दु:ख का विषय है कि आज आरएसएस दंभी, घमंडी और अहंकारी हो गया है। उनको इस ऊंचाई तक पहुंचाने में किन-किन लोगों ने कब-कब अपना सहयोग और योगदान दिया, उस सब को भुलाकर उल्टे यह उन दलों की कब्र खोदने में लगा है। यह भी देखने वाली बात है कि आर्य समाज और हिंदू महासभा की संपत्तियों को अपने कब्जे में लेकर संघ ने इन संगठनों को कमजोर करने का कार्य भी किया है।

निश्चित रूप से राष्ट्रीय स्वयंसेवक संघ की यह कार्य प्रणाली उचित नहीं कहीं जा सकती। उसे अपने खून पसीने से जिस प्रकार आर्य समाज और हिंदू महासभा ने खड़ा किया था, वह यह सोचकर किया था कि जैसे बड़ा होकर कोई पुत्र अपने माता-पिता का ध्यान रखता है वैसे ही आरएसएस बड़ा होकर अपने मातृ संगठनों का ध्यान रखेगा। पर उसने इसके विपरीत आचरण किया है। वह आर्य समाज के विचार, विचारधारा और विचार भूमि तीनों को ही खाने में लग गया है। आर्य समाज ने आरएसएस के साथ समन्वय स्थापित करते हुए 'आर्य, आर्यभाषा और आर्यावर्त' को 'हिंदी- हिंदू - हिंदुस्तान' के समकक्ष मानकर उसका स्वागत किया। अच्छी बात यह होती कि आर0एस0एस0 अपनी ओर से उदारता और महानता का प्रदर्शन करते हुए कहता कि उसके 'हिंदी, हिंदू,हिंदुस्तान' का अर्थ आर्य समाज के 'आर्य, आर्यभाषा, आर्यावर्त' से ही है।

वह भारत की वैदिक संस्कृति के प्रति निष्ठा दिखाता और भारत की प्राचीन संस्कृत भाषा को राष्ट्रभाषा बनाने पर बल देता। उससे यह भी अपेक्षा की जाती थी कि वह हिंदी को आर्य भाषा के रूप में मान्यता दिलाकर काम करना अपना लक्ष्य बनाता। पर आर0एस0एस0 ने व्यवहार में ऐसा कुछ भी नहीं किया। जैसे वोटों के भूखे नेताओं को वोटों की राजनीति के समक्ष कुछ भी अच्छा नहीं लगता, वैसे ही संघ को बड़ी संख्या में अपने संगठन के सदस्य बनाने की चिंता हुई और उसने लोगों को अपने साथ भीड़ के नाम पर जोड़ना आरंभ किया।

आर्य समाज के प्रति संघ का दृष्टिकोण

विचारधारा के आधार पर आर्य समाज को राष्ट्रीय स्वयंसेवक संघ केवल राष्ट्र के नाम पर भ्रमित कर अपने साथ लगाना चाहता है, परंतु यह भी ध्यान रखने लायक बात है कि आर्य समाज की विचारधारा को यह अपनाकर आगे बढ़ना नहीं चाहता। हेडगेवार के बाद ही जिन लोगों का वर्चस्व राष्ट्रीय स्वयंसेवक संघ पर हुआ उन्होंने धीरे धीरे आर्य समाज को निगलने का कार्य आरंभ कर दिया। राष्ट्रीय स्वयंसेवक संघ ने यही कार्य हिंदू महासभा के साथ भी किया है। राष्ट्रीय स्वयंसेवक संघ को आर्यसमाज के शुद्ध वैज्ञानिक और वैदिक दृष्टिकोण से अपनी सहमति व्यक्त करनी चाहिए। आज के वैज्ञानिक युग में पौराणिक अवैज्ञानिक मान्यताओं का समर्थन करना आरएसएस के मानसिक खोखलेपन को प्रकट करता है।

आर्य समाज के अनेक उत्साही और राष्ट्रभक्त कार्यकर्ता आज भी राष्ट्रीय स्वयंसेवक संघ के साथ जाकर राष्ट्र के नाम पर काम करते देखे जाते हैं। हम भी इसमें कोई बुराई नहीं देखते। राष्ट्र के बिंदु पर हम सबको एक होना चाहिए। पर यह कब तक चलेगा कि आरएसएस आर्य समाज के राष्ट्रवादी स्वरूप का तो समर्थन करे, पर उसके वैज्ञानिक वैदिक चिंतन को पीछे धकेलने का काम करता रहे। उसे अपनी स्थिति स्पष्ट करनी चाहिए कि वह पौराणिक मान्यताओं की जड़ता को आगे लेकर चलना चाहता है या स्वामी दयानंद जी महाराज के शुद्ध वैज्ञानिक वैदिक दृष्टिकोण का समर्थन करता है?

जब मुसलमान पौराणिक मान्यताओं की बाल की खाल उतारते हैं अर्थात पौराणिक मान्यताओं का उपहास उड़ाते हैं, और जब हमारे पौराणिक भाई उनके सामने निरुत्तर हो जाते हैं तो उस समय उन्हें मुसलमान लोगों का सामना करने के लिए आर्य समाज याद आता है। स्वामी दयानंद जी महाराज का **"सत्यार्थ प्रकाश"** याद आता है। आर्य समाज का चिंतन याद आता है। पर जब स्थिति सामान्य होती है तब राष्ट्रीय स्वयंसेवक संघ से जुड़े कई लोग आर्य समाज को ही हिंदू समाज का शत्रु कहते देखे जाते हैं। जब कोई रोगी चिकित्सक को ही यह कहकर धमकाने लगे कि वह उसका अहित कर रहा है और यही कारण है कि वह उसके हाथ की दवाई नहीं लेना चाहता तो समझा जा सकता है कि उस रोगी का हाल क्या होने वाला है? कई बार यह भी चल सकता है कि चिकित्सक को धमका लिया जाए, पर यह कभी नहीं चल सकता कि

चिकित्सक के हाथ की दवाई ही न ली जाए।

आर्य समाज राष्ट्रीय स्वयंसेवक संघ की विचारधारा को जिस सीमा तक राष्ट्र के हित में उचित मानता है वहां तक उसका भी समर्थन करता है और आगे की कई बातों पर चुप भी रहना जानता है। हमारी अपेक्षा है कि राष्ट्रीय स्वयंसेवक संघ को भी आर्य समाज के प्रति ऐसा ही दृष्टिकोण अपनाना चाहिए। समाज की रुग्णावस्था का उपचार करने के लिए उस आर्य समाज को खुली छूट देनी चाहिए और सनातन का सच्चा सेवक आर्य समाज को घोषित कर उस रोगी का सही उपचार करने देना चाहिए।

स्वामी श्रद्धानंद जी महाराज के शुद्धि आंदोलन को आगे बढ़ाने की दिशा में आर्य समाज और राष्ट्रीय स्वयंसेवक संघ दोनों मिलकर काम करें। दोनों मिलकर देश को हिंदू राष्ट्र घोषित करने की नीति पर भी काम करें। दोनों ही एक समन्वयक समिति के माध्यम से परस्पर वार्तालाप करते रहे और उन बिंदुओं को तलाशते खोजते रहें,जिससे राष्ट्र विरोधी तत्व देश में सक्रिय न हो सकें।

आज आर्य समाज को चिंतन करने की आवश्यकता है। माना कि राष्ट्रवाद के नाम पर राष्ट्रीय स्वयंसेवक संघ को समर्थन दिया जा सकता है, परंतु अपनी विचारधारा का क्या होगा? भारत की मौलिक वैदिक संस्कृति और उसकी विचारधारा का उद्धार करना आर्य समाज का उद्देश्य है, परंतु उसके साधनों में और राष्ट्रीय स्वयंसेवक संघ के साधनों और विचारधारा में मौलिक अंतर भी है। आर्य समाज को यह भी ध्यान रखना चाहिए कि देश,काल, परिस्थिति के अनुसार आर्य समाज स्वयं ही आरएसएस के साथ न लगे बल्कि आर्य समाज को चाहिए कि वह राष्ट्रीय स्वयंसेवक संघ को भी अपने साथ लगाए। उसके लिए मजबूत नेतृत्व की आवश्यकता है। जो अभी आर्य समाज के पास नहीं है। यही कारण है कि नेतृत्वविहीन आर्य समाज को राष्ट्रीय स्वयंसेवक संघ धीरे-धीरे निगल रहा है। नेतृत्वविहीनता की यही स्थिति हिंदू महासभा की भी है। इसलिए उसे भी राष्ट्रीय सेवक संघ अपना भोजन बना रहा है। आरएसएस की यह कार्य शैली भी है कि यह अपने विरोधियों को धीरे धीरे निगलता है। कितना दुखद तथ्य है कि जिन्होंने कभी पैदा किया था उन संगठनों को ही राष्ट्रीय स्वयं संघ अपना विरोधी मानकर निगल रहा है, और जो निगले जा रहे हैं, वह शोर भी नहीं कर रहे।

●●

अध्याय - 12

समान की कमाई और आर्यसमाज

भारत में प्रत्येक राष्ट्रवासी को (नागरिक नहीं) समान अधिकार प्राप्त हों और प्रत्येक व्यक्ति अपनी मानसिक, शारीरिक और आत्मिक उन्नति कर सके, इसके लिए ऋषियों ने तप किया। स्वामी दयानंद जी महाराज भारत के आधुनिक इतिहास के ऐसे पहले महानायक हैं जिन्होंने तप को राष्ट्र का आधार बनाया। उन्होंने इस बात को गंभीरता से अनुभव किया कि बिना तप के राष्ट्र निर्माण संभव नहीं है। यही कारण था कि उन्होंने सारे देश को तपस्वियों का देश बनाने के लिए कार्य करना आरंभ किया। अपनी इस योजना को सिरे चढ़ाने के लिए उन्होंने गुरुकुल शिक्षा प्रणाली को लागू करने के साथ-साथ वेदों की ओर लौटने का आवाहन देशवासियों से किया। वह जानते थे कि वेदों का स्वराज्य चिंतन जब तक लोगों की दृष्टि में नहीं आएगा तब तक देश तप के लिए तैयार नहीं होगा। एक प्रकार से स्वामी दयानंद जी महाराज ने भारत की आत्मिक चेतना को उस परमचेतना के साथ जोड़ दिया जिसे आप ऊर्जा का अजस्र स्रोत कह सकते हैं।

ऋषि का यह बहुत बड़ा उपकार था। उनके इतना करने मात्र से भारत अपने मूल्य को अपने आप समझ गया। जैसे ही वह परम चेतना से जुड़ा और जुड़ने के पश्चात ऊर्जा से भरा तो वह बब्बर शेर की भांति अपने शत्रु पर टूट पड़ा। उसका यह शत्रु कई क्षेत्रों में कई रूपों में खड़ा हुआ था। यदि राजनीतिक क्षेत्र में देखें तो वह विदेशी शासको के रूप में खड़ा था। सामाजिक क्षेत्र में देखें तो वह अज्ञानता और पाखंड के रूप में खड़ा था। यदि धार्मिक क्षेत्र में देखें तो वहां पर भी अज्ञानता का साम्राज्य था। इसी प्रकार आर्थिक क्षेत्र में जबरदस्त शोषण के रूप में यह शत्रु दिखाई दे रहा था।

महर्षि दयानंद जी के प्रयास से जगे हुए भारत ने अपने सामने खड़े शत्रुओं को पहचाना और उनके विनाश पर काम करने लगा।

स्वामी दयानंद जी महाराज ने जब भारत के लोगों को वेदों की ओर लौटने का आवाहन किया तो वेदों के समान दृष्टिकोण से लोगों का अपने आप परिचय हो गया। आर्य समाज एक ऐसा क्रांतिकारी संगठन है जो पहले दिन से समान नागरिक संहिता का समर्थक रहा है। इसने अपने चिंतन से, अपने लेखन से, अपने व्याख्यानों से और उपदेशों से हर स्थान पर मनुष्य मनुष्य

के बीच किसी भी प्रकार का भेदभाव न करने का संकल्प बार-बार दोहराया है। यदि यह कहा जाए कि आर्य समाज ही वह पवित्र संस्था है जो भारत ही नहीं संपूर्ण संसार में समान नागरिक संहिता की पैरोकार है तो कोई अतिशयोक्ति न होगी। हम सभी जानते हैं कि ऊंच, अस्पृश्यता की खाई को पाटने और समाज से जातिवाद को मिटाने की पहल करने वाली संस्था आर्य समाज ही रही है। स्वामी दयानंद जी महाराज ने सभी देशवासियों को आर्य शब्द दिया। इस प्रकार उन्होंने सभी देशवासियों को एक नाम 'आर्य' देकर इस पवित्र शब्द को हमारी राष्ट्रीयता के साथ संलग्न किया। इससे पता चलता है कि स्वामी दयानंद जी महाराज हम देशवासियों के भीतर तो श्रेष्ठता का भाव पैदा करना चाहते ही थे, वह हमारी राष्ट्रीयता को भी सर्वोच्च श्रेष्ठता में परिवर्तित कर देना चाहते थे। यह एक ऐसा शब्द है जो मनुष्य मनुष्य के बीच में किसी भी प्रकार की दूरी नहीं रहने देता। सबको एक मुख्यधारा में समान स्तर पर और समान सम्मान के भाव से स्थापित कर देना चाहता है अर्थात आर्य शब्द हमारे लिए समान नागरिक संहिता की सबसे बड़ी गारंटी है।

ऋषियों का तप और भारतीय राष्ट्र

भारतीय राष्ट्र की मानवतावादी चिंतनधारा के पीछे ऋषियों का तप काम करता रहा है। बड़े परिश्रम और पुरुषार्थ के बाद हमारे ऋषियों ने राष्ट्र की सुव्यवस्थित योजना और स्वरूप को तैयार किया। भारत के ऋषियों के द्वारा बनाई गई यह राष्ट्र की व्यवस्था करोड़ों वर्ष तक निर्विघ्न काम करती रही। इस संबंध में अथर्ववेद (19: 41: 1) का यह मंत्र बड़ा प्रसिद्ध है कि :-

भद्रमिच्छन्त: ऋषय: स्वर्विद: तपोदीक्षामुपसेदुरग्रे।
ततो राष्ट्रं बलमोजस्वजातं तस्मै देवा: उपसन्नु मन्तु।

“भद्रमिच्छन्त : ऋषय” विश्व के कल्याण की कामना रखने वाले और भद्र की उपासना करने वाले ऋषियों ने तप किया। हमारे ऋषियों ने भद्र के माध्यम से राष्ट्र की पवित्रता को बनाए रखने का प्रशंसनीय प्रयास किया। उनके तप से राष्ट्र को बल मिला, तेज मिला। बल और तेज के सम्मिश्रण से जो अग्नि पैदा होती है वह राष्ट्र को तेजस्विता से ओतप्रोत करती है। उपरोक्त मंत्र का भावार्थ है कि उनके परिश्रम पूर्ण त्याग, तपस्या और राष्ट्र की ऊंची साधना के फलस्वरूप जिस प्रकार के राष्ट्र ने आकार लिया उसे देखकर देवता भी आकर इस राष्ट्र को नमस्कार करते हैं। लोक कल्याण की उच्चतम साधना में रत रहे भारत के ऋषियों के इस प्रकार के परिश्रम के पश्चात जो राष्ट्र बना उसे लोगों ने देव निर्मित देश अर्थात ऋषियों के द्वारा निर्मित किया गया देश कहा। देव निर्मित देश कहने से एक और भी बड़ी शंका का या कहिए कि इतिहास के एक महाझूठ का निराकरण अपने आप हो जाता है कि हम सब ऋषियों के त्याग तपस्या के फलों को भोगने वाले सौभाग्यशाली जन हैं। हमने कभी लोगों को ना तो उत्पीड़ित किया और ना किसी ऐसे कबीलाई संघर्ष में अपने देश को कभी फंसाया, जिसमें लोगों को अपने अधीन कर अर्थात

अपना गुलाम बनाकर उन पर अपना अमानवीय शासन थोपने की प्रवृत्ति संसार के अन्य देशों में देखी जाती है। हमने पूर्ण व्यवस्थित योजना के साथ आगे बढ़ना आरंभ किया और सबको सबके अधिकारों का उपयोग करने का सुंदर परिवेश उपलब्ध कराया। हमने किसी के अधिकारों का शोषण नहीं किया बल्कि अपनी ओर से अधिकार देने की या दूसरों के अधिकारों का संरक्षण करने की मानवोचित प्रवृत्ति को अपना कर मानवता का हित संरक्षण किया। अपनी इसी सोच और पवित्र भावना के कारण भारत प्राचीन काल से ही समान नागरिक संहिता का समर्थक ही नहीं बल्कि संस्थापक देश रहा है। जो लोग दूसरों के अधिकारों का संरक्षण करने की प्रवृत्ति वाले होते हैं वही देव होते हैं। भारत देव निर्मित देश इसीलिए है कि यहां के ऐसे ही देव भावना वाले लोगों ने या ऋषि पूर्वजों ने इस राष्ट्र का निर्माण किया है।

भारतीय राष्ट्र का निर्माण और हमारे ऋषि पूर्वज

इस देव निर्मित देश में हम करोड़ों वर्ष से निवास करते चले आए हैं। भारत राष्ट्र का निर्माण ऋषियों के द्वारा हुआ है। उनके तप से दीक्षित राष्ट्र प्राचीन काल से ही शांति और व्यवस्था का समर्थक रहा है। इस राष्ट्र ने धर्म के साये में आंखें खोली हैं। धर्म से ऊर्जा प्राप्त कर भारतीय राष्ट्र ने ऐसे धर्म-राज्य की स्थापना की जो नीति अर्थात निश्चित व्यवस्था पर आधारित था। इसी निश्चित व्यवस्था को दूसरे संदर्भ में आप धर्म का सकते हैं तो निश्चित व्यवस्था का समर्थक होने के कारण राष्ट्र के रूप में भी इसका उपयोग हो सकता है। हमारी दृष्टि में राष्ट्र ऐसे लोगों से बनता है जिनका चिंतन धर्म की भट्टी में तपा हो और जो स्वाभाविक रूप से एक दूसरे के हाथ में हाथ डालकर आगे बढ़ने वाले हों। जो शोषण, उत्पीड़न, छोटे-बड़े, ऊंचनीच के भाव से मुक्त हों और जो सबको एक साथ, एक दिशा में लेकर चलने की पवित्र भावना से भरे हों।

हमें यह ध्यान रखना चाहिए कि वही व्यक्ति राष्ट्र निर्माता की श्रेणी में आता है जो अपने देशवासियों के प्रति सहानुभूति का भाव रखता हो, जो अपने इतिहास नायकों से प्रेम करता हो, अपने देश की संस्कृति और धर्म के प्रति पूर्ण समर्पण का भाव रखता हो और देश पर मर मिटने की भावना से ओतप्रोत हो। मानवता के हत्यारे लोग जिन्होंने तुर्क, मुगल या अंग्रेजों के रूप में हमारे देश पर जबरन शासन किया, कभी भी राष्ट्र निर्माता नहीं हो सकते थे। उनके आचरण,कार्य शैली और व्यवहार को देखकर इतना अवश्य कहा जा सकता है कि ऐसे लोग तो राष्ट्र के हत्यारे होते हैं। ऐसे हत्यारे लोगों का अनुकरण करने वाले लोग भी राष्ट्र निर्माता नहीं हो सकते। यह आर्य समाज ही था जिसने सबसे पहले इस बात को लोगों को समझाया कि राष्ट्र के हत्यारों को हत्यारा कहो और राष्ट्र निर्माताओं को राष्ट्र निर्माता कहो। आज भी आर्यसमाज इसी विचारधारा में विश्वास रखता है। यही कारण है कि वह किसी भी प्रकार के तुष्टिकरण या छद्मवाद का समर्थक नहीं है।

जिन लोगों की मानसिकता में दोष था या दोष है वह कभी भी 'सर्वे भवंतु सुखिनः सर्वे संतु निरामया….' की पवित्र भावना के उपासक नहीं हो सकते। राष्ट्र की अवधारणा उनके मानस में

खंडित रूप में प्रवाहित होती है और राष्ट्र कभी भी खंडित रूप में साकार रूप नहीं ले सकता।

हमने अपनी ऋषि परंपरा को सम्मान देने और उसे जीवित रखने की भावना से प्रेरित होकर देश में गोत्र परंपरा को अपने अपने महान ऋषियों के नाम से प्रचलित किया। भारतवर्ष की सभी कुल, वंश,परंपराएं ऋषि गोत्रों के आधार पर चल रही हैं। गोत्र परंपराओं को जीवित रखकर हम अपने महान पूर्वजों को विनम्र श्रद्धांजलि अर्पित करते हैं। यह अलग बात है कि हम अपनी वंश, गोत्र परंपरा के पीछे खड़े ऋषियों के चिंतन को भूल गए हैं।

वेद व्यक्ति की स्वतंत्रता का उद्घोषक

आज पश्चिमी जगत के अनेक विद्वान इस बात पर बल देते हैं कि संसार को व्यक्ति की मौलिक स्वतंत्रता का पाठ पढ़ाने वाला पश्चिमी जगत है, पर सच यह नहीं है। पश्चिमी जगत का इतिहास उठाकर देखिए, वहां पर लाखों करोड़ों लोगों को मार-मारकर समाप्त किया गया। इसके पीछे व्यक्ति के अधिकारों को छीनने की मनुष्य की अमानवीय भावना ही काम कर रही थी। जबकि भारत में ऐसा कभी नहीं हुआ जब किसी एक वर्ग ने दूसरे वर्ग के ऊपर हमला कर उसके लाखों निरपराध लोगों को मौत के घाट उतार दिया हो।

वेद को व्यक्ति की स्वतन्त्रता का उद्घोषक कहा जा सकता है। वैदिक काल में राष्ट्रचिन्तक ऋषियों ने वास्तविक प्रजातन्त्र की अवधारणा का सूत्रपात करते हुए पंचायती राज्य व्यवस्था का शुभारम्भ किया था।

ऋ. 10/62/11 में कहा गया है:-

सहस्रदा ग्रामणीर्मा रिषन्मनुः सूर्येणास्य यतमानैतु दक्षिणा।

यहाँ ऋषि ग्राम प्रधान (ग्रामणी) के प्रजा के प्रति कल्याण भावना से ओत- प्रोत होने की बात कह रहा है। ऋषि का कहना है कि ग्राम प्रधान प्रभूत धन देने वाला सहस्रदा मनु है। उसकी दक्षिणा सूर्य से प्रतिद्वन्द्विता करे। कहने का अभिप्राय ये है कि जिस प्रकार सूर्य सभी लोगों पर बिना किसी भेदभाव के अपनी किरणों को बिखेरता है, उसी प्रकार ग्रामणी प्रत्येक व्यक्ति और ग्रामवासी के प्रति स्नेहासिक्त हो तथा उसके हृदय में किसी के प्रति भी द्वेषभाव ना हो। जैसे सूर्य की किरणें सबके लिए जीवन प्रद हैं, उसी प्रकार ग्राम प्रधान सबके लिए जीवन प्रद हो।

ग्राम प्रधान से लेकर राष्ट्र प्रधान तक लोक कल्याण की इसी पवित्र भावना में वसुधैव कुटुंबकम, कृण्वंतो विश्वमार्यम् और सर्वे भवंतू सुखिन: .... का उदात्त भाव छुपा हुआ है जो प्रत्येक व्यक्ति को मौलिक अधिकार तो प्रदान करता ही है राज्य को उसके मौलिक अधिकारों का संरक्षक भी बनाता है। नागरिकों के मौलिक अधिकारों का हनन करने की प्रक्रिया ईसाइयत और इस्लाम की देन है।

शायद किसी भी ग्रामणी या ग्राम प्रधान के रहते हुए जैसे गांव में कोई भी नागरिक नंगा

भूखा नहीं रह सकता, वैसे ही देश के राष्ट्रपति के रहते हुए कोई भी देशवासी नंगा भूखा नहीं रह सकता। इस प्रकार की न्यायिक व्यवस्था करते राजा या राष्ट्रपति को हर स्थिति में व्यक्तियों के बीच पूर्ण न्याय करना चाहिए। उनके सामाजिक, आर्थिक और राजनीतिक न्याय को सुनिश्चित करने के लिए उनमें पारस्परिक बंधुता की भावना को सुनिश्चित करना राजा का दायित्व होता है। राजा या शासक वर्ग वोटों की राजनीति करते हुए आरक्षण, रेवड़ी बांटने या तुष्टीकरण के माध्यम से विभेद उत्पन्न करता है या विभेदकारी नीतियां अपनाता है तो ऐसा राजा या शासन व्यवस्था उत्तम नहीं होती। देश के शासक वर्ग को चाहिए कि देश में समरूपता स्थापित करने के लिए एक प्रकार के कानून, एक प्रकार की विधि व्यवस्था, एक प्रकार के रीति रिवाज,विवाह आदि संस्कारों के एक प्रकार के नियम लागू हों। जिससे देश में समरूपता स्थापित होकर राष्ट्रीय एकता और अखंडता को मजबूती प्रदान हो। शासन की नीतियों का आधार विभिन्नताओं को पोषित करना नहीं है,अपितु राष्ट्रहित में विभिन्नताओं को समेकित करना है।

नेहरु और समान नागरिक संहिता

नेहरू समान नागरिक संहिता को लागू करने के पक्षधर होकर भी विभिन्नताओं को पोषित करने वाले प्रधानमंत्री थे।

शासन के उपरोक्त उदात्त भाव (जिसे हमारे यहां राष्ट्रधर्म कहा जाता है) से प्रेरित होकर हमारे संविधान में समान नागरिक संहिता की पवित्र भावना का समावेश करने का प्रयास इसलिए किया गया कि संविधान सभा के अनेक सदस्य इस बात पर सहमत थे कि पिछली कई शताब्दियों में भारतीय राज्य व्यवस्था में होती रही उथल-पुथल के चलते तुर्क, मुगल और ब्रिटिश शासकों ने लोगों के बीच विभेदकारी नीतियां अपनाई। जिससे तुष्टीकरण, फूट डालो और राज करो की देशघाती परंपरा देश की शासन व्यवस्था में आरम्भ हो गई। संविधान सभा के अनेक सदस्य इस बात से सहमत थे कि स्वतंत्र भारत में शासन की इस प्रकार की विभेदकारी नीतियों के लिए कोई स्थान नहीं होना चाहिए।

देश के पहले प्रधानमंत्री पंडित जवाहरलाल नेहरू तो 1930 से समान नागरिक संहिता की बात कर रहे थे। इस सबके उपरांत भी नेहरू एक ऐसे नेता थे जो समान नागरिक संहिता का अपना ही अर्थ निकाल रहे थे। वे नहीं चाहते थे कि देश में समान नागरिक संहिता सही संदर्भ और सही अर्थों में लागू हो जाए। राजनीति में दक्षिणा के संस्कार को नेहरू ने कभी स्वीकार नहीं किया। उन्हें इस प्रकार का संस्कार या दक्षिणा देने का विचार सांप्रदायिक दिखाई देता था। जिसे वह हिंदू मानसिकता से पूर्वाग्रहग्रस्त मानते थे। नेहरू का झुकाव इस्लाम की ओर था। अतः उनके बारे में कहा जा सकता है कि वह स्वयं सांप्रदायिक थे। क्योंकि हर वह व्यक्ति सांप्रदायिक होता है जो सांप्रदायिक आधार पर लोगों में तुष्टीकरण जैसी बीमारी के आधार पर विभेद पैदा करता है। नेहरू की इस प्रकार की नीति ने समान नागरिक संहिता की भावना को चोटिल किया।

वेद ने ग्राम प्रधान को नरपति की संज्ञा दी थी।

ऋ. 10/107/5 में कहा गया है:-

"तमेवमन्ये नृपतिं जनानां यः प्रथमो दक्षिणा मा विवाय।"

अर्थात् "जिसने पहले दक्षिणा आरम्भ की उसे ही मैं लोगों का नरपति मानता हूँ।"

नेहरू भारतीय शासन व्यवस्था के इस सूत्र वाक्य के निकट तक भी नहीं थे। वह नहीं जानते थे कि दक्षिणा का अभिप्राय राष्ट्र की उन्नति के प्रति मन से समर्पित हो जाना है। उन्होंने मंदिरों में होने वाली दक्षिणा के बारे में सुना था। वेद की आत्मिक और मानसिक दक्षिणा के विषय में उन्हें कोई बोध नहीं था। इस्लाम की या ईसाइयत की मान्यताओं को उन्होंने व्यक्ति की व्यक्तिगत पवित्रता के साथ जोड़कर देखा। बस, यही कारण था कि वे समान नागरिक संहिता की संवैधानिक वचनबद्धता के प्रति अपनी ईमानदारी प्रकट नहीं कर पाए। समय आने पर उन्होंने इस्लामिक तुष्टीकरण के सामने समान नागरिक संहिता को बौना करके देखा।

यदि कोई प्रधानमंत्री आर्य समाज की विचारधारा से प्रेरित होकर काम करता तो वह वैदिक चिन्तन से अभिभूत होकर राष्ट्र को वास्तविक समान नागरिक संहिता का बोध कराता। हमारे देश का यह दुर्भाग्य ही रहा कि देश को पहला प्रधानमंत्री ऐसा व्यक्ति मिला जो भारतीय संस्कृति से तो दूरी बनाकर रहता ही था, उसे आर्य समाज नाम की पवित्र संस्था से तो बहुत ही अधिक द्वेष भाव था।

●●

अध्याय - 13

नेहरू के मंदिर बनाम दयानंद के मंदिर

पंडित जवाहरलाल नेहरू वेद में आए 'दक्षिणा' शब्द का अर्थ नहीं जानते थे। भौतिक जगत में मंदिरों में होने वाली दक्षिणा को वह 'हिंदू सांप्रदायिकता' के साथ जोड़कर देखते थे। यही कारण था कि वे मंदिरों को भी संप्रदाय का प्रतीक मानते थे और नए मंदिर बनाने की वकालत नए-नए उद्योग,हॉस्पिटल, स्कूल आदि बनाकर करने के पक्षधर थे। आध्यात्मिक चेतना के केंद्र धर्म स्थलों, गुरुकुलों को वे पाखंड मानते थे और उनकी इसी प्रकार की नीतियों के कारण देश अपनी मौलिक चेतना से दूर होता चला गया।

इस प्रकार की सोच के साथ देश के पहले प्रधानमंत्री पंडित जवाहरलाल नेहरू बहुत बड़ी चूक कर गए। उन्होंने आध्यात्मिक भारत की आध्यात्मिक चेतना को समझा नहीं और बिना समझे ही वे उसे नई दिशा देने का गलत निर्णय ले बैठे। अपने आप को 'एक्सीडेंटल हिंदू' कहने वाले नेहरू हिंदू (वैदिक) धर्म की सच्चाई को समझ नहीं पाए। यदि वह जानते कि भारत में मंदिरों की संस्कृति वास्तव में राष्ट्रीय चेतना और धर्म चेतना को जागृत करने के लिए स्थापित की गई थी। जब तक इस मंदिर संस्कृति ने अपने इस दायित्व का निर्वाह किया तब तक भारत संपूर्ण विश्व का नेतृत्व करता रहा। माना जा सकता है कि इस परंपरा में धीरे-धीरे घुन लगा और मंदिरों में अनाचार को भी प्रोत्साहन मिला। पर इसका अभिप्राय यह नहीं कि मंदिरों को आप कोसने लगें या पूरे राष्ट्र का ध्यान ही उस ओर से हटा दें। अच्छा यह होता कि मंदिरों की पवित्रता को स्थापित किया जाता। इन्हें फिर से धर्म चेतना और राष्ट्र चेतना का केंद्र बनाया जाता। वैदिक वांग्मय के प्रति पूर्णतः उदासीन रहे नेहरु में भारत को समझने का माद्दा नहीं था। उनमें भारत को लेकर अध्ययन का अभाव था। वास्तव में नेहरू जी संस्कृत द्रोह के कारण व संस्कृतिद्रोही बन गए। जिसका परिणाम यह निकला कि उन्होंने मंदिर संस्कृति को देश के लिए मूर्खता का प्रतीक माना।

इसके विपरीत स्वामी दयानंद जी महाराज ने वेद आदि आर्ष ग्रंथों का गहन अध्ययन, मंथन और चिंतन किया। वे संस्कृत भक्त थे। इसलिए संस्कृति प्रेमी भी थे। उन्होंने दूध का दूध और पानी का पानी करने की नीर क्षीर विवेक शक्ति को प्राप्त किया। परिणामस्वरूप उन्होंने मंदिर

संस्कृति की उस पवित्रता को स्थापित करने पर बल दिया जिससे राष्ट्रीय चेतना, धर्म चेतना और संस्कृति चेतना की त्रिवेणी बहती रहे। उन्होंने आर्य समाजों की स्थापना की तो वहां पर इस त्रिवेणी को बहने की पूरी व्यवस्था भी की।

ऋषि का शिष्य प्रधानमंत्री बनता तो....

यदि स्वतंत्र भारत की सरकार की लगाम किसी गांधी के शिष्य के हाथों में न आकर स्वामी दयानंद जी के किसी शिष्य के हाथों में आती तो निश्चित रूप से मंदिर संस्कृति का सही स्वरूप उभर कर सामने आता। तब राष्ट्र निर्माण के लिए मंदिरों की अनिवार्यता को स्वीकार किया जाता और इस संबंध में उचित कानून भी बनाए जाते। तब ऐसा होना कदापि संभव नहीं था कि मंदिरों पर सरकार कर लगाए और उनसे होने वाली आय को ईसाई चर्च या मुस्लिम समाज की मस्जिदों के ऊपर खर्च करे। तब मंदिरों को धर्म चेतना, राष्ट्र चेतना और संस्कृति चेतना के लिए प्रयोग किया जाता और इस प्रकार की तीनों चेतनाओं को संयुक्त कर राष्ट्र को और भारतीय राष्ट्रीयता को मजबूत करने की दिशा में काम करने के दृष्टिगत मंदिरों को भारत की उन्नति का एक मजबूत केंद्र बनाया जाता। आज धर्म, राष्ट्र और संस्कृति के बिना भारत की उन्नति हृदयहीन सी दिखाई देती है। यह सब कुछ इसलिए हो गया कि भारत के पहले प्रधानमंत्री ने स्वतंत्र भारत की दिशा बदल दी। जिस ओर स्वतंत्र भारत को जाना चाहिए था, देश को उस ओर न ले जाकर देश का पहला प्रधानमंत्री उसे रसातल की ओर लेकर चल दिया।

दिशाहीन लोग और आर्य समाज

जो लोग आर्य समाज के झंडे तले बैठकर मंदिरों को कोसते हैं या मंदिर संस्कृति का अपमान करते हैं वह स्वामी दयानंद जी की भावनाओं को समझते नहीं हैं। वह यह भी नहीं समझते कि इस प्रकार की उनकी हरकतों से देश के हिंदू समाज में टूटन फूटन की प्रवृत्ति बढ़ती है। उन्हें यह पता होना चाहिए कि ऋषि दयानंद जी का दृष्टिकोण कभी भी खण्डनात्मक नहीं रहा। उन्होंने मंडनात्मक दृष्टिकोण से चीजों को देखा और इसी दिशा में उन्होंने लोगों के समक्ष भाषण दिए। व्याख्यान दिए। उपदेश दिए। शास्त्रार्थ किये और इसी दृष्टिकोण के दृष्टिगत उन्होंने अनेक ग्रंथों की रचना की। स्वामी दयानंद जी महाराज सुधारात्मक दृष्टिकोण के व्यक्ति थे। यह स्वाभाविक है कि सुधारात्मक दृष्टिकोण में कई बार जिसका सुधार किया जा रहा होता है, उसे कष्ट होता है।

यह कुछ उसी प्रकार है जैसे किसी रोगी व्यक्ति का उपचार करते समय कभी-कभी उसकी शल्य चिकित्सा की आवश्यकता पड़ जाती है तो उसके शरीर से कुछ खून भी निकलता है। उस समय कई रोगी भावावेश में आकर चिकित्सक या वैद्य को गाली देने लगते हैं। तब वह चिकित्सक शांतमना उन गालियों को स्वीकार कर लेता है। क्योंकि वह जानता है कि इस समय

इस रोगी के आवेश को ध्यान में न रखकर इसके हित को ही ध्यान में रखना उचित है। स्वस्थ होने पर वही रोगी अपने चिकित्सक के प्रति अपराध बोध से भर जाता है। उसे पता चल जाता है कि उसके साथ चिकित्सक ने जो कुछ किया, वह उसके भले के लिए किया था। यदि कोई पागल कुत्ता आपकी टांग में काट ले तो इसका अर्थ यह नहीं कि आप भी उसकी टांग में काटेंगे। दिशाहीन लोगों को आप खड़े होकर सही दिशा बताएं, यह आपका राष्ट्रीय कर्तव्य बनता है। ऐसा कदापि नहीं होना चाहिए कि दिशाहीन लोगों की सोच और मानसिकता का आप उपहास करने लगें।

नेहरू की 'हिंदुस्तानी'

नेहरू गुरुकुलों को दकियानूसी की पिछड़ी विचारधारा या मानसिकता का प्रतीक मानते थे। पंडित जवाहरलाल नेहरु के द्वारा जहां 'हिंदुस्तानी' को प्रोत्साहित करने और साथ – साथ हिंदी का भी ध्यान रखते हुए संस्कृत को महत्व देने की बात कही गई, वहीं उनकी नीतियों के चलते व्यवहार में इसका उल्टा परिणाम देखने को मिला। हुआ यह कि 'हिंदुस्तानी' सर्वत्र छाती चली गई, हिंदी उपेक्षित हो गई और संस्कृत को लगभग मरणासन्न अवस्था में पहुंचा दिया गया। बड़ी सावधानी से किए गए इस ऑपरेशन में संस्कृत और हिंदी की वर्तमान दुर्दशा के लिए केवल और केवल नेहरू जिम्मेदार हैं।

नेहरू मोहम्मद शाह रंगीला की नीतियों के समर्थक थे। जिसने भारत में 'हिंदुस्तानी' नाम की एक ऐसी भाषा को प्रचलित करने का प्रयास किया था जिसमें सभी भाषाओं के शब्द हों, जिसकी कोई व्याकरण ना हो, कोई वैज्ञानिक आधार ना हो। उसने ऐसी ही भाषा में अश्लील गजलें लिखवाईं। जिनको सुन-सुनकर वह स्वयं औरतों के कपड़े पहनकर अपने दरबार में अश्लील गीतकार कवियों के साथ नाचा करता था। मोहम्मद शाह रंगीला के पदचिह्नों पर चलने वाले लेडी माउंटबेटन और उस जैसी अन्य अनेक महिलाओं के रसिया रंगीले मिजाज के नेहरू भी भारत की वैदिक संस्कृति और वैदिक अथवा हिंदू धर्म से दूरी बनाना उचित मानते थे। जाने अनजाने में उनका एक ही संकल्प था कि वह 'हिंदुस्तानी' के माध्यम से हिंदी और संस्कृत का बेड़ा गर्क करेंगे। अन्यथा ऐसे क्या कारण रहे कि हिंदी और संस्कृत के प्रति संविधान सभा के संकल्प प्रस्ताव के रहते हुए भी आज 'हिंदुस्तानी' हम पर हावी है और हिंदी व संस्कृत की उपेक्षा हो रही है। भारत को अपनी जड़ों से काटने का अपराध नेहरू ने किया। इसके उपरांत भी उन्हें राष्ट्र निर्माता के रूप में स्थापित किया गया। यदि इस स्थिति पर विचार किया जाए तो पता चलता है कि नेहरू को भारत की मौलिकता के साथ जुड़ना या तो आता नहीं था या फिर वह जानबूझकर भारत की मौलिकता की उपेक्षा कर रहे थे। ऐसे व्यक्ति को राष्ट्र निर्माता कभी नहीं कहा जा सकता जो अपने ही देश की मौलिकता के साथ जुड़ने में लज्जा का अनुभव करे।

स्वामी दयानंद के सिपाही क्या करेंगे?

स्वामी दयानंद जी महाराज के विचारों के अनुकूल यदि शासन को चलाया जाता तो भारत की मौलिकता के साथ जुड़कर काम करने में प्रत्येक प्रधानमंत्री और प्रत्येक राष्ट्रवासी अपने आपको गौरवान्वित अनुभव करता। वैदिक मूल्यों की जीवन पद्धति को अपनाकर काम करना तब पूरे शासन प्रशासन के साथ-साथ विकास की अंतिम पंक्ति में खड़े व्यक्ति को भी गर्व और गौरव की अनुभूति कराता। आने वाले समय में यदि आर्य समाज सत्ता में अपने विचारों के अनुकूल प्रधानमंत्री बना सका तो निश्चित रूप से देश के पहले प्रधानमंत्री द्वारा डाली गई गलत परंपराओं को पूर्णतया परिवर्तित कर दिया जाएगा। तब शासन निष्पक्ष और निरपेक्ष होकर काम करेगा। वह उन चीजों को देश में लागू करेगा जो राष्ट्रहित में अनिवार्य हैं और वैदिक संस्कृति की रक्षा के लिए जिनका किया जाना पूर्णतया न्याय संगत है।

ऐसी स्थिति में स्वामी दयानन्द जी महाराज के सिपाहियों का काम होगा कि वह युवा पीढ़ी के चरित्र निर्माण पर बल देंगे। युवाओं को जिस प्रकार आज की गलत शिक्षा पद्धति के साथ-साथ सरकार की गलत नीतियों के चलते नशेड़ी, भंगेड़ी बनाकर उनके चरित्र को बर्बाद किया जा रहा है, उसे कदापि नहीं होने दिया जाएगा। हर स्थिति में मेरा देश आगे बढ़े - यह सोच हमेशा किसी भी देश के नागरिकों को मजबूत करती है। यह बात सदा हमारे मन मस्तिष्क में एक संकल्प के रूप में काम करती रहनी चाहिए कि यदि देश बचेगा तो हम अपने आप बच जाएंगे और यदि देश ही नहीं रहा तो हम अपने अस्तित्व की भी रक्षा नहीं कर पाएंगे। देश का अभिप्राय है एक संस्कृति का बचना। देश के बचने का अर्थ है मानवतावादी वैदिक धर्म का बचना। देश के बचने का अर्थ है राष्ट्र को सींचने वाले धर्म और मानवीय मूल्यों का बचना। कुल मिलाकर देश को यहां पर राष्ट्र के संदर्भ में लेना चाहिए।

नेहरू वेद विरोधी नास्तिक थे

स्वामी दयानंद जी महाराज जी के सपनों के भारत में वेदों को सर्वोच्च स्थान दिया जाता। तब यह व्यवस्था की जाती कि देश में जो भी आदेश माने जाएंगे, वह वेद के अनुसार ही माने जाएंगे। देश का शासन वेदों की व्यवस्था के अनुसार चलेगा। वेदों में उल्लिखित राष्ट्र और स्वराज्य के चिंतन को इस देश के संवैधानिक मौलिक आदर्शों में सम्मिलित किया जाना देव दयानंद के देश भारत की प्राथमिकता होगी।

नेहरू मंदिरों के विरोधी थे। वेदों के विरोधी थे। वैदिक संस्कृति के विरोधी थे। यदि महर्षि दयानंद नेहरू के शासनकाल में रहे होते तो इन तीनों बातों के आधार पर उन्हें नास्तिक घोषित कर देते। वे 'बेताज के बादशाह' वेदनिंदक और नास्तिक नेहरू का विरोध करते और आर्य समाजी जनों को भी इस बात के लिए आंदोलित करते कि ऐसे शासक का विरोध किया जाए।

आर्य समाज ने देश की आजादी के तुरंत पश्चात अपने आपको पीछे हटा लिया। आर्य समाज के द्वारा राजनीति में सक्रिय भूमिका न निभाने का परिणाम यह हुआ कि नास्तिक नेहरू खुलकर खेलने लगे।

जब तक देश के पहले उप प्रधानमंत्री सरदार वल्लभभाई पटेल जीवित रहे तब तक नेहरू का मुखर विरोध होता रहा।

उनके पांच नेहरू ने स्वतंत्र निर्णय लेने की प्रक्रिया आरंभ की और पूरे लोकतंत्र को अपने हाथों में ग्रहण कर लिया।

हो सकता है कि उस समय के आर्य समाज के लोगों या नेताओं को ऐसा लगा हो कि नेहरू यदि मंदिरों का विरोध कर रहे हैं तो यह उनके भी अनुकूल है, पर वास्तव में नेहरू जी उन हृदयहीन और संवेदनाशून्य मंदिरों का निर्माण करने लगे थे जो उन मंदिरों से भी अधिक घातक सिद्ध हुए हैं जिन्हें पौराणिक मंदिर कहकर आर्य समाज भी आलोचना का पात्र बनाता था।

तब विज्ञान व राज्यादि ऐश्वर्यों की मांग ईश्वर से की जाती

नेहरू के इन तथाकथित मंदिरों ने भारत को नास्तिक बनाने में और यहां की वैदिक संस्कृति को कमजोर करने में महत्वपूर्ण भूमिका निभाई है। यदि स्वामी जन्मदिन की महाराज देश के प्रधानमंत्री होते तो वह ऐसा कदापि नहीं होने देते वह देश को आस्तिक बनाते और केश्वर बात में विश्वास रखते हुए मंदिरों में ऐसे ही राष्ट्रवादी चिंतन को प्रोत्साहित करने का काम करते।

महर्षि दयानन्द सरस्वती जी महाराज ने स्तुति प्रार्थना-उपासना का आठवां मंत्र यह दिया है :-

अग्ने नय सुपथा राये अस्मान् विश्वानि देव वयुनानि विद्वान।
युयोध्यस्मज्जुहुराणमेनो भूयिष्ठान्ते नमः उक्तिं विधेम्।। (यजु० 40/16)

इसकी व्याख्या करते हुए महर्षि दयानन्द लिखते हैं:- "हे स्वयंप्रेरक ज्ञानस्वरूप सबके प्रकाश करनेहारे, सकल सुखदाता परमेश्वर! आप जिससे, सम्पूर्ण विद्यायुक्त हैं, कृपा करके हम लोगों को विज्ञान वा राज्यादि ऐश्वर्य की प्राप्ति के लिए अच्छे धर्मयुक्त आप्त लोगों के मार्ग से सम्पूर्ण प्रज्ञान और उत्तम कर्म प्राप्त कराइये और हमसे कुटिलता पापरूप कर्म को दूर कीजिए। इस प्रकार हम लोग आपकी बहुत प्रकार की स्तुति रूप, नम्रतापूर्वक प्रशंसा सदा किया करें और सर्वदा आनन्द में रहें।"

"वेद, महर्षि दयानंद और भारतीय संविधान" नामक अपनी पुस्तक में इस संबंध में मैंने लिखा है कि यहाँ राष्ट्रवासी दो बातें कह रहे हैं-

"एक तो विज्ञान वा राज्यादि ऐश्वर्य की प्राप्ति के लिए अच्छे धर्मयुक्त आप्त लोगों के मार्ग से सम्पूर्ण प्रज्ञान और उत्तम कर्म प्राप्त कराने तथा दूसरे कुटिलतायुक्त पापरूप कर्म को दूर कराने

की ये दोनों बातें ही स्वराज्य की आधारशिला हैं। विज्ञान या राज्यादि का ऐश्वर्य चिरस्थायी रह सकता है, जबकि हम अच्छे धर्मयुक्त आप्त लोगों के अनुयायी हों क्योंकि अच्छे धर्मयुक्त आप्त लोग सर्वहितरक्षक स्वभाव के होते हैं। समाज तभी उन्नत होगा जब कुटिलतायुक्त पापरूप कर्मों के प्रति सबको घृणा होगी।

इस प्रकार भारत में स्वराज्य के आधार भूत इन तत्वों को यदि पंचायत राज्य व्यवस्था के संधारकों और संचालकों पर भी लागू करके देखा जाए तो ज्ञात होता है कि इस मन्त्र में वास्तविक स्वराज्य का चिन्तन बीज छिपा पड़ा है। इस स्वराज्य का अन्तिम लक्ष्य एक शान्तिप्रिय और सर्व रक्षक समाज का निर्माण करना है तो भारत के संविधान के अनुच्छेद 44, (जिसमें समान नागरिक संहिता को लागू करने पर बल दिया गया है) का लक्ष्य भी ऐसे ही समाज की संरचना करना है।"

क्या करें स्वामी दयानंद के शिष्य?

नेहरू की भूलों का सुधार करवाते हुए आज आर्य समाज को धर्म युक्त आप्त लोगों की एक धर्म संसद की स्थापना के लिए वर्तमान सरकार पर दबाव बनाना चाहिए। यह धर्मयुक्त आप्त लोग धर्मार्य सभा या धर्म संसद में जाकर स्वराज्य की भारतीय अवधारणा को मजबूत और चिरस्थायी करने के लिए अपने संकल्प सुझाव सरकार को नियमित भेजने का काम करना आरंभ करें।

समान नागरिक संहिता में लोगों के विचारों को राष्ट्र के अनुकूल बनाने के लिए आवश्यक है कि उनके भीतर कुटिलता युक्त पापरूप कर्म (देश में सांप्रदायिक दंगों की आग लगाने वाले लोग, देश को तोड़ने की षड़यंत्रों में लगे हुए लोग, देश में सांप्रदायिक आधार पर भाषा संबंधी विवादों को जन्म देने वाले लोग आदि सभी इसमें सम्मिलित हैं) सर्वथा समाप्त हो जाएं, वे सम्पूर्ण प्रज्ञान और उत्तम कर्म के प्रति स्वाभाविक रूप से संकल्पित हो जाएं। यह कार्य तभी संभव है जब देश की शिक्षा नीति पर धर्मार्य सभा का सीधा नियंत्रण हो।

कुटिलता युक्त पापरूप कर्म से दूरी और उसके पश्चात संपूर्ण प्रज्ञान और उत्तम कर्म के प्रति स्वाभाविक समर्पण – यह राष्ट्र की उत्तम साधना का प्रतीक संकल्प सूत्र है। स्वामी दयानंद जी महाराज की 200 वीं जयंती के कार्यक्रमों का काल इस समय चल रहा है। ऐसे में समान नागरिक संहिता का पूरा प्रारूप तैयार करते समय स्वामी दयानंद जी महाराज के चिंतन को इसमें समाविष्ट किया जाना समय की आवश्यकता है।

हमारे दृष्टिकोण से समान नागरिक संहिता का अभिप्राय केवल सिविल कानूनों में समरूपता स्थापित कर देना ही नहीं है, अपितु इससे आगे जाकर भारत की शिक्षा नीति को गुरुकुलीय शिक्षा प्रणाली पर आधारित करना और वैदिक संस्कारों को राष्ट्रीय संस्कार संकल्प के रूप में स्थापित करना इसकी वास्तविक व्याख्या है। इस शिक्षा प्रणाली में देश के नागरिकों को हिंदू

मुस्लिम न बनाकर केवल मनुष्य बनाने पर काम किया जाना अपेक्षित है। यह तभी संभव है जब हम नेहरू के मंदिरों को पीछे हटाकर स्वामी दयानंद जी के मंदिरों को अर्थात गुरु कुलों को स्थापित करें और सच्चे मानव का निर्माण कर राष्ट्र के नागरिकों को द्विज बनाने की उत्तम वैदिक अवधारणा को लागू करें।

आर्य समाज ने नेहरू के द्वारा स्थापित किए गए मंदिरों को स्वतंत्र भारत में स्थापित करने के समय आपराधिक तटस्थता का संकेत दिया था, अब जब केंद्र की मोदी सरकार कुछ करने के लिए मन बना रही है अर्थात समान नागरिक संहिता को लागू करना चाहती है तो समय रहते सरकार को उचित मार्गदर्शन देना आर्य समाज का राष्ट्रीय दायित्व है।

●●

अध्याय - 14

डॉ. राजेंद्र प्रसाद, हिंदू कोड बिल और नेहरू

भारत में प्राचीन काल से जिस वर्ण व्यवस्था, आश्रम व्यवस्था और 16 संस्कारों जैसी परंपराओं को मान्यता प्रदान की गई उससे यह निश्चित रूप से कहा जा सकता है कि भारत में सृष्टि प्रारंभ से ही सब राष्ट्रवासियों के लिए एक जैसी विधिक व्यवस्था की गई। प्राचीन काल में भारत देश में आपराधिक कानूनों में ही नहीं बल्कि दीवानी कानूनों में भी समरूपता रखी गई। जब संपूर्ण देश (आर्य चक्रवर्ती सम्राटों के समय में संपूर्ण भूमंडल) एक ही राजा या चक्रवर्ती सम्राट के अधीन रहता था तो उस समय विभिन्न कानूनों की आवश्यकता भी नहीं होती थी। कानूनों में समरूपता होना स्वाभाविक था।

जैसे-जैसे भारत की चक्रवर्ती सम्राटों की परंपरा लुप्त होती गई और छोटे-छोटे राज्यों में शासन सिमटकर आने लगा वैसे- वैसे ही कुछ अलग-अलग परंपराओं ने विकसित होना आरंभ किया। इससे भारत की वैदिक व्यवस्था प्रभावित हुई और अनेक प्रकार के मत, पंथ और संप्रदाय देश में खड़े हुए। कालांतर में जब इस्लाम और ईसाई मत को मानने वाले लोगों के आक्रमण देश पर हुए तो उस समय स्थिति और भी अधिक दयनीय हो गई। इन विदेशी मत, पंथ, संप्रदायों के शासकों ने भारत के लोगों में बढ़ती हल्की-हल्की सी दरारों को चौड़ा करना आरंभ किया। अपने स्वार्थों को साधने के लिए उनके भीतर अनेक प्रकार के विभेद उत्पन्न करने आरंभ किए। इसके साथ ही साथ इस्लाम और ईसाई मत को मानने वाले तुर्क, मुगल और अंग्रेजों ने अपने-अपने रीति-रिवाजों को भी कानूनी मान्यता देना आरंभ किया।

ऋषि दयानंद का सपना

स्वामी दयानंद जी महाराज ने अपने समय के भारत की दुर्दशा को समझा। तब उन्होंने इस बात के लिए भारतवासियों को जागरूक करना आरंभ किया कि अपने आपको पहचान कर अपने चक्रवर्ती सम्राटों के दिनों को लौटाने के लिए उठ खड़े होओ। उनका यह प्रयास था कि भारत के लोग अपने आपको जानें और वह अपने पूर्वजों की भांति संपूर्ण भू-मंडल पर शासन करने वाले बनें। इसका अभिप्राय यह कदापि नहीं था कि स्वामी दयानंद जी महाराज अंग्रेजों

और मुसलमानों की कार्यशैली पर काम करने के लिए लोगों का आवाहन कर रहे थे और उन्हें इस बात के लिए प्रेरित कर रहे थे कि वह भी अंग्रेजों और मुसलमानों की भांति लोगों के अधिकारों का दमन,शोषण और उत्पीड़न करके उन पर जबरन अपना शासन थोप दें। स्वामी दयानंद जी महाराज की इच्छा थी कि संपूर्ण भू-मंडल पर आर्यों का राज्य स्थापित हो। उनका यह सपना संपूर्ण भूमंडलवासियों को उनके मानव अधिकार उपलब्ध कराने के लिए था।

शासन की मानवतावादी नीतियों के चलते भारत में अनेक प्रकार के सिविल कानून बनते चले गए। इन सिविल कानूनों के प्रति लोगों की अपनी-अपनी भावनाएं जुड़ी थीं और वह इन्हें अपने-अपने हितों के अनुकूल बनाए रखने के लिए संघर्ष करने तक तैयार हो जाते थे। इसी प्रकार के स्थानीय कानूनों या रीति-रिवाजों को परंपरा का रूप देकर उन पर कानूनी संरक्षण का ठप्पा लगवाया गया। इसके उपरांत भी एक ऐसी अदृश्य आम सहमति भारत में बनी रही जो पूरे हिंदू समाज को एकता की चादर के नीचे समेटे रही। लोगों ने छोटी-छोटी बातों को प्रतिष्ठा का प्रश्न नहीं बनाया और यदि विवाह आदि की परंपराओं में स्थानीय स्तर पर कोई किसी प्रकार का परिवर्तन भी आ गया था तो उसे भी लोगों ने सहज रूप में स्वीकार कर लिया।

वास्तव में भारत के लोग 'आपद्धर्म' को स्वीकार करने के अभ्यासी रहे हैं। यह अलग बात है कि कालांतर में इस प्रकार का धर्म उनके लिए एक रूढ़ि बनकर गले की फांस बन गया। यद्यपि इस्लाम और ईसाई मत को मानने वाले लोगों की परंपराओं से भारत के लोगों ने अपने आपको समानांतर दूरी पर खड़ा रखना ही उचित माना।

मुस्लिम शासन काल में भारत का कानून

इस्लाम को मानने वाले शासकों के शासनकाल में भारत के सामाजिक परिवेश और सामाजिक विधियों को प्रभावित करते हुए अनेक प्रकार के इस्लामी कानूनों को वरीयता दी गई। मुस्लिम शासकों ने भारत के लोगों के अधिकारों का हनन करने वाले कानून बनाए और इन कानूनों की आड़ में अपने बड़े-बड़े नरसंहारों को भी उचित ठहरा दिया। उस समय भारत में शरीयत को लागू किया और शरीयत के कानूनों के आधार पर भारत के लोगों को अनेक प्रकार की यातनाएं दीं।

उनकी ऐसी सोच उनके प्रति निर्णय में दिखाई दिया करती थी। लोगों को चूसने और निचोड़ने का हर संभव प्रयास किया गया। उस समय दानवता का साम्राज्य था और दानव लोग ही शासन सत्ता में स्थापित हो गए थे। उनकी दानवता का नंगा नाच देखकर मानवता उस समय शर्मसार थी। इसके बाद अंग्रेजों ने भी 'राज्य हड़प नीति' के माध्यम से उत्तराधिकार की भारत की सामान्य वैदिक परंपरा का बार-बार उल्लंघन किया और अपने मनमाने कानून भारत के सभ्य और शालीन समाज पर थोपने का अनुचित कार्य किया। जिससे भारत में कई प्रकार की कानूनी विसंगतियां या विषमताएं पैदा होती चली गई। उसे समय भारत में ऐसे अनेक कानून बने जो

शासन सत्ता के पक्षधर थे और जनता पर अत्याचारों को बढ़ावा देने वाले थे। इन कानूनों को पढ़ने - देखने से पता चलता है कि उस समय शासक वर्ग शोषक वर्ग बन गया था और शासित वर्ग शोषित वर्ग बन गया था। शासक और शासित के वैदिक दृष्टिकोण से अलग हटकर अब हम जिस परिवेश में जी रहे थे वह शोषक और शोषित का दुर्गंध युक्त परिवेश था। इसमें शोषण के विरुद्ध आवाज उठना स्वाभाविक था। यद्यपि भारत के लोग मुसलमानी काल से ही शासक वर्ग के शोषक स्वरूप का विरोध करते आ रहे थे, पर अब यह स्थिति और भी अधिक उग्र हो गई थी।

तलाक हमारा शब्द नहीं

ये विषमताएं भारत के समाज में विवाह, तलाक, विरासत या बच्चा गोद लेने जैसे कानूनों के संदर्भ में देखी गई। हम सभी जानते हैं कि भारत की वैदिक हिंदू समाज में प्राचीन काल से ही तलाक जैसा शब्द कहीं सुनने देखने को नहीं मिलता। इसका समानार्थक शब्द भी आर्ष साहित्य में नहीं है। तलाक या डायवोर्स शब्द मुस्लिम और अंग्रेज शासन की देन है। हमारे यहां विवाह को लेकर एक समरूपता थी कि विवाह के पश्चात तलाक जैसा अपवित्र शब्द घर के परिवेश में सुनने तक को नहीं मिलेगा।

इसका एक कारण यह भी था कि वैदिक हिंदू समाज में विवाह वासना की पूर्ति के लिए नहीं अपितु वंश वृद्धि के लिए किए जाते थे। जबकि इस्लाम और ईसाई समाज में विवाह एक कॉन्ट्रैक्ट है, संविदा है और यह कॉन्ट्रैक्ट या संविदा वासना की पूर्ति का एक माध्यम है। वंश वृद्धि उसमें बातों बातों में आ जुड़ती है। आज भारत समान नागरिक संहिता स्थापित करके विवाह, तलाक, विरासत या बच्चा गोद लेने जैसे कानूनों को समरूपता देने की अंगड़ाई ले रहा है।

जब देश आजाद हुआ तो अंग्रेजों और मुसलमानों की इस प्रकार की दोगली व्यवस्थाओं को देश के तत्कालीन नेतृत्व ने यथावत स्वीकार कर लिया। कहीं मुसलमानों का पर्सनल लॉ लागू रखने पर सहमति दी गई तो कहीं अंग्रेजी कानून को बड़े प्रभावी ढंग से यथावत लागू किया गया। तलाक या डाइवोर्स जैसी व्यवस्था को भारत में लागू करना सचमुच एक निंदनीय अपराध था। पर ऐसा किया गया। यदि समान नागरिक संहिता में विश्वास रखने वाले महर्षि दयानंद जी की नीतियों पर काम किया जाता तो विवाह, वैवाहिक संबंध और वैवाहिक स्थिति से संबंधित सभी विधि व्यवस्थाओं में समरूपता रखी जाती। उस समय आर्य समाज ने भी इस ओर ध्यान नहीं दिया और ऐसा कहीं कोई इतिहास नहीं मिलता जब आर्य समाज ने नेहरू की इस प्रकार की नीतियों को लेकर कोई बड़ा देशव्यापी आंदोलन चलाया हो।

हिंदू कोड बिल और नेहरू

इस संदर्भ में हमें यह भी स्मरण रखना चाहिए कि देश के पहले प्रधानमंत्री पंडित जवाहरलाल नेहरू ने हिंदू कोड बिल लाकर लैंगिक समानता को स्थापित करने का प्रयास किया था। उस

समय उनके इस प्रयास का भरपूर विरोध हुआ था। उस विरोध के पर्याप्त कारण थे। सबसे पहली बात तो यह थी कि पंडित जवाहरलाल नेहरू भारतीय समाज में प्रचलित वैदिक मान्यताओं की प्राचीनता, उनकी पवित्रता और उनकी निष्पक्षता को लेकर सदा अस्पष्ट रहे। यदि वह स्पष्ट होते तो निश्चित रूप से भारत के तत्संबंधी प्राचीन विधिक प्राविधानों, स्मृतियों, वेद उपनिषद, रामायण,महाभारत आदि की समीक्षा करवाते और फिर देश में हिंदू कोड बिल जैसा शब्द न लाकर उसी समय यूनिफॉर्म सिविल कोड लाने का सत्प्रयास करते। वह साहस दिखाते कि देश, काल, परिस्थिति के अनुसार वैदिक मान्यताओं में यदि हिंदू समाज के भीतर कहीं घुन लग गया है या जंग लग गई है तो हम उसको साफ करते हुए संपूर्ण भारतीय समाज के लिए एक जैसा कानून लाएंगे। पर उन्होंने ऐसा ना करके केवल हिंदू समाज के लिए कोड बिल लाने का काम किया।

इस हिंदू कोड बिल के माध्यम से देश के पहले प्रधानमंत्री पंडित नेहरू ने भारत के गैर हिंदुओं को ही नहीं बल्कि दुनिया भर के देशों को यह संदेश दिया कि हिंदू समाज की परंपराएं गली सड़ी हैं और हम इनमें व्यापक सुधार करने की क्षमता और साहस रखते हैं। नेहरू ही ऐसे प्रधानमंत्री रहे जिन्होंने हिंदू समाज में विवाह जैसी पवित्र संस्था को अपमानित करते हुए उसमें तलाक जैसा शब्द जोड़ा। ऐसा करके नेहरू जी ने भारत के वैदिक हिंदू समाज को इस्लाम और ईसाई मत को मानने वाले लोगों के निकट लाकर खड़ा कर दिया। उन्होंने ऐसा काम करते समय यह भी प्रचार किया कि वह ऐसा करके अपनी प्रगतिशील बुद्धि और बौद्धिक क्षमताओं का प्रदर्शन कर रहे हैं।

नेहरू की बौद्धिक क्षमताओं की प्रगतिशीलता का ही परिणाम है कि आज बहुत बड़ी संख्या में हमारी बहनें तलाक का शिकार हो चुकी हैं। तलाक नाम का यह हथियार हमारी सामाजिक परिस्थितियों और परंपराओं को बड़ी तेजी से काट छांट रहा है और उन्हें बोझिल व चोटिल करता जा रहा है।

नेहरू अपनी बात से पलटी खा गए

1930 में नेहरू समान नागरिक संहिता लाने की बात कर रहे थे और आजादी के एकदम बाद वह समान नागरिक संहिता के स्थान पर हिंदू कोड बिल की वकालत करने लगे। देश के तत्कालीन राष्ट्रपति डॉ राजेंद्र प्रसाद ने 1949 में नेहरू के इस प्रयास का तीखा विरोध किया था। देश के तत्कालीन राष्ट्रपति का कहना था कि इस समय देश की संसद देश के लोगों के द्वारा विधिवत चुनी गई संसद नहीं है। यदि आप हिंदू कोड बिल लाना चाहते हैं तो चुनी हुई संसद के माध्यम से ऐसा बिल लाया जाना उचित होगा। इसके अतिरिक्त उनका यह भी कहना था कि देश में हिंदू कोड बिल की नहीं बल्कि समान नागरिक संहिता की आवश्यकता है। उनकी मान्यता थी कि हिंदू कोड बिल में जिस प्रकार मुसलमान,ईसाई, यहूदी, पारसी आदि को अलग रखा

गया है उसे देश की सामाजिक परिस्थितियों और एकता व अखंडता के दृष्टिकोण से उचित नहीं कहा जा सकता। अच्छा होगा कि इस कोड बिल में देश के सभी लोगों को आज ही सम्मिलित कर लिया जाए।

यदि नेहरू तत्कालीन राष्ट्रपति की बात को मान लेते तो निश्चित रूप से यह बहुत ही अच्छा होता। पर उन्होंने इसे माना नहीं और 1956 में जाकर तत्कालीन राष्ट्रपति डॉ राजेंद्र प्रसाद पर भारी दबाव बनाकर इस बिल पर हस्ताक्षर करवा दिए।

आज आर्य समाज के लिए आवश्यक है कि वह भारत की वर्ण व्यवस्था,16 संस्कारों की पवित्र व्यवस्था और चार आश्रमों की व्यवस्था को स्थापित करने के लिए तत्संबंधी वैदिक विधिक प्राविधानों को संकलित कर वर्तमान सरकार से उसे संपूर्ण देश में लागू कराने का कार्य संपादित करे।

मुस्लिम पर्सनल लॉ बोर्ड

हम सभी जानते हैं कि हमारे देश में संविधानेत्तर रूप में मुस्लिम पर्सनल ला बोर्ड काम कर रहा है। इसे संसद ने नहीं बनाया और देश के संविधान ने ऐसे किसी पर्सनल ला बोर्ड की कहीं पर व्यवस्था नहीं की है। यह आजादी के बहुत पश्चात इंदिरा गांधी के शासनकाल में स्थापित किया गया बोर्ड है। हम यह भी जानते हैं कि इस बोर्ड ने देश में आग लगाने का काम किया है। आर्य समाज की सक्रिय भूमिका के चलते इस प्रकार के पर्सनल ला बोर्ड को समाप्त करवाया जाना समय की आवश्यकता है।

कई लोगों की उत्साही और मूर्खतापूर्ण मांग होती है कि यदि देश में मुस्लिम पर्सनल ला है बोर्ड है तो हिंदू लॉ बोर्ड भी होना चाहिए। इसे कुछ लोग वैदिक लॉ बोर्ड के नाम से कहना चाहेंगे। हमारा मानना है कि भारत में केवल भारतीयता की बातें की जाएं। यदि एक मूर्खता पहले मुस्लिम पर्सनल ला बोर्ड स्थापित करके की जा चुकी है तो दूसरी गलती करना समझदारी नहीं होगी। हम पहली गलती को सुधारने के लिए काम कर रहे हैं ना कि दूसरी गलती करने की तैयारी कर रहे हैं। ऐसे में यह समाज के विद्वानों की भूमिका बहुत महत्वपूर्ण हो जाती है। इन लोगों ने सदा ही अपने तर्क और विवेक से विरोधियों को या विसंगतियों को परास्त किया है। आज भी इनसे अपेक्षा की जाती है कि यह संपूर्ण देश में विधिक व्यवस्थाओं के क्षेत्र में समरूपता स्थापित करने के लिए वैदिक और आर्ष ग्रंथों की समीक्षा प्रस्तुत कर उसे एक लघु ग्रंथ के रूप में सरकार को प्रस्तुत करे।

आर्य समाज को क्या करना चाहिए?

यदि स्वामी दयानंद जी महाराज अपने समय में अकेले ही क्रांति का बिगुल फूंक सकते थे और दुनिया को नई राह दिखा सकने में सक्षम हो सकते थे तो आज के आर्य समाज के लाखों

करोड़ों लोग ऐसी योजना क्यों नहीं बना सकते जो भारत की शासन व्यवस्था की सड़ी गली हुई व्यवस्थाओं को समाप्त करने में सहायक हो? चुनौती भरी हुई व्यवस्था और परिस्थितियों के दृष्टिगत आर्य समाज को भारत की वैदिक मान्यताओं को भारत के वैदिक हिंदू समाज में यथावत लागू करने के लिए संघर्ष करने की आवश्यकता है।

आज की न्याय व्यवस्था में बैठे न्यायाधीश भी जिस प्रकार भारत की वैदिक मान्यताओं का मखौल उड़ा रहे हैं वह चिंता का विषय है। आर्य समाज को चाहिए कि वैदिक मान्यताओं में विश्वास रखने वाले जनप्रतिनिधियों को शासन में भेजने के लिए लोगों को प्रेरित करे। शिक्षा नीति में व्यापक परिवर्तन करने के लिए सरकार पर दबाव बनाए। माना कि केंद्र की मोदी सरकार आर्य समाज के लिए बहुत कुछ अनुकूल परिवेश सृजित करने का काम कर रही है, पर इसके उपरांत भी अभी बहुत कुछ किया जाना शेष है। तलाक जैसी बीमारी जिस प्रकार समाज को अपनी गिरफ्त में लेती जा रही है, वह हम सबके लिए चिंता का बहुत बड़ा कारण है। आज की परिस्थितियों में माता-पिता उपेक्षित हो रहे हैं, अनेक माताएं बहू से उत्पीड़ित होकर न्यायालय की शरण में जा रही हैं। इन सब स्थिति परिस्थितियों को देखकर लगता है कि भारत को एक सुनियोजित षड़यंत्र के अंतर्गत उजाड़ने का काम किया जा रहा है। सामने खड़ी इस बहुत बड़ी चुनौती को आर्य समाज को समझना होगा। यदि भारत को बचाना है तो इस स्थिति का डटकर सामना करना ही होगा।

देश में समान नागरिक संहिता लागू होना समय की आवश्यकता है। पर इसे वैदिक समाज व्यवस्था के अनुसार लागू किया जाना उचित होगा। किसी भी संप्रदाय या समुदाय को उसके व्यक्तिगत कानूनों के आधार पर किसी भी प्रकार की छूट नहीं दी जानी चाहिए। यदि किसी संप्रदाय के निजी कानून को लागू करने की छूट दी गई तो असमान नागरिक संहिता का बीज धरती में कहीं छुपा रह जाएगा। जो कि आगे चलकर बहुत कष्टकारी होगा। आर्य समाज ऋषि के सपनों का समाज निर्माण करने के लिए कार्य करे।

स्वामी दयानंद जी महाराज ने गुण,कर्म, स्वभाव को वर्ण निर्धारण का मानदंड माना है। उन्होंने यास्काचार्य के 'निरुक्त' को इस संबंध में प्रमाण के रूप में भी प्रस्तुत किया है। डॉ प्रशांत वेदालंकार ने लिखा है कि 'वर्ण व्यवस्था में इस तथ्य को स्वीकार किया गया है कि जिसकी जो वृत्ति (स्वभाव) है, जिसकी जो योग्यता है, जो जितना परिश्रम करता है, उसको वही प्राप्त होना चाहिए।'

मनुष्य की प्रकृति के बारे में विद्वानों का मत है कि यह सत्व, रजस और तमस से निर्मित है। त्रिगुणात्मिका प्रकृति की इन तीनों अवस्थाओं से मनुष्य की प्रकृति के निर्मित होने के कारण त्रिगुण की मात्रा भेद से मनुष्यों के स्वभाव में भी भेद होता है।

स्वभाव के इस भेद के चलते ही मनुष्य के वर्ण का निर्धारण होता है। हमारे ऋषि चिंतकों ने बड़ी गहराई से चिंतन, मनन और गहन अध्ययन करने के पश्चात यह निष्कर्ष निकाला कि

मनुष्य अपनी प्रवृत्तियों के कारण तीन वर्णों या वर्गों में विभक्त है। डॉ प्रशांत वेदालंकार कहते हैं कि इनमें से एक वर्ग सम्मान का इच्छुक है, द्वितीय वर्ग प्रभुता, स्वामित्व और अधिकार का तथा तीसरा धन संपत्ति के अधिकाधिक अर्जन में पूर्ण सुख अनुभव करता है। सात्विक वृत्तियों की प्रधानता वाला व्यक्ति ब्राह्मण राजस प्रवृत्तियों की प्रधानता वाला व्यक्ति क्षत्रिय, सात्विक, राजस तथा तामस तीनों प्रवृत्तियों वाला व्यक्ति वैश्य और तामस प्रवृत्तियों की प्रधानता वाला व्यक्ति शूद्र होता है। संसार के सभी मनुष्य किसी भी देश, जाति और धर्म के हो सकते हैं। ब्राह्मण आदि की प्रवृत्तियों में से किसी न किसी एक प्रवृत्ति वाले अवश्य होंगे।'

हमने इस उद्धरण को यहां पर जानबूझकर लिया है। केवल इस बात को स्पष्ट करने के लिए कि नैसर्गिक आधार पर अर्थात गुण,कर्म, स्वभाव के आधार पर जो अंतर मनुष्य मनुष्य के भीतर दिखाई देता है, वह प्रारब्ध के आधार पर भी हो सकता है। परमपिता परमेश्वर की न्याय व्यवस्था में हम हस्तक्षेप करने वाले आखिर होते कौन हैं? उसने जैसा जिसको बनाया है, उसे वैसा ही रहने देना हमारा कर्तव्य है। जब हम किसी के साथ शोषण की नीति पर उतर आते हैं तो वह परमपिता परमेश्वर की व्यवस्था में हस्तक्षेप करने के समान होता है। हम नैसर्गिक अंतर को मानव द्वारा निर्मित किए गए किसी काल्पनिक अंतर में परिवर्तित ना करें। बस, इसी बात को स्वामी दयानंद जी महाराज ने डंके की चोट हम सब के बीच उठाया और कहा कि मनुष्य मनुष्य का शोषण न करे। वह किसी पर अत्याचार न करे। किसी के अधिकारों का अतिक्रमण न करे। यदि मनुष्य ऐसी दुष्प्रवृत्तियों को अपनाता है तो वह संसार में असमानता पैदा करने का दोषी हो जाता है। यदि स्वामी दयानंद जी महाराज के इस दृष्टिकोण से विचार किया जाए तो पता चलता है कि स्वामी जी महाराज व्यक्ति को आंतरिक रुप से स्वस्थ, पवित्र और एक दूसरे के प्रति सम्मान भाव रखने वाला बनाकर समान नागरिक संहिता को आत्म शुद्धि से जोड़कर देखते थे।

आज आर्य समाज को इसी आत्मिक शुद्धि को समान नागरिक संहिता के संदर्भ में स्वाभाविक रूप से अपनाने के लिए लोगों को तैयार करने की आवश्यकता है।

●●

अध्याय - 15

समान नागरिक सहिंता और जजिया कर

हम अपनी इस लेखमाला के प्रारंभ में ही यह स्पष्ट कर चुके हैं कि प्राचीन काल में मंदिर संपूर्ण देश में धर्मचिंतन और राष्ट्रचिंतन के केंद्र हुआ करते थे। उस समय भारतवर्ष का कोई भी आर्य राजा मंदिरों से किसी प्रकार का कर नहीं लिया करता था। इसके विपरीत वह अपनी ओर से ऐसी संपूर्ण व्यवस्थाएं करके देता था जिससे धर्मचिंतन और राष्ट्रचिंतन के इन केंद्रों के रखरखाव में किसी भी ऋषि वैज्ञानिक को किसी प्रकार की परेशानी का सामना न करना पड़े। उस समय राज्य सारी सुविधाओं को उपलब्ध कराता था और यह सुनिश्चित करता था कि धर्मचिंतन और राष्ट्रचिंतन के इन केन्द्रों के माध्यम से हमारी संस्कृति का प्रचार प्रसार होता रहे और हम एक संस्कृति और एक राष्ट्र के रूप में जीवित रह सकें।

इसका कारण केवल यह था कि उस समय हमारे राजाओं की सोच यही होती थी कि मंदिरों के माध्यम से वैज्ञानिक विचारों के प्रवाह को सहज रूप से प्रवाहित होने दिया जाए। राष्ट्र धर्म और संस्कृति की रक्षा के लिए इन धर्म स्थलों की अनिवार्यता हमारे पूर्वजों ने अनुभव की थी। इसी कारण वैदिक संस्कृति में विश्वास रखने वाले लोगों के हृदय में अपने इन धर्म स्थलों के प्रति विशेष सम्मान और आदर का भाव व्याप्त रहा है। दूसरे शब्दों में आप इसे इस प्रकार भी कह सकते हैं कि हमारे आर्य राजाओं को भाषण और अभिव्यक्ति की स्वतंत्रता का पूर्ण ज्ञान था। वह जानते थे कि भाषण और अभिव्यक्ति की स्वतंत्रता की उपयोगिता क्या होती है? वे यह भली प्रकार जानते थे कि भाषण और अभिव्यक्ति की स्वतंत्रता से चिंतन की निरंतरता बनी रहती है। जिससे नए-नए विचारों को जन्म लेने का अवसर प्राप्त होता है। विचारों की उच्चता निरंतर तभी बनी रह सकती है जब उच्च स्तर का चिंतन, मंथन और अध्ययन चलता रहता है। बस इसी काम को हमारे धर्मस्थल संपन्न किया करते थे।

विदेशियों ने भंग की हमारे धर्म स्थलों की पवित्रता

हमारे आर्य राजा तो मंदिरों की पवित्रता को बनाए रखना अपना कर्तव्य मानते रहे, पर जब विदेशी आक्रमणकारी यहां पर आए तो उन्होंने देखा कि धर्मचिंतन और राष्ट्रचिंतन के केंद्र बने

मंदिरों को यदि नष्ट कर दिया जाए तो भारत का धर्म और राष्ट्र दोनों ही नष्ट हो जाएंगे। यही कारण रहा कि इस्लाम ने पहले दिन से भारत के धर्मचिंतन और राष्ट्रचिंतन को मिटाने के लिए मंदिरों को मिटाने का बीड़ा उठाया। यदि कोई मंदिर उनकी दृष्टि से कहीं बच भी जाता था तो उससे जजिया वसूला जाता था। अब विदेशी आक्रमणकारियों के शासन काल में मंदिरों के साथ जो कुछ होता रहा वह तो समझ में आता है, पर जजिया वसूलने की यह कार्यवाही यदि स्वाधीनता के बाद के काल में भी होती आ रही है तो यह निश्चित ही चिन्ता का विषय है। आखिर देश के पहले प्रधानमंत्री पंडित जवाहरलाल नेहरू के सामने ऐसी कौन सी मजबूरी थी जिसके चलते उन्होंने अंग्रेजों और उससे पहले मुगलों के शासनकाल में हिंदू धर्म स्थलों के प्रति बनाई गई नीति को यथावत जारी रखा?

देश के पहले प्रधानमंत्री पंडित जवाहरलाल नेहरू विदेश नीति के क्षेत्र में सोवियत संघ को वरीयता दिया करते थे। सोवियत संघ की कम्युनिस्ट विचारधारा यद्यपि खूनी विचारधारा रही है, पर इसको अनदेखी कर अहिंसावादी गांधी के शिष्य नेहरू ने कई मामलों में रूस को अपना मॉडल माना। गांधी और उनके बाद नेहरू की यह विशेषता रही कि इन्हें सरदार भगत सिंह और नेताजी सुभाष चंद्र बोस जैसे घर के क्रांतिकारी तो खूनी अथवा हिंसक दिखाई देते थे, जबकि बाहर के वास्तविक और महाखूनी क्रांतिकारी इन्हें सर्वांशतः दूध के धुले दिखाई देते थे। जिस प्रकार रूस में राजतंत्र को विस्तार देने की योजनाएं बनती रही हैं, उसी प्रकार नेहरू ने भी कई ऐसी चीजों को राज्य के नियंत्रण में लाने का प्रयास किया जो इस प्रकार लाई जानी अपेक्षित नहीं थीं। अपनी इसी नीति के अंतर्गत नेहरू ने मंदिरों को राज्य के अधीन लाने का प्रयास किया। वास्तव में मंदिरों को राज्य के अधीन लाने के नेहरू के इस निर्णय से भारतीय संस्कृति के प्रचार - प्रसार पर राज्य द्वारा अंकुश लगाया गया। इसके विपरीत मुस्लिम और ईसाई समुदाय के पूजा स्थलों को राज्य के अधीन लाने से दूरी बनाई गई। जिससे इन दोनों समुदायों को अपने पूजा स्थलों से अपने मजहब का प्रचार प्रसार करने का अवसर मिला।

डॉ अंबेडकर ने कहा था ....

शासन की इस प्रकार की नीतियों के चलते हिंदुओं के धार्मिक मूल्यों को बहुत कम करके आंका गया। उन्हें रूढ़िवादी कहकर अलग-थलग सा कर दिया गया। डॉ भीमराव अंबेडकर ने जब देखा कि भारत का संविधान हिंदू धर्म स्थलों और गैर हिंदू धर्म स्थलों के बीच भेदभाव करता है तो उन्होंने इसे गैर धर्मनिरपेक्ष संविधान कहा था। डॉ अंबेडकर का यह विचार पूर्णतया ठीक ही था,क्योंकि भारतीय संविधान के इस प्रकार के आचरण से हिंदू और गैर हिंदू के बीच खाई और बढ़ गई। एक लोकतांत्रिक देश में इस प्रकार की सोच और शासकीय नीतियों की कभी कल्पना भी नहीं की जा सकती। लोकतांत्रिक देश में देश के नागरिकों के भीतर धार्मिक या नैतिक मूल्यों को स्थापित करने के लिए धार्मिक शिक्षा की व्यवस्था की जाती है। जिसमें लोगों

को नैतिकता का पाठ पढ़ाकर एक दूसरे के काम आने की शिक्षा दी जाती है। इस प्रकार की शिक्षा केवल भारत के ही नहीं अपितु संसार के सबसे पहले धर्म ग्रंथ वेद के भीतर ही मिलती हैं। जिसे कांग्रेस की सरकारों ने अघोषित रूप से सांप्रदायिक ग्रंथ बना दिया। आजादी के बाद आर्यसमाज ने कांग्रेस के प्रति पता नहीं किस आधार पर निकटता बनाई? अच्छी बात यह होती कि कांग्रेस के आर्य समाज के प्रति दृष्टिकोण और भारतीय धर्म और संस्कृति को मिटाने के उसके कुत्सित प्रयासों की पोल खोलने का काम आर्य समाज करता। यद्यपि कई विद्वानों ने इस काम को किया, पर आम आर्य समाजी व्यक्ति कुल मिलाकर कांग्रेस का मतदाता बना रहा।

हिंदू विरोधियों की समर्थक सरकारें

यह एक बहुत ही कष्टपूर्ण स्थिति है कि भारतवर्ष में जो संप्रदाय हिंदू समाज का पूर्णतया विनाश कर देना चाहते हैं उनके धर्म स्थलों का रखरखाव और उनकी धार्मिक शिक्षाओं का वहां से प्रचार प्रसार करने की सारी सुविधा सरकार उन्हें उस पैसे से उपलब्ध कराती है जो वह हिंदू धर्म स्थलों से वसूल करती है। कहने का अभिप्राय है कि अपने मरने की अपने आप तैयारी करना भारत के राजनीतिज्ञों से सीखा जा सकता है। भारत के संदर्भ में यह बात हमें स्वीकार करनी चाहिए कि जो व्यक्ति हिंदू विरोधी है, वही राष्ट्र विरोधी है। इसके उपरांत भी केंद्र की कांग्रेस की सरकारें हिंदू विरोधी संगठनों और संप्रदायों से सहयोग लेती रहीं और उनके राष्ट्र विरोधी आचरण और कार्यों का समर्थन भी करती रहीं।

जहां तक भारत की न्याय व्यवस्था का प्रश्न है तो भारत का सर्वोच्च न्यायालय भी 2014 में चिदंबरम (तमिलनाडु) के नटराज मंदिर के मामले को लेकर कह चुका है कि मंदिरों पर सरकारी कब्जा होना उचित नहीं है। अन्य मामले में न्यायालय अपना यह मत भी व्यक्त कर चुका है कि यह बात समझ से परे है कि मंदिरों को सरकारी अधिकारी चलाएं। यह बात तब और भी अधिक विचारणीय हो जाती है जब किसी भी अधिकारी को उसकी पढ़ाई के समय धार्मिक स्थलों के रखरखाव की कोई शिक्षा नहीं दी जाती। जिस व्यक्ति को धर्म स्थलों के वास्तविक उद्देश्य का ही ज्ञान ना हो, उससे यह अपेक्षा कैसे की जा सकती है कि वह उन धर्म स्थलों के साथ न्याय करते हुए उनका उचित प्रबंधन करेगा।

आर्यसमाज को भरनी होगी हुंकार

आर्यसमाज को इस क्षेत्र में बहुत कुछ करने की आवश्यकता है। इस क्रांतिकारी संगठन को सरकार से मांग करनी चाहिए कि धर्मस्थलों के बारे में राज्य को यह अधिकार होना चाहिए कि जिस धर्म स्थल से देश के भीतर आतंकवाद फैलाने की शिक्षा दी जा रही हो या देश की एकता और अखंडता से खिलवाड़ करने की किसी रणनीति पर काम किया जा रहा हो वहां वह बेधड़क किसी भी समय सरकारी अधिकारियों को सुरक्षा बलों के साथ प्रवेश करा दे। इस संबंध

में प्रचलित कानून को कड़ाई से लागू किया जाना अपेक्षित है। यदि ऐसे धर्म स्थलों से इस प्रकार की गतिविधियों को अंजाम दिया जा रहा है तो सरकार ऐसे धर्म स्थलों को अपने अधिकार में ले सकती है। इससे भी अच्छी बात यह होगी कि यदि ऐसे धर्मस्थलों का उपयोग देश की एकता और अखंडता को विनष्ट करने या देश के भीतर आतंकवाद को बढ़ावा देने या लोगों के बीच किसी भी प्रकार का वैमनस्य पैदा करने या किसी एक वर्ग को दूसरे वर्ग के विरुद्ध भड़काने के लिए किया जा रहा है तो सरकार को ऐसे धर्मस्थल को तुरंत स्थायी रूप से अपने नियंत्रण में ले लेना चाहिए और वहां पर किसी सरकारी अस्पताल या शैक्षणिक संस्था की स्थापना कर देनी चाहिए।

आर्य समाज को यह मांग भी उठानी चाहिए कि यदि कोई धर्मस्थल या उसका प्रबंधन तंत्र या उसके पुजारी लोग किसी ऐसे साहित्य को धार्मिक शिक्षा के नाम पर वितरित करते या पढ़ाते हैं, जिससे हमारे देश की मौलिक वैदिक संस्कृति का हनन हो या लोगों को उसके बारे में गलत जानकारी प्राप्त हो तो ऐसी गतिविधियों को भी राष्ट्र के विरुद्ध द्रोह के रूप में देखा जाना चाहिए। वेद विरुद्ध नास्तिक साहित्य का प्रचार प्रसार देश में पूर्णतया प्रतिबंधित होना चाहिए। इसके लिए भी आर्य समाज को आवाज उठानी होगी। नास्तिक साहित्य समाज को बहुत ही अधिक क्षति पहुंचाता है। वर्तमान समय में हमारे देश में नास्तिकता की ओर जिस प्रकार लोगों का रुझान बढ़ा है,उससे कई प्रकार के आर्थिक और सामाजिक अपराध भी बढ़े हैं।

वैदिक कर्म फल व्यवस्था, आश्रम व्यवस्था और वर्ण व्यवस्था को वैज्ञानिक ढंग से प्रस्तुत करने के लिए भी आर्य समाज को ही आगे आना होगा। देश का नास्तिक समाज विशेष रूप से कम्युनिस्ट और कांग्रेस इस सारी वैदिक व्यवस्था को श्रेया से ना करते रहे हैं उनके इस प्रकार के प्रयासों ने ही देश के भीतर अनेक प्रकार के अपराधों और विसंगतियों को जन्म दिया है।

आर्य समाज एक ऐसा गैर राजनीतिक जागरूक संगठन है जो देश की समस्याओं पर बहुत गहरी नजर रखने का आदी रहा है। क्योंकि राष्ट्र और राष्ट्रीय समस्याएं इसके राष्ट्रीय दृष्टिकोण में सदैव जीवंत बनी रहती हैं। इस संगठन को इस समय भी जागरूक होने की आवश्यकता है। पूरा देश यह जानता है कि इस संगठन के कोई राजनीतिक पूर्वाग्रह नहीं हैं। सबसे स्वस्थ सोच बनाकर राष्ट्र के बारे में सोचने की शैली केवल आर्य समाज के पास है। अब इस संगठन को विपक्ष के साथ - साथ सत्ता पक्ष को भी अपना चिंतन प्रस्तुत करना चाहिए।

सरकार बंद कराए जजिया कर

इस समय सभी राजनीतिक दलों में भाजपा हिंदुत्व की एक समर्थक पार्टी के रूप में उभर कर सामने आई है। पर ध्यान रखने की आवश्यकता है कि चूक भाजपा से भी हो सकती है। इसलिए आर्य समाज को अपनी ओर से प्रधानमंत्री और राष्ट्रपति के लिए विशेष प्रकार का संबोधन पत्र तैयार करना चाहिए। सरकार को इस बात के प्रति प्रेरित करना होगा कि आज भी

देश के हजारों मंदिरों से अप्रत्यक्ष रूप में मुगलिया शासनकाल का जजिया कर लिया जा रहा है और उसे दूसरे संप्रदायों के ऊपर खर्च किया जाता है। अब यह बात सुनिश्चित करने का समय आ गया है कि देश के मंदिरों से लिया जाने वाला धन वेद और वैदिक संस्कृति के प्रचार-प्रसार पर, गुरुकुलों की स्थापना पर, संस्कृत की उन्नति पर और राष्ट्रभाषा हिंदी के विकास पर खर्च करते हुए राष्ट्रीय चरित्र निर्माण पर खर्च किया जाना चाहिए। देश के आयकरदाताओं का धन मुफ्त की रेवड़ी बांटने पर नहीं बल्कि जन कल्याण पर खर्च किया जाना अपेक्षित है। समान नागरिक संहिता के माध्यम से यह भी स्पष्ट होना चाहिए कि देश के मंदिरों से लिया जाने वाला धन युवा चरित्र निर्माण पर खर्च होगा।

वैदिक संस्कृति को बनाया जाए वैश्विक संस्कृति

भारत वेद और वेदों को मानने वाले लोगों का देश है। स्वामी दयानंद जी महाराज ने आर्यावर्त आर्यों के लिए इसलिए कहा था कि आर्य लोग ही वेद और वैदिक संस्कृति की बात कर सकते हैं। वेद और वैदिक संस्कृति के माध्यम से ही भारत विश्व गुरु बन सकता है और संसार में स्थायी शांति का निवास हो सकता है। इस बात के दृष्टिगत आज जोरदार ढंग से यह आवाज उठनी चाहिए कि देश की वैदिक संस्कृति को वैश्विक संस्कृति के रूप में स्थापित करने पर सरकार बल देगी और देश के मंदिरों से आने वाली धनराशि को वह वेद और वैदिक संस्कृति के उन मानवीय मूल्यों के प्रचार-प्रसार पर खर्च करेगी जिनसे भारत विश्व गुरु बन सकता है और संसार में स्थाई शांति आ सकती है।

देश के लोग धार्मिक श्रद्धा के वशीभूत होकर लोक कल्याण के लिए मंदिरों में जाकर दान देते हैं। यदि उनकी भावनाओं का ध्यान रखा जाए या उनसे पूछा जाए कि आपके द्वारा दिए गए दान को किन मदों पर खर्च किया जाए तो निश्चित रूप से उनकी आवाज यही होगी कि भारत की ऋषि परंपरा की ज्ञान प्रणाली को जीवंत बनाए रखने के लोक कल्याणकारी कार्यों पर इसे खर्च किया जाना अपेक्षित है।

देश की इस आम सहमति की आवाज बनकर आज अपने आप को प्रस्तुत करने की आवश्यकता है। यह आम सहमति ही इस समय देश की सामान्य इच्छा है। सरकार को देश की इस आम सहमति और सामान्य इच्छा की पवित्र भावना का ध्यान रखना चाहिए। यहां पर यह बात भी उल्लेखनीय है कि चर्च या मस्जिदों या अन्य धार्मिक स्थलों से आने वाले धन को भी लोक कल्याण के लिए ही खर्च किया जाना चाहिए। हिंदुओं पर जारी जजिया कर को समान नागरिक संहिता के माध्यम से समाप्त करने का समय आ गया है।

हिंदू धर्म स्थलों के पुजारी और सरकारी अधिकारी

वर्तमान स्थिति पर यदि दृष्टिपात किया जाए तो पता चलता है कि हिंदू धर्म स्थलों में कार्यरत पुजारी लोगों को उन धर्मनिरपेक्ष राजनीतिक अधिकारियों का अनुचर बना दिया गया

है जिन्हें वेद और वैदिक संस्कृति का कोई ज्ञान नहीं है। इसके विपरीत ये वह लोग हैं जो विदेशी अपसंस्कृति अर्थात अंग्रेजियत में पढ़ लिखकर अधिकारी पद पर तैनात किए गए हैं। स्पष्ट है कि जिन संस्कारों को लेकर ये नौकरी पाने में सफल हुए हैं, उन्हीं संस्कारों को ये लागू करने का प्रयास करेंगे। ऐसी स्थिति में ये भारतीय धर्म और संस्कृति को रूढ़िवादी लोगों की संस्कृति के रूप में व्याख्यायित करें तो कोई गलत नहीं है। अतः आर्य समाज को इस क्षेत्र में अपनी भूमिका को पहचानना चाहिए। उसे सरकार से यह मांग भी करनी चाहिए कि भारतीय धर्म स्थलों के उचित रखरखाव के लिए आर्य विचारधारा के लोगों को ही अधिकारी के रूप में नियुक्त किया जाना चाहिए। जिससे भारतीय धर्म और संस्कृति के विकास में सहायता प्राप्त हो। वैसे भी जब हमारा देश अपनी सामासिक संस्कृति के प्रति संवैधानिक वचनबद्धता प्रकट करता हो तब तो यह बात और भी अधिक अनिवार्य हो जाती है कि हम प्रचलित व्यवस्था के विरुद्ध आवाज़ उठाएं।

यह भी एक प्रश्न हो सकता है कि आर्य समाज ने तो मंदिरों का विरोध किया है,इसलिए मंदिरों के बारे में आर्य समाज अपनी आवाज क्यों उठाएं? हम पूर्व में ही स्पष्ट कर चुके हैं कि जब 1938 - 39 में नवाब हैदराबाद ने हिंदू समाज के मंदिरों पर अनेक प्रकार के प्रतिबंध लगाए थे और हिंदुओं की धार्मिक शिक्षा आदि को प्रतिबंधित किया था या उनकी धार्मिक यात्राओं पर रोक लगा दी थी, तब उन सबको बचाने के लिए आर्य समाज ही आगे आया था। आर्य समाज ने हिंदू समाज के लिए अनेक बलिदान दिए हैं। उन बलिदानों के पीछे आर्य समाज का उद्देश्य केवल एक ही रहा है कि भारत के वैदिक सत्य सनातन धर्म की मान्यताओं को स्थापित करने के लिए हिंदू का अस्तित्व उतना ही अनिवार्य है जितना इस राष्ट्र का अस्तित्व अनिवार्य है। ऐसे में आर्य समाज से अपेक्षा की जाती है कि वह 1938 - 39 के हैदराबाद आंदोलन का उदाहरण अपने समक्ष रखकर आज फिर हिंदू समाज की रक्षा के लिए अपने आपको समर्पित करे।

●●

परिशिष्ट भाग

जी का स्वकथित जीवन चरित्र

(सन् १८२४ ई० से १८७५; तदनुसार सं० १८८१ से १९३१ वि० तक)

बचपन : वैराग्यः गृहत्याग व संन्यास

मेरा वास्तविक उद्देश्यःदेश-सुधार व धर्म-प्रचार-

हमसे बहुत लोग पूछते हैं कि हम कैसे जानें कि आप ब्राह्मण हैं। आप अपने इष्टमित्र भाई बन्धुओं के पत्र मंगा दें अथवा किसी की पहचान बता दें ऐसा कहते हैं, इसलिए मैं अपना वृत्तान्त कहता हूं। गुजरात देश में दूसरे देशों की अपेक्षा मोह विशेष है। यदि मैं इष्ट मित्र तथा सम्बन्धियों की पहचान दूं या पत्र व्यवहार करूं तो इससे मुझे बड़ी उपाधि होगी। जिन उपाधियों से मैं छूट गया हूं, वही उपाधियां (कष्ट) मेरे पीछे लग जायेगी। यही कारण है कि मैं पत्रादि मंगाने की चेष्टा नहीं करता।

पहले दिन से ही जो मैंने लोगों को अपने पिता का नाम और अपने कुल का निवासस्थान आदि नहीं बताया, इसका कारण यही है कि मेरा कर्त्तव्य मुझको इस बात की आज्ञा नहीं देता, क्योंकि यदि मेरा कोई सम्बन्धी मेरे इस वृत्तान्त से परिचित हो जाता तो वह अवश्य मुझे खोजने का प्रयत्न करता और इस प्रकार उनसे दो-चार होने पर मेरा उनके साथ घर पर जाना आवश्यक हो जाता अर्थात् एक बार फिर मुझको रुपया, धन हाथ में लेना पड़ता अर्थात् मैं गृहस्थ हो जाता। उनकी सेवाटहल भी मुझे योग्य होती और इस प्रकार उनके मोह में पड़कर सबके सुधार का वह उत्तम कार्य, जिसके लिये मैंने अपने जीवन का अर्पण किया है और जो मेरा वास्तविक मिशन (उद्देश्य) है, जिसके बदले मैंने अपना जीवन बलिदान करने की कुछ चिन्ता नहीं की और अपनी आयु को भी तुच्छ जाना और जिसके लिये मैंने अपना सब कुछ बलिदान कर देना अपना मन्तव्य समझा है अर्थात् देश का सुधार और धर्म का प्रचार, वह देश यथापूर्व अन्धकार में पड़ा रह जाता।

मेरा जन्म मोरवी (गुजरात) के एक समृद्ध औदीच्य ब्राह्मण के घर सं० १८८१ में - संवत् १८८१ विक्रमी, धांग्धा करके गुजरात देश में एक राज्यस्थान है। उसकी सीमा पर मच्छू-कांटा

नदी के तट पर एक मोरवी नगर है। वहां संवत् १८८१ वि० तदनुसार सन् १८२४ में मेरा जन्म हुआ। मैं औदीच्य ब्राह्मण हूं यद्यपि औदीच्य ब्राह्मण सामवेदी हैं।

परन्तु मैने शुक्ल यजुर्वेद पढ़ा था। पांच वर्ष की अवस्था से अक्षर- अभ्यास, कुलधर्म, रीति-नीति तथा मंत्र - श्लोकादि की शिक्षा - (संवत् १८८५ विक्रमी) मैंने पांच वर्ष की अवस्था होने से पूर्व ही देवनागरी अक्षर पढ़ने का आरम्भ कर दिया था और तब से ही मेरे माता-पितादि वृद्ध लोग मुझको कुल धर्म और उसकी रीति सिखलाने लगे और मुझको बड़े स्तोत्र, मंत्र, श्लोक तथा उनकी टीकाएं कण्ठस्थ कराया करते थे।

आठवें वर्ष में यज्ञोपवीतधारण के पश्चात् गायत्री तथा सन्ध्योपासन विधि की शिक्षा तथा शैव संस्कार डालने का प्रयत्न (संवत् १८८८ वि०)—- आठवें वर्ष में मेरा यज्ञोपवीत हुआ और उसी समय से गायत्री, सन्ध्योपासन करने की विधि सिखलायी गई और प्रथम रुद्री' और तत्पश्चात् यजुर्वेद की संहिता आरम्भ की गई। इनके पढ़ानेवाले पिता जी थे।

इसी वर्ष मेरी एक बहन उत्पन्न हुई। मेरे घर के समस्त मनुष्य शैव अर्थात् शिव के भक्त थे। वे चाहते थे कि यह भी उसी मत में प्रवीण हो जाये, उन्होंने बाल्यपन से ही उसके संस्कार डाल दिये थे। मेरे पिता विशेष रूप से मुझे इस ओर लगाना चाहते थे और इस मत के प्रदोषादिक व्रत करने को चेताया करते थे और कहा करते थे कि तू पार्थिवपूजन अर्थात् मिट्टी का लिंग बना कर पूजन किया कर।

दसवें वर्ष में शिव की पार्थिव पूजा विधिवत् शिवरात्रि व्रत रखने के लिए पिता का आग्रह (संवत् १८९० वि०)

दसवें वर्ष से मैं साधारणतया पार्थिवपूजन किया करता था। मेरे पिता चाहते थे कि मैं नियमानुकूल उपवास करके शिवरात्रि का व्रत धारण, कथाश्रवण और जागरण किया करू अर्थात् पक्का शैव बन जाऊं, परन्तु मेरी माता जी विरोध किया करती थीं कि यह उपवास के योग्य नहीं। यह बात उन दिनों सदैव कलह रहने का मूल कारण हो गई। पिता जी कुछ-कुछ व्याकरण आदि का विषय और वेद का पाठमात्र भी मुझे पढ़ाया करते थे। मन्दिर और मेल-मिलाप में, जहां तहां मुझ को ले जाया करते और कहा करते थे कि शिव की उपासना सबसे श्रेष्ठ है। इसी खींचतान में मेरी अवस्था १४ वर्ष की हो गई।

१४ वें वर्ष में यजुर्वेद कंठस्थ,

शिवरात्रि का ऐतिहासिक व्रत (१८९४ वि०) - १४ वर्ष की अवस्था तक मैंने यजुर्वेद की संहिता कण्ठस्थ कर ली और कुछ वेदों का पाठ भी पूरा हो गया था और शब्दरूपावली आदिक छोटे-छोटे व्याकरण के ग्रन्थ भी पढ़ लिये थे। जहां-जहां शिवपुराणादिक की कथा होती थी वहां पिता जी मुझ को पास बिठला कर सुनाया करते थे। हमारे घर में साहूकारी अर्थात् लेन-देन का व्यवसाय होता था, भिक्षा की जीविका नहीं थी। जमींदारी भी थी जिससे अच्छी प्रकार घर

के कामकाज चलते थे। पीढ़ियों से जमादारी का पद बराबर चला आता था जो इस देश की तहसीलदारी के तुल्य है, क्योंकि उसका काम भूमिकर की वसूली (प्राप्ति) थी और कई सरकारी सिपाही मिले हुए थे।

मेरे पिता ने इस वर्ष मुझे शिवरात्रि का व्रत करने की आज्ञा दी परन्तु मैं उद्यत न हुआ, तब मुझे कथा सुनाई गई। वह कथा मेरे जी को बहुत ही मीठी लगी। तब मैंने उपवास करने का निश्चय कर लिया। यद्यपि मेरी माता मुझे कहती थी कि तू उपवास मत कर, क्योंकि मुझ को सवेरे ही भूख लगती थी। इस कारण मेरी निरोगिता की दृष्टि से निषेध किया करती थी कि यह प्रात:काल ही भोजन कर लेता है, इससे व्रत कभी नहीं हो सकेगा। पिता हठ करते थे कि पूजा अवश्य करनी चाहिए, क्योंकि कुल की रीति है। इस पर अत्यन्त आग्रह करके अन्त में उसके आरम्भ करने की अत्यन्त कठोर आज्ञा दी और मेरी माता के कथन पर कुछ विचार न किया।

जब वह बड़ी विपत्ति और भूखे रहने का दिन, जिसको शिवरात्रि कहते हैं, आया जो माघ वदी त्रयोदशी के अगले दिन काठियावाड़ में मनाया जाता है। मेरे पिता ने त्रयोदशी के दिन कथा का माहात्म्य सुनाकर शिवरात्रि के व्रत का निश्चय करा दिया था। यद्यपि माता ने निषेध किया था कि इससे व्रती नहीं रहा जायेगा, तथापि पिता जी ने व्रत का आरम्भ करा ही दिया। जब चतुर्दशी की शाम हुई, उससे पहले ही मुझे समझाया गया था कि इसी रात को मुझे पूजा के नियम भी सिखाये जायेंगे और शिवमन्दिर में जागरण में सम्मिलित होना पड़ेगा। मेरे नगर के बाहर एक बड़ा शिवालय है। वहां शिवरात्रि के कारण बहुत लोग रात के समय जाते आते रहते हैं और पूजा-अर्चा किया करते हैं। मेरे पिता, मैं और बहुत से लोग वहां एकत्रित थे। पहले पहर की पूजा पूरी हुई और इसी प्रकार दूसरे पहर की भी। १२ बजे के पश्चात् लोग जहां के तहां मारे ऊंघ के झूमने लगे और धीरे-धीरे सब लेट गये। मैं उपवास निष्फल न हो इस भय से न सोया था और सुन भी रहा था कि सोने से शिवरात्रि का फल प्राप्त नहीं होता। इसलिए आंखों पर जल के छींटे मारकर जागता रहा। परन्तु मेरे पिता का भाग्य मुझसे नीचे दर्जे का था। वह सबसे पहला मनुष्य था जो थकान आदि का कष्ट सहन न कर सका और सो गया और जागरण करने के लिए मुझको अकेला छोड़ दिया और पुजारी लोग भी बाहर जाकर लेट गये।

चूहे की करतूत और पार्थिव पूजा में अविश्वास के अंकुर मूर्ति पूजा में अविश्वास-

इतने में ऐसा चमत्कार हुआ कि मन्दिर के बिल में से एक ऊन्दर (चूहा) बाहर निकल कर पिंडी के चारों ओर फिरने लगा और पिंडी के ऊपर चढकर अक्षतादि भी खाने लगा। मैं तो जागता ही था, इसलिए मैंने सब खेल देखा।'

इस समय मेरे चित्त में भिन्न-भिन्न प्रकार के विचार उत्पन्न होकर प्रश्न उठने लगे। तब मैंने अपने मन में कहा और यह शंका उठाई कि जिसकी हमने कथा सुनी थी वही क्या यह महादेव है? या वह कोई और है, क्योंकि वह तो मनुष्य के समान एक देवता है जिसके विकराल गण,

पाशुपतास्त्र, वृषभवाहन, त्रिशूल, हाथ में डमरु बजाता, कैलाश का पति है, इत्यादि प्रकार का महादेव जो कथा में सुना था क्या सम्भव है कि यह पारब्रह्म हो? जिसके शिर पर चूहे दौडे-दौड़े फिरते हैं। चूहे की यह लीला देख मेरी बालबुद्धि को ऐसा प्रतीत हुआ कि जो शिव अपने पाशुपतास्त्र से बड़े-बड़े प्रचण्ड दैत्यों को मारता है क्या उसे एक साधारण चूहे को भगा देने की भी शक्ति नहीं।

पिता से नि:शंक प्रश्नोत्तर तथा असन्तोष—ऐसे बहुत से तर्क मन में उठे। मैं इन विचारों को बहुत समय तक न रोक सका। इसलिए मैंने अपने पिता को जगाया और बिना किसी प्रकार की झिझक के उनसे यह प्रार्थना की कि मेरे भ्रमों को सच्चे उपदेशों से दूर कीजिए और बताइये कि यह भयानक मूर्ति महादेव की, जो इस मन्दिर में है क्या उसी महादेव के सदृश है जिसे पुराणों में पारब्रह्म कहते हैं अथवा यह कोई और वस्तु है?

यह सुनकर पहले तो मेरे पिता ने क्रोध से लाल होकर मुझ से कहा कि तू यह बता क्यों पूछता है और यह प्रश्न क्यों करता है? तब मैंने उत्तर दिया कि इस मूर्ति के शरीर पर चूहे (जिसे काठियावाड़ की भाषा में ऊन्दर कहते हैं) दौड़े फिरते हैं और इसको खराब तथा भ्रष्ट करते हैं। इसके स्थान पर कथा का महादेव तो चेतन है, वह अपने ऊपर चूहा क्यों चढ़ने देगा और यह शिर तक नहीं हिलाता और न अपने आपको बचाता है। मैं इससे उस सर्वशक्तिमान् और चेतन परमेश्वर के विचार प्राप्त करना असम्भव समझता हूं; इसलिए यह बात आप से पूछता हूं। तब पिता जी ने बड़े यत्न के साथ मुझ को इस प्रकार समझाया कि कैलाश पर्वत पर जो महादेव रहते हैं उनकी मूर्ति बना, आवाहन कर पूजन किया करते हैं, अब कलियुग में उसका साक्षात् दर्शन नहीं होता इसलिए पाषाणादि की मूर्ति बनाकर, उसमें उन महादेव की भावना रखकर, पूजन करने से कैलाश का महादेव ऐसा प्रसन्न हो जाता है कि मानो वह स्वयं ही इस स्थान पर विद्यमान हो और उसी की पूजा होती हो। तेरी तर्कबुद्धि बहुत बड़ी है, यह तो केवल देवता की मूर्ति है"।

"शिव को प्रत्यक्ष देखकर ही उसकी पूजा करूंगा, निश्चय - इस उपदेश से मुझ को कुछ भी शान्ति न मिली। प्रत्युत मेरे मन में और भ्रम हो गया कि इसमें कुछ गड़बड़ अवश्य है। मुझे उनकी बातों में कुछ कपट और लाग-लपेट प्रतीत हुई। तब मैंने संकल्प किया कि जब मैं उसको प्रत्यक्ष देखूंगा तभी पूजा करूंगा अन्यथा नहीं। थोड़े समय पश्चात् मुझे बालक होने के कारण भूख और थकान से दुर्बलता प्रतीत होने लगी इसलिए पिता जी से पूछा कि अब मैं घर जाना चाहता हूं। उन्होंने कहा कि सिपाही को साथ लेकर चला जा, परन्तु भोजन कदाचित् न करना। मैंने घर जाकर माता से कहा कि मुझे भूख लगी है। माता जी ने कहा कि मैं तुझे पहले ही से कहती थी कि तुझ से उपवास न होगा परन्तु तूने तो हठ ही किया।

सब ओर से ध्यान हटाकर विद्याध्ययन में व्यस्त-फिर माता जी ने मुझे कुछ मिठाई खाने को दे दी और कहा कि तू पिता जी के पास मत जाइयो और न उनसे कुछ कहियो अन्यथा मार

खायेगा। भोजन खा कर मैं एक बजे के पश्चात् सो गया और दूसरे दिन आठ बजे उठा। पिता जी ने प्रातःकाल आकर रात्रि के भोजन का वृत्तांत सुना तो अत्यन्त क्रोधित होकर कहा तुमने बहुत बुरा काम किया। तब मैंने पिता जी से कहा कि वह मूर्ति कथा का महादेव नहीं था, मैं उसकी पूजा क्यों करूं? मेरे मन में (इस रात की घटना से) वास्तव में (मूर्ति पर श्रद्धा नहीं रही थी। मैंने चाचा जी से कहा कि अध्ययन के कारण मुझ से उपवास और पूजा नहीं होती सो उन्होंने और माता जी ने मेरे पिता जी को समझा बुझा कर शान्त कर दिया कि अच्छी बात है पढ़ने दो। तब मैंने अपने अध्ययन में बहुत उन्नति की। निघण्टु, पूर्वमीमांसा आदि शास्त्रों के पढ़ने की इच्छा करके एक पंडित जी से उन्हें आरम्भ किया और पढ़ता रहा और साथ ही कर्मकाण्ड विषय की दूसरी पुस्तकें भी। अब सारा समय विद्याध्ययन में ही व्यतीत होता था।

भाई-बहिन

मुझ से छोटी एक बहन फिर उससे छोटा भाई फिर एक और भाई हुए अर्थात् दो भाई फिर एक बहन' और हुए थे। तब तक मेरी १६ वर्ष की अवस्था हुई थी (इससे प्रकट है कि स्वामी जी सब से बड़े थे और उनके ज्ञानानुसार कुल तीन भाई और दो बहनें थीं।)

पहली मृत्यु (बहिन की) देखकर वैराग्य का उदय, सब रोते रहे; मृत्यु से बचने की सोचने में मेरी आंखें सूखी ही रहीं (संवत् १८९६ वि०)—

मेरी सोलह वर्ष की अवस्था के पश्चात्, जो मेरी १४ वर्ष की बहन थी उसके विशूचिका हुई। जिसका वृत्तान्त इस प्रकार है कि एक रात जब कि हम एक मित्र के घर नृत्य' (सम्भवत: कत्थकों का नाच होगा अथवा भांड़ों का, क्योंकि काठियावाड़ में पंजाब और भारतवर्ष के समान वेश्याओं के नाच की प्रथा नहीं है) के जलसे में गये हुए थे, तब अकस्मात् आकर भृत्य ने सूचना दी कि उसको विशूचिका हो गई है। हम सब तत्काल वहां से आये; वैद्य बुलाये गये; औषधि की, परन्तु कुछ लाभ न हुआ। चार घंटे में उसका शरीर छूट गया। मैं उसके बिछौने के पास दीवार का आश्रय लेकर खड़ा रहा। जन्म से लेकर इस समय तक मैंने पहली बार मनुष्य को मरते देखा था। इससे मेरे हृदय को परले दरजे का धक्का लगा और मुझे बहुत डर लगा। मारे भय के सोचने लगा कि सारे मनुष्य इसी प्रकार मरेंगे और ऐसे ही मैं भी मर जाऊंगा। सोच विचार में पड़ गया कि जितने जीव संसार में हैं उनमें से एक भी न बचेगा। इससे कुछ ऐसा उपाय करना चाहिये कि जिससे जन्म-मरण रूपी दुःख से यह जीव छूटे और मुक्त हो अर्थात् उस समय मेरे चित्त में वैराग्य की जड़ जम गई।

सब लोग रोते थे परन्तु मेरी छाती में डर घुसने के कारण एक आंसू भी आंख से न गिरा। पिता जी ने मुझे पाषाणहृदय कहा। मेरी माता, जो मुझे बहुत प्यार करती थी, उसने भी ऐसा ही कहा। मुझे सोने के लिए कहा गया परन्तु मुझे शान्ति से निद्रा न आई। भला ऐसी अशान्ति में निद्रा कहां? बार-बार चौंक पड़ता था और मन में नाना प्रकार की तरंगें उठती थीं। हमारे देश की प्रथा

के अनुसार मेरी बहन के रोने के पांच-चार अवसर बीत गये परन्तु मैं तो रोया नहीं। इस कारण बहुत लोग मुझे धिक्कारने लगे।

जिस समय सारा परिवार (घराना) रो रहा था, मैं मूर्ति की भांति चुपचाप अलग खड़ा था। उस समय मुझ को बहुत से मनुष्यों के जीवन, जो संसार में अनित्य हैं, नाना प्रकार के संकल्प-विकल्प अतीव शोक के साथ उत्पन्न हुए और जान पड़ा कि संसार में कोई भी ऐसा नहीं जो निर्दयी मृत्यु के पंजे से बच जाये। निश्चय एक दिन उस मृत्यु का सामना करना पड़ेगा। उस समय मृत्यु के दुःख निवारणार्थ औषधि कहां ढूंढता फिरूंगा और मुक्ति प्राप्त करने के निमित्त किस पर भरोसा करूंगा? कौन सा उपाय इसके लिए उचित है। सारांश यह है कि उसी समय पूर्ण विचार कर लिया कि जिस प्रकार हो सके मुक्ति प्राप्त करूं जिसके द्वारा मृत्यु समय के समस्त दुःखों से बचूं।

अन्त को यह हुआ कि इस संसार से मेरा जी एकाएक हट गया और उत्तम विचार करने में संन्नद्ध हो गया। परन्तु यह विचार अपने मन में रखा, किसी से कहा नहीं और यथापूर्व अध्ययनादि में लगा रहा।

चाचा की मृत्यु से वैराग्य की चोट और गहरी, विवाह टलवाने के प्रयत्न। (१८९९ वि०) जब मेरी अवस्था १९ वर्ष की हुई तब जो मुझसे अति प्रेम करने वाले धर्मात्मा विद्वान् मेरे चाचा थे उनको विसूचिका ने आ घेरा। मरते समय उन्होंने मुझे पास बुलाया। लोग उनकी नाड़ी देखने लगे, मैं भी पास ही बैठा हुआ था। मेरी ओर देखते ही उनकी आंखो से आंसू बहने लगे, मुझे भी उस समय बहुत रोना आया। यहां तक हुआ कि मेरी आंखें फूल गईं। इतना रोना मुझे पहले कभी न आया था। उस समय मुझे ऐसा प्रतीत हुआ कि में भी चाचा जी के सदृश एक दिन मरने वाला हूं।

इसके पश्चात् मुझे ऐसा वैराग्य हुआ कि संसार कुछ भी नहीं किन्तु यह बात माता-पिता जी से तो नहीं कहीं किन्तु अपने मित्रों और विद्वान पंडितों से पूछने लगा कि अमर होने का कोई उपाय मुझे बताओ। उन्होंने योगाभ्यास करने के लिए कहा। तब मेरे जी में आया कि अब घर छोड़कर कहीं चला जाऊं। तब मैंने अपने मित्रों से कहा कि मेरा मन गृहाश्रम में नहीं लगता क्योंकि मुझे निश्चय हो गया है कि इस असार संसार में कोई भी ऐसा पदार्थ नहीं जिसके लिए जीने की इच्छा की जाये या किसी पर मन लगाया जाये। यह बात मेरे मित्रों ने मेरे माता-पिता से कह दी। उन्होंने विचार किया कि इसका विवाह शीघ्र कर देना ठीक है। जब मुझे माता-पिता का यह विचार तथा निश्चय विदित हुआ कि मेरी २० वर्ष की अवस्था होते ही विवाह संस्कार सम्पन्न हो जायेगा तो मैंने अपने मित्रों से सिफारिश करवा कर यहां तक प्रयत्न किया कि मेरे पिता उस वर्ष मेरा विवाह स्थगित कर दें।

(संवत् १९०० वि०) बीसवें वर्ष के पूरे होते ही मैंने पिता जी से यह कहना आरम्भ कर दिया कि मुझे काशी भेज दीजिए, जहां मैं व्याकरण, ज्योतिष और वैद्यक ग्रन्थ पढ़ आऊं। तब माता-पिता और कुटुम्ब के लोगों ने उत्तर में कहा कि हम काशी तो कभी न भेजेंगे। जो कुछ पढ़ना है यहीं पढ़ो

और जितना पढ़ चुके हो वह क्या थोड़ा है। थोड़े दिन विवाह होने को शेष है अर्थात् तेरा अगले वर्ष विवाह होगा क्योंकि लड़की वाला नहीं मानता और हमको अधिक पढ़ा कर क्या करना है? साथ ही माता जी ने भी यह कहा कि मैं भली-भांति जानती हूं कि विशेष पढ़े-लिखे लोग विवाह करना अनुचित समझते हैं और काशी चले जाने से विवाह में विघ्न होगा। परन्तु जब मैंने अपने पिता से दो तीन बार आग्रह किया कि आप मुझको अवश्य काशी भेज देवें और जब तक मैं वहां से पूर्ण पंडित और अच्छा विद्वान् होकर न आऊं तब तक विवाह होना ठीक नहीं तो इस मेरे बार-बार के अनुरोध पर माता भी विपरीत हो गई कि हम कहीं नहीं भेजते और अब शीघ्र विवाह करेंगे। तब मैंने चाहा कि अब सामने रहना अच्छा नहीं, चुप हो गया क्योंकि देखा कि विशेष आग्रह से काम बिगड़ता है। और कार्य सिद्ध नहीं होता। चूंकि घर में मेरा जी नहीं लगता था यह देख पिता जी ने जमींदारी का काम करने के लिए मुझे कहा, परन्तु मैंने उसे स्वीकार न किया।

कुछ दिन पीछे मैंने कहा कि आप ने काशी जाने से रोका, इसमें मेरा कुछ आग्रह नहीं परन्तु यहां से तीन कोस पर अमुक ग्राम में जो बड़े वृद्ध और अपनी जाति के भारी विद्वान् रहते हैं और वहां हमारे घर की जमींदारी भी है, उनके पास जाकर पढ़ा करूं, इतना तो मान लीजिये। इस बात को मां-बाप ने स्वीकार कर लिया और मैं प्रशंसित पंडित के पास कुछ समय तक अच्छी प्रकार पढ़ता रहा।

परन्तु दैव संयोग से एक बार बातचीत के समय उस पंडित के सामने मुझे इस बात को स्वीकार करना पड़ा कि मुझको विवाह से ऐसी प्रबल घृणा है कि जो मेरे मन से किसी प्रकार दूर नहीं हो सकती। जब पिता जी को यह सूचना मिली तो उन्होंने वहां से मुझे उसी क्षण बुला लिया और विवाह की तैयारी आरम्भ कर दी। मैं घर आकर क्या देखता हूं कि अनेक प्रकार के विवाह के सामान तैयार हो रहे हैं। इधर मेरी अवस्था भी २१ वर्ष की पूरी हो गई थी।

मेरे मन में तो घर छोड़ कर निकल जाने की थी परन्तु ऐसी सम्मति कोई न देता था। जो देता था वह लग्न करने की सम्मति देता था। उस समय मैंने निश्चित जाना कि अब विवाह किये बिना लोग कदाचित् नहीं छोड़ेंगे और न अब मुझ को भविष्य में विद्याप्राप्ति की आज्ञा मिलेगी और न माता-पिता मुझ को अविवाहित रखना स्वीकार करेंगे। तब मैंने अपने मन में सोच-विचार कर यह निश्चय ठाना कि अब वह काम करना चाहिये जिससे जन्म भर को इस विवाह के बखेड़े से बचूं | यह निश्चय मैने किसी पर प्रकट न किया। एक मास में विवाह की तैयारी भी हो गई। प्रत्येक प्रकार की तैयारी देखकर मैं एक दिन सायंकाल सं० १९०३ में बिना किसी दूसरे को सूचित किये गुपचुप घर से इस निश्चय से कि फिर कभी लौट कर न आऊंगा, चल निकला। (संवत् १९०३ में उनकी अवस्था का बाईसवां वर्ष प्रारम्भ हो गया था। अतः उनका जन्म सम्भवतः संवत् १८८१ की समाप्ति पर हुआ था अर्थात् उसका एक आध मास अथवा कुछ दिन शेष होंगे। यह निश्चित होता है कि माघ मास अथवा फाल्गुन मास में उनका जन्म हुआ था)।'

विवाह की तैयारी और घर से पलायन-पहली रात्रि तो मैंने अपने ग्राम से आठ मील के अन्तर पर एक ग्राम के आस-पास व्यतीत की। दूसरे दिन एक पहर रहे रात्रि को उठकर २० कोस

अर्थात् ३० मील पर सायंकाल से पहले पहुंच गया और एक ग्राम में हनुमान के मन्दिर में जा रहा। मार्ग में इस चाल से गया कि प्रसिद्ध मार्ग और ऐसे ग्राम बचाता गया, जिनमें कोई पहचान न सके। यह सावधानी मेरे बड़े काम आई क्योंकि घर से निकलकर तीसरे दिन मैंने एक राजपुरुष से यह सुना कि अमुक का लड़का घर छोड़कर चला गया है, उसको खोजने के लिए सवार तथा पैदल मनुष्य यहां तक आये थे। यह सुन कर मैं आगे चल पड़ा।

ठग वैरागी द्वारा ठगे गये-

वहां एक और दुर्घटना घटित हुई अर्थात् जो मेरे पास थोड़े से रुपये और अंगूठी आदि आभूषण थे वे एक भिक्षुओं की टोली ने ठग लिये और कहा कि तुमको पक्का वैराग्य तब होगा कि जब अपने पास की सब वस्तुएं पुण्य कर दोगे। उनके कहने से मैंने सब दे दिया। इसका वृत्तांत इस प्रकार है कि मार्ग में एक वैरागी ने एक मूर्ति जमा रखी थी। हाथ में सोने की अंगूठियां डाल कर वैराग्य की सिद्धि कैसे हो सकती है, इस प्रकार (कहकर) मुझे चिढ़ा कर मेरी ओर से वे तीनों अंगूठियां उसने मूर्ति के समर्पण करा लीं।

नैष्ठिक ब्रह्मचारी शुद्ध चैतन्य बने, दूसरे नकली वैरागी से बचे-

तत्पश्चात् लाला भक्त के स्थान में जो सायले ग्राम' में हैं (यह ग्राम अहमदाबाद-मोरवी रेलवे के स्टेशन मोली से चार कोस और आर्यसमाज कस्बा रानपुर से ११ कोस है) वहां बहुत साधुओं को सुनकर चला गया। उस स्थान पर एक ब्रह्मचारी मिला, उसने कहा कि तुम नैष्ठिक ब्रह्मचारी हो जाओ और उसने मुझे ब्रह्मचर्य की दीक्षा दी और 'शुद्ध चैतन्य' ब्रह्मचारी मेरा नाम रखा और मेरे पहले वस्त्र उतरवा कर अपने समान मुझे काषायवस्त्र कराकर गेरुआ कुर्ता पहना दिया और हाथ में एक तूंबा दे दिया और मैं उनके थोक (समूह) में मिल गया और वहां योगसाधना करने लगा। रात को जब एक वृक्ष के नीचे बैठा था ऊपर पक्षियों ने धू-धू करना आरम्भ किया। सुनकर मुझे भूत का भय लगा और मैं पीछे मठ में आ गया। इस नये वेष में वहां से चलकर 'कोट कांगड़ा' नामक एक छोटे से कस्बे में (जहां छोटा-सा राज्य भी है), जो अहमदाबाद, गुजरात के समीप है, आया। वहां बहुत से वैरागी थे और कहीं की रानी भी उनके फन्दे में फंसी हुई थी, उन्होंने मेरे वेष को देखकर ठट्ठा करना प्रारम्भ किया और मुझे अपने में फांसने लगे परन्तु मैं उनके फन्दे से छूटकर भागा। रेशमी किनारे की धोतियां उन्हीं वैरागियों के कहने से वहां फेंक दी और तीन रुपये पास थे उन्हें खर्च करके साधारण धोतियां लीं और वहां ब्रह्मचारी के नाम से प्रसिद्ध रहा। मैं वहां तीन मास रहा था।

सिद्धपुर के मेले में, अपनी भूल से पिता की कैद में-

कोट कांगड़े में मैंने सुना कि सिद्धपुर में कार्तिक का मेला होता है वहां कोई तो योगी अपने को मिलेगा और अमर होने का मार्ग बता देगा इस आशा से मैंने सिद्धपुर की बाट पकड़ी। मार्ग में मुझे थोड़ी दूर पर पास के एक ग्राम का रहने वाला वैरागी मिला जो हमारे कुल से भली-

भांति परिचित था। उसको देखकर जैसे कि मेरा हृदय उमड़ कर नेत्र भर आये वैसी ही उसकी दशा देखने में आई। जब उसने मेरा सम्पूर्ण वृत्तान्त पास के धनादि का ठगा जाना और साहेला (सायेला) ग्राम के ब्रह्मचारी के पास मुंडना सुना और गेरुआ कुर्ता देखा तो प्रथम कुछ हंसा, पीछे उसने मुझ को अतीव खेद के साथ घर से निकल आने पर धिक्कारा और पूछा कि क्या घर छोड़ दिया? मैंने उसकी पहली भेंट के कारण स्पष्ट कह दिया कि हां, घर छोड़ दिया और कार्तिक के मेले पर सिद्धपुर (सिद्धपुर स्वयं रेलवे स्टेशन है और वहां सरस्वती नदी के तट पर कार्तिक का मेला होता है और औदीच्य ब्राह्मणों के लड़कों का मुंडन भी वहां होता है) जाऊंगा। यह कह कर मैं वहां से चल दिया और सिद्धपुर में आकर नीलकंठ महादेव के स्थान में ठहरा कि जहाँ पर दण्डी स्वामी और बहुत बह्मचारी पहले से ठहरे थे, उनका सत्संग और जो कोई महात्मा विद्वान् पंडित मेले में मिला। उससे मेल-मिलाप किया वार्ता की और दर्शनों से लाभ उठाया। इस अन्तर में उस पड़ौसी वैरागी ने जो कोटकांगड़े में मुझको मिला था जाकर मेरे पिता के पास एक पत्र भेजा कि तुम्हारा लड़का काषायवस्त्र धारण किये ब्रह्मचारी बना हुआ यहाँ मुझ को मिलकर कार्तिकी मेले में सिद्धपुर को गया है।

ऐसा सुनकर तत्काल मेरा पिता चार सिपाहियों सहित सिद्धपुर को आया। मेले में मेरा पता लगाना आरम्भ किया। एक दिन उस शिवालय में जहां मैं उतरा था प्रात:काल एकाएक मेरे बाप और चार सिपाही मेरे सम्मुख आ खड़े हुए। उस समय वह ऐसे क्रोध में भरे हुए थे कि मेरी आंख उनकी ओर नहीं होती थी। जो उनके जी में आया सो कहा और मुझे धिक्कारा कि तूने सदैव को हमारे कुल को दूषित किया और तू हमारे कुल को कलंक लगाने वाला उत्पन्न हुआ।

मेरे मन में आतंक बैठ गया कि कदाचित् मेरी कुछ दुर्दशा करेंगे। इस डर से मैंने उठकर उनके पांव पकड़ लिये। मेरा पिता मुझ पर बहुत क्रुद्ध हुआ।

पिता से डर कर असत्य भाषण, परन्तु ध्यान फिर भी भागने में रहा-

मैंने प्रार्थना की कि मैं धूर्त लोगों के बहकावे में आकर इस ओर निकल आया और अत्यन्त दु:ख पाया। आप शान्त हों, मेरे अपराधों को क्षमा कीजिये। यहां से मैं घर आने को ही था, अच्छा हुआ कि आप आ गये हैं। आपके साथ ही चलने में प्रसन्न हूं। इस पर भी उनका कोपाग्नि शान्त न हुआ और झपट कर मेरे कुर्ते की धज्जियां उड़ा दीं और तूंबा छीन कर बड़े जोर से धरती पर दे मारा और सैकड़ों प्रकार से मुझे दुर्वचन कहे और दूसरे नवीन श्वेत वस्त्र धारण कराकर जहां ठहरे थे वहां मुझ को ले गये और वहां भी बहुत कठिन कठिन बातें कहकर बोले कि तू अपनी माता की हत्या किया चाहता है। मैंने कहा कि अब मैं चलूंगा तो भी मेरे साथ सिपाही कर दिये और उन्हें कह दिया कि कहीं क्षण भर भी इस निर्मोही को पृथक् मत छोड़ो और इस पर रात्रि को भी पहरा रखो, परन्तु मैं भागने का उपाय सोचता था और अपने निश्चय में वैसा ही दृढ़ था जैसे कि वे अपने यल में संलग्न थे। मुझ को यही चिन्ता थी और इसी घात में था कि कोई अवसर भागने का हाथ लगे।

भागने का अवसर मिल गया, स्वजनों से अन्तिम भेंट-

दैवयोग से तीसरी रात्रि के तीन बजे पीछे पहरे वाला बैठा-बैठा सो गया। मैं उसी समय वहां से लघुशंका के बहाने से भागकर आध कोस पर एक बगीचे के मन्दिर के शिखर में एक वटवृक्ष के सहारे से चढ़कर जल का लोटा साथ लेकर छुपकर बैठ गया और इस प्रतीक्षा में रहा कि देखिये अब दैव क्या-क्या चरित्र दिखाता है और सुनता रहा कि सिपाही लोग जहां-तहां मुझको पूछते फिरते हैं और बड़ी सावधानी से उस मन्दिर के भीतर-बाहर ढूंढ रहे हैं और वहां के मालियों से मुझ को पूछते फिरते हैं और बड़ी सावधानी से उस मन्दिर के भीतर-बाहर ढूंढ रहे हैं ओर वहां के मालियों से मुझ को पूछा और खोजते - खोजते असफल तथा निराश ही हो गये कि इस ओर की खोज वृथा है, विवश होकर वहां से लौट गये। परन्तु मैं उसी प्रकार अपने श्वास को रोके हुए दिन भर उपवास करता हुआ वहीं बैठा रहा, इस विचार से कि किसी नवीन आपत्ति में न फंस जाऊं। जब अन्धकार हुआ तब रात के सात बजे उस मन्दिर से नीचे उतर कर सड़क छोड़ किसी से पूछ वहां से दो कोस एक ग्राम था; वहां जाकर ठहरा और प्रात:काल वहां से चला। इसी को अपने ग्राम के या घर के मनुष्यों की अन्तिम भेंट कहा जाये तो अनुपयुक्त नहीं होगा। इसके पश्चात् एक बार प्रयाग में मेरे ग्राम के कुछ लोग मुझ को मिले थे, परन्तु मैंने पहचान नहीं दी। उसके पश्चात् आज तक किसी से भेंट नहीं हुई।

(कार्तिक में सिद्धपुर आये और तीन मास कोटकांगड़ा में रहे और एक मास के लगभग वहां लाला भक्त के ग्राम साहिला (सायला) में रहे। पांच-सात दिन का मार्ग है इस हिसाब से विदित होता है कि स्वामी जी जेठ संवत् १९०३ वि० के अन्त में तदनुसार मई, सन् १८४६ में घर से निकले थे।)

वेदान्ती संन्यासियों की संगति में जीव-ब्रह्म की एकता का निश्चय -

अहमदाबाद से होता हुआ बड़ौदा नगर में आकर ठहरा और चेतनमठ में ब्रह्मचारियों और संन्यासियों से वेदान्त विषय पर बहुत बातें कीं। मुझ को ऐसा निश्चय उन ब्रह्मानंद आदिक ब्रह्मचारियों और संन्यासियों ने करा दिया कि ब्रह्म हम से कुछ पृथक नहीं। मैं ब्रह्म हूं अर्थात् जीव और ब्रह्म एक हैं। यद्यपि प्रथम ही वेदान्तशास्त्र के पढ़ते समय मुझ को कुछ इसका विचार हो गया था परन्तु अब तो मैं इसको अच्छी प्रकार समझ गया।

●●

नर्मदा तट तथा आबू पर्वत पर अनेक सच्चे योगियों से योग की शिक्षा

चाणोद कन्याली में प्रथम बार सच्चे दीक्षित विद्वानों से अध्ययन-

बड़ौदा में एक बनारस की रहने वाली बाई से सुना कि नर्मदा तट पर बड़े-बड़े विद्वानों की एक सभा होने वाली है। यह सुनकर मैं तुरन्त उस स्थान को गया। वहां पहुंचने पर एक सच्चिदानन्द परमहंस से भेंट हुई और उनसे अनेक प्रकार की शास्त्रविषयक बातें हुईं अर्थात् उनसे भिन्न-भिन्न विद्या सम्बन्धी विषयों में बातचीत हुई। फिर उन्हीं से ज्ञात हुआ कि आजकल चाणोद कन्याली (जो नर्मदा नदी के तट पर स्थित है) में बड़े उत्तम विद्वान् ब्रह्मचारियों और संन्यासियों की एक मंडली रहती है। यह सुनकर उस स्थान को गया जहां मेरी मानो प्रथम बार ही सच्चे दीक्षित विद्वानों और चिदाश्रम आदि स्वामी-संन्यासियों और कई एक ब्रह्मचारियों, पंडितों से भेंट हुई और अनेक विषयों पर परस्पर संलाप हुआ। पश्चात् मैं परमानन्द नामक परमहंस के पास पढ़ने लगा अर्थात् उनका शिष्य बन गया और उनके साथ रहकर कछ महीनों में वेदान्तसार, आर्यहरिमीड़ेतोटक, आर्यहरिहरतोटक, वेदान्तपरिभाषा आदि और (दर्शन शास्त्र) फिलासफी की पुस्तकें अच्छी प्रकार पढ़ीं।

संन्यास लेने का प्रमुख कारण, पूर्णानन्द के शिष्य 'दयानन्द' बने -

चूंकि मैं इस समय तक ब्रह्मचारी था इसलिए मुझ को अपना खाना अपने हाथ से पकाना पड़ता था, जिसके कारण मेरे अध्ययन में बड़ी बाधा पड़ती थी। इसी कारण इस बखेड़े से छूटने के लिए मैने निश्चय किया कि यथाशक्ति प्रयत्न करके संन्यासाश्रम की चतुर्थ श्रेणी में प्रविष्ट हो जाऊं। इसके अतिरिक्त मुझको यह भय भी था कि यदि मैं ब्रह्मचर्याश्रम में बना रहा तो किसी दिन अपने कुल की प्रसिद्धि के कारण घर वालों के हाथ पकड़ा जाऊंगा, क्योंकि मेरा अभी तक वही नाम प्रसिद्ध है जो घर में था किन्तु जो संन्यासाश्रम ले लूंगा तो यावत्-अवस्था (जीवन भर के लिए) निश्चिन्त हो जाऊंगा।

एक दक्षिणी पंडित के द्वारा (जो मेरा बड़ा मित्र था) चिदाश्रम स्वामी से कहलाया कि आप उस ब्रह्मचारी को संन्यास की दीक्षा दे दीजिए, परन्तु उस महाराष्ट्र संन्यासी ने जो परम-दीक्षित थे मुझको संन्यास देने से स्पष्ट इन्कार कर दिया।

इसलिए कि यह अभी नवयुवक है और कहा कि हम संन्यास नहीं देते, तथापि मेरा उत्साह भंग नहीं हुआ। लगभग डेढ़ मास तक नर्मदा तट पर रहा, इसके अनन्तर मेरी आयु के चौबीसवें वर्ष दो महीने के पीछे दक्षिण से एक दोस्वामी और एक ब्रह्मचारी आकर चाणोद ग्राम से कुछ कम कोस अथवा दो मील की दूरी पर जंगल-स्थित एक घर में ठहरे। उनकी प्रशंसा सुनकर परम मित्र पूर्वोक्त दक्षिणी पंडित मेरे साथ गये। वहां उन महात्माओं से ब्रह्मविद्या के कई विषयों में वार्त्ता हुई तो जान पड़ा कि ये दोनों इस विद्या में अत्यन्त प्रवीण हैं। संन्यासी जी का नाम पूर्णानन्द सरस्वती था। उनसे मैंने इच्छा पूर्ण करने के लिए सिफारिश करने को अपने मित्र की ओर संकेत किया और उन्होंने अच्छी प्रकार कहा कि महाराज! यह विद्यार्थी सुशील और ब्रह्मविद्या पढ़ने की अत्यन्त कामना रखता है, परन्तु रोटी पानी के बखेड़ों के मारे इच्छानुसार विद्या नहीं कर सकता, आप कृपा करके इसकी लालसा के अनुसार चौथे प्रकार का संन्यास दे दीजिये। यह सुनकर और नवयौवनावस्था देखकर उनका भी जी हटा परन्तु जब मेरे मित्र ने बहुत कुछ कहा सुना तब बोले ऐसा ही है तो किसी गुजराती संन्यासी से कहिये, क्योंकि हम तो महाराष्ट्री हैं। तब उस मित्र ने कहा कि दक्षिणी स्वामी गौड़ों को भी संन्यास देते हैं जो पंच द्रविड़ों से बाहर हैं। यह बह्मचारी तो गुर्जर अर्थात गुजराती है, जो पंच द्रविड़ों में है। इसमें क्या चिन्ता है। तब उन्होंने मान लिया और अति प्रसन्न हुए और मुझ को तीसरे दिन श्राद्धादि कराकर चौबीस वर्ष की अवस्था में संन्यास दे दण्ड ग्रहण कराया और मेरा नाम दयानन्द सरस्वती रखा। उनकी आज्ञा लेकर मैंने दण्डस्थापन कर दिया, क्योंकि उसके सम्बध में बहुत कुछ कर्तव्य होता था, जिससे पढ़ने में असुविधा होती थी। (स्वामी जी उनके पास कुछ दिन ब्रह्मविद्या की पुस्तकें पढ़ते भी रहे। ये महात्मा संन्यासी व ब्रह्मचारी शंकराचार्य के श्रृङ्गी मठ नामक स्थल से, जो दक्षिण में है, चलकर द्वारका की ओर जाने की इच्छा से आये थे)। बस, संन्यास देने के कुछ काल पश्चात् स्वामी जी द्वारका की ओर चले गये और मैं कुछ समय तक चाणोद कन्याली में ठहरा रहा।

विभिन्न स्थानों पर गुरुओं द्वारा योगसाधन की क्रियात्मक शिक्षा (संवत् १९०६ वि०)

जब यह सुना कि व्यासाश्रम में योगानन्द नामक एक स्वामी रहते हैं, वे योगविद्या में अति निपुण हैं तो शीघ्र वहां पहुंचा और उनके पास योगविद्या पढ़ने लगा और उसके आरम्भ के सब ग्रन्थ अच्छी प्रकार पढ़कर और क्रिया सीख कर चित्तौड़" नगर को गया क्योंकि एक कृष्णशास्त्री चितपावन दक्षिणी ब्राह्मण उसके आस-पास में रहते थे। उनके पास जाकर कुछ व्याकरण का अभ्यास करके फिर चाणोद कन्याली में आकर ठहरा और राजगुरु से वेदों को सीखा और वहां कुछ समय तक निवास किया। यहां कुछ दिन पीछे ज्वालानन्द पुरी और शिवानन्द गिरि नामक

दो योगियों से भेंट हुई। उनके साथ योग का साधन किया और हम तीनों मिलकर सदैव योगशास्त्र की चर्चा करते रहे। फिर वे दोनों योगी अहमदाबाद को चले गये और मुझ को आज्ञा दे गये कि एक मास के पीछे तुम हमारे पास आना हम तुमको इस स्थान पर योगसाधन के पूरे-पूरे तत्त्व और उसकी सब विधियां अच्छी प्रकार समझा देंगे। हम वहां नदी के ऊपर दुग्धेश्वर महादेव में ठहरेंगे। फिर एक मास पश्चात उनकी आज्ञा के अनुसार अहमदाबाद के पास दुग्धेश्वर महादेव के मन्दिर में उनसे जाकर मिला, जहां उन्होंने योग विद्या के अत्यन्त सूक्ष्म तत्त्वों और उसके प्राप्त करने की विधि बताने की प्रतिज्ञा की थी। वहां उन्होंने अपनी प्रतिज्ञा पूर्ण की और अपने वचनानुसार मुझ को निहाल कर दिया अर्थात् उन्हीं महात्मा योगियों के प्रभाव से मुझ को पूर्ण योगविद्या और उसकी साधनक्रिया अच्छी प्रकार विदित हो गई। इसलिए मैं उनका अत्यन्त कृतज्ञ हूं। वास्तव में उन्होंने यह मुझ पर बड़ा उपकार किया। जिसके कारण मैं उनका अत्यन्त ही आभारी हूं। इसके पश्चात् मुझ को विदित हुआ और सुना कि राजपूताने में आबू पर्वत की चोटियों पर बड़े-बड़े उत्तम योगिजन निवास करते हैं। इसलिए उनकी प्रशंसा सुन उस ओर चल दिया। वहां जाकर उनकी खोज करता हुआ अर्बुदा भवानी " नामक चोटी पर और अन्य स्थानों पर योगिराजों से जा मिला। ये उन महात्माओं से अधिक ज्ञानी तथा विद्वान थे। उनसे और भी विशेष योगसाधन के सूक्ष्म तत्त्वों को प्राप्त किया।

उत्तराखंड में पौने दो वर्ष तक विद्वानों तथा योगियों की खोज

संवत् १९११ तक इसी प्रकार भिन्न-भिन्न स्थानों में फिर कर महात्मा विद्वानों और योगिजनों से मिलकर आत्मिक उन्नति और मानसिक शान्ति के उपाय तथा साधन प्राप्त करता रहा और विद्यार्थी बनकर जो मिलता था उससे विद्योपार्जन किया करता था। इसी प्रकार अनेक महात्माओं का सत्संग करता हुआ चलते चलते तीस वर्ष की अवस्था में संवत् १९१२ तदनुसार ११ अप्रैल सन् १८५५ हरिद्वार के कुम्भ के मेले की धूम सुनकर पहली बार वहां पहुंचा क्योंकि वहां पर श्रेष्ठ सुयोग्य योगी व तपस्वी प्रायः होते और परस्पर मिलते हैं जिनकी यह व्यवस्था किसी को विदित भी नहीं होती। मैं वहां आकर बहुत साधुओं और संन्यासियों से मिला और जब तक मेला रहा, नडी के पर्वत के जंगल में योगाभ्यास करता रहा और जब सब यात्री चले गये और मेला हो चुका तो वहां से ऋषिकेश को गया। वहां बड़े-बड़े महात्मा संन्यासी और योगियों से योग की रीति सीखता और सत्संग करता रहा।

तत्पश्चात् कुछ दिनों तक अकेला ऋषिकेश में रहा। इसी समय एक ब्रह्मचारी और दो पहाड़ी साधु मुझसे और आ मिले और हम सब के सब मिलकर स्थान टिहरी को चले गये।

टिहरी में पहली बार तन्त्र ग्रन्थ दर्शन तथा उनसे घृणा-

यह स्थान विद्या की वृद्धि के कारण साधुओं और राजपंडितों से पूर्ण और प्रसिद्ध था। इन पंडितों में से एक दिन एक पंडित ने अपने यहां मुझे निमन्त्रण दिया और नियत समय पर एक

मनुष्य भी बुलाने को भेजा। उसके साथ में और ब्रह्मचारी दोनों उसके स्थान पर पहुंचे परन्तु मुझको वहां एक पंडित को मांस काटते और बनाते देखकर अत्यन्त घृणा आई। आगे जाकर बहुत से पंडितों को मांस और अस्थियों के ढेर तथा पशुओं के भुने हुए सिरों पर काम करते देखा। इतने में ही गृहस्वामी ने प्रसन्नतापूर्वक अत्यन्त सौहार्द से हमसे कहा कि भीतर चले आइये। मैंने कहा कि आप अपना काम किये जाइये, मेरे लिए कुछ कष्ट न कीजिये। यह कहकर झट वहां से निकल उल्टे पाँव अपने स्थान का मार्ग लिया। थोड़े समय पश्चात् वही मांसभक्षी पंडित मेरे पास आया और मुझ से निमन्त्रण में चलने को कहा और साथ ही यह भी कहा कि यह मांसादि उत्तम भोजन केवल आप ही के लिए बनाये गये हैं। मैंने उससे स्पष्ट कह दिया कि यह सब वृथा और निष्फल है क्योंकि आप मांसभक्षी है। मेरे योग्य तो केवल फलादि हैं। मांस खाना तो दूर रहा मुझे तो उसके देखने से ही रोग हो जाता है। यदि आपको मेरा न्यौता करना ही है तो कुछ अन्न और फलादि वस्तु भिजवा दीजिये, मेरा ब्रह्मचारी यहां पर भोजन बना लेगा। इन सब बातों को उक्त पंडित स्वीकार कर और लज्जित होकर अपने घर लौट गया।

तत्पश्चात् मैं कुछ दिन तक स्थान टिहरी में रहा और उन्हीं पंडित जी से कुछ पुस्तकों और प्रन्थों का वृत्तान्त, जिन्हें मैं देखना चाहता था, पूछता रहा और पता लगाता रहा कि वे ग्रंथ इस नगर में कहां मिल सकते हैं? यह सुनकर पंडित जी ने संस्कृत व्याकरण, कोश जो बड़े-बड़े कवियों के बनाए हुए थे, ज्योतिष और तंत्रादि पुस्तकों का नाम लिया। इनमें से तन्त्र की पुस्तकें मेरी देखी नहीं थीं इसलिए उनसे मांगी और उन्होंने शीघ्र थोड़ी सी पुस्तकें इस प्रकार की ला दी। उनके खोलते सही मेरी दृष्टि ऐसी अत्यन्त अश्लील बातों, झूठे भाष्यों और बेहूदा वाक्यों पर पड़ी जिनको देख कर मेरा जी कांपने लगा। उसमें लिखा था कि मां, बहन, बेटी, चूढ़ी, चमारी आदि से भोग करने और उन्हें नग्न खड़ा करके पूजने और इसी प्रकार मद्य मांस, मछली, मुद्रा, मैथुन और विविध जन्तुओं का मांस खाने और ब्राह्मण से लेकर चंडाल पर्यन्त एक साथ भोजन करने इत्यादि बातों के लिए आज्ञा है और यह भी स्पष्ट लिखा था कि इन्हीं पांच शब्दों अर्थात् मद्य, मांस, मत्स्य, मुद्रा और मैथुन आदि साधनों से जिनका नाम मकार से आरम्भ होता है. मोक्ष प्राप्ति हो सकती है। सारांश यह कि तन्त्र की पुस्तकों के पढ़ने से जिनको वे धर्म समझते हैं, उनके लेखकों की धूर्तता और स्वार्थी दुष्ट कवियों द्वारा उनकी रचना का मुझको अच्छी तरह विश्वास हो गया।

केदार घाट आदि में पंडितों व ब्राह्मणों से भेंट-

तत्पश्चात् मैं वहां से श्रीनगर को चल पड़ा। यहां मैंने केदारघाट पर एक मंदिर में निवास किया। यहां के पंडितों से बातचीत के समय जब कोई वादानुवाद का अवसर होता तो उनको उन्हीं तन्त्रों से हरा देता था। इस स्थान पर एक गंगागिरी नामक साधु से (जो दिन के समय अपने पर्वत से, जो एक जंगल में था, कभी नहीं उतरता था) भेंट हुई और विदित हो गया कि यह एक

अच्छा विद्वान् है। थोड़े दिन पश्चात् मेरी उसकी मित्रता भी हो गई। कहने का अभिप्राय यह है कि जब तक मेरा उसका साथ रहा योगविद्या और अन्य उत्तमोत्तम विषय पर आपस में बातचीत होती रही और प्रतिदिन के तर्क-वितर्क से यह बात सिद्ध हो गई कि हम दोनों साथ रहने योग्य हैं। मुझे तो उसकी संगत ऐसी अच्छी लगी कि दो मास से अधिक उसके साथ रहा।

केदारघाट से रुद्रप्रयाग को प्रस्थान -

तत्पश्चात् पतझड़ के आरम्भ में अपने साथियों अथवा ब्रह्मचारी और पहाड़ी साधुओं सहित केदारघाट से दूसरे स्थानों को चला और रुद्रप्रयाग आदि स्थानों में होता हुआ अगस्त्यमुनि की समाधि पर पहुंचा। आगे चलकर उत्तर की ओर एक पर्वत पर—जो कि शिवपुरी नाम से प्रसिद्ध है, गया। यहां शीत ऋतु के चार मास व्यतीत किये फिर ब्रह्मचारी और दोनों साधुओं से पृथक् होकर अकेला और बेखटक मैं केदारघाट को लौट गया। फिर गुप्तकाशी में पहुंचा—यहां बहुत कम ठहरा अर्थात् गौरीकुण्ड और भीमगुफा होता हुआ त्रियुगीनारायण के मन्दिर पर पहुंचा परन्तु थोडे ही दिनों में केदारघाट को, जहां का निवास मुझको अत्यन्त प्रिय था, लौट आया और वहां निवास किया और कुछ ब्राह्मण पुजारियों और केदारघाट के पंडों के साथ (जो जंगमजाति के थे) तब तक निवास किया जब तक कि मेरे पहले साथी अर्थात ब्रह्मचारी और दोनों साधु भी लौटकर वहां न आ गये। वहां के पंडितों और ब्राह्मणों के कार्यों को मैं सदा ध्यानपूर्वक देखता और स्मरणार्थ उनकी स्मरण रखने योग्य बातों का ध्यान करता रहता था।

पहाड़ों में योगी नहीं मिले-

जब उनके वृत्तान्त का इच्छानुसार परिचय प्राप्त हो गया तो मेरे मन में आसपास के पर्वतों के भ्रमण करने की इच्छा उत्पन्न हुई जो सदा हिमाच्छादित रहते हैं कि देखूं और उन महात्माओं के दर्शन करूं जिनका समाचार सुनता चला आता था, किन्तु कभी भेंट नहीं हुई। अतः मैंने यह दृढ़ निश्चय कर लिया कि चाहे कुछ भी क्यों न हो इस बात की अवश्य खोज करनी चाहिये कि वे महात्मा लोग, जैसा कि प्रसिद्ध है, वहां रहते हैं अथवा नहीं।

परन्तु पर्वतीय यात्रा की भयानक कठिनाइयों और शीतकाल की प्रबलता के कारण प्रथम मुझको पर्वतीय लोगों से पूछना पड़ा कि वे उन महात्मा पुरुषों के वृत्तान्त से परिचित हैं या नहीं। परन्तु भाग्य की विडम्बना देखो कि जहां भी पूछा वहां या तो निरी अज्ञानता पाई या अन्धविश्वास से भरी हुई गप्प हांक दी। सारांश यह कि बीस दिन तक पथभ्रष्ट और भग्नहृदय फिरकर जिस प्रकार कि अकेला गया था वैसे ही लौट आया क्योंकि मेरे साथी तो दो दिन पूर्व ही मुझको शीत की प्रबलता के भय से अकेला छोड़ कर चले गये थे। इसके पश्चात् मैं तुंगनाथ की चोटी पर चढ़ा। वहां पर एक मन्दिर पुजारियों और मूर्तियों से भरा पाया। मैं उसी दिन वहां से नीचे उतर आया जहां पर मुझे दो मार्ग मिले जिनमे एक पश्चिम को और दूसरा नैऋत्य को जाता था। तब

मैं उस मार्ग पर जो जंगल की ओर था-झुक पड़ा। कुछ दूर तक चलकर मैं एक ऐसे घने वन में पहुंचा। जहां की चट्टानें खंड-बंड (ऊंची-नीची) और नाले भी शुष्क थे और वहां से आगे को मार्ग भी न चलता था। जब मैं इस प्रकार घिर गया तो मन में सोचने लगा कि अब नीचे उतरना चाहिये अथवा और ऊपर चढ़ना चाहिये परन्तु चोटी की ऊंचाई और दुर्गम चढ़ाव के कारण मैंने विचार किया कि पर्वत की चोटी पर चढ़ना असम्भव है। अतः विवश होकर शुष्क घास और सूखी झाड़ियों को पकड़-पकड़ कर मैं नाले के ऊंचे किनारे पर पहुंचा और एक चट्टान पर खड़े होकर जो चारों ओर दृष्टि डाली तो मुझको दुर्गम पहाड़ियों, टीलों और जंगल के अतिरिक्त, जिनमें मनुष्य का आना कठिन था, और कुछ दिखाई न पड़ा। चूंकि उस समय सूर्य भी अस्त होने वाला था। मुझको चिन्ता हुई कि इस सुनसान निर्जन वन में, बिना जल और ऐसे पदार्थ के जो जल सके, मेरी क्या दशा होगी। सारांश यह है कि मुझे उस विकट जंगल में ऐसे-ऐसे स्थानों पर घूमना पड़ा कि वहां के बड़े-बड़े कांटों में उलझ उलझ कर कपड़ों की धज्जियां उड़ गई और शरीर भी घायल हो गया और पांव भी लंगड़े हो गये। अन्त में अत्यन्त कठिनता से बड़े दुःख और संकट के साथ उस मार्ग को पूरा करके पर्वत के नीचे पहुंचा और अपने आपको साधारण मार्ग पर पाया। उस समय रात्रि का अन्धकार सब ओर छा रहा था। इस कारण अनुमान से मार्ग ढूंढना पड़ा परन्तु मैंने प्रसिद्ध मार्ग से पृथक् न होने का बहुत ही ध्यान रखा। अन्त को ऐसे स्थान पर पहुंचा जहाँ कुछ झोंपड़े दिखाई पड़े और वहां के मनुष्यों से ज्ञात हुआ कि यह मार्ग ओखीमठ को जाता है। यह सुनकर उस ओर को चल पड़ा और रात ओखीमठ में व्यतीत कर प्रातः जब मैं अच्छी प्रकार विश्राम कर चुका था, वहां से गुप्तकाशी को लौट गया अर्थात् जिस स्थान से मैं पहले उत्तर की ओर चला था।

ओखीमठ का आडम्बर, 'सत्य, योगविद्या व मोक्ष की खोज के लिये पागल ने ऐश्वर्य को यहां भी लात मारी-

परन्तु इस यात्रा की लालसा मुझे ओखीमठ को फिर ले गई ताकि वहाँ गुफा निवासियों का वृत्तान्त जानू। सारांश यह कि वहाँ पहुंच कर मुझे ओखीमठ के देखने का अच्छा अवसर प्राप्त हुआ जो कि बाहरी आडम्बर करने वाले पाखंडी साधुओं से भरा हुआ था। यहां के बड़े महन्त ने मुझे अपना चेला करने का मनोगत (विचार) किया। उसने इस बात की दृढ़ता के लिये भी मुझे लालच दिखाया कि हमारी गद्दी के तुम स्वामी होगे और लाखों रुपए की पूंजी तुम्हारे पास होगी। मैंने उनको निःस्पृह भाव से यह उत्तर दिया कि यदि मुझे धन की चाह होती तो मैं अपने पिता की सम्पत्ति को जो तुम्हारे इस स्थल और धन दौलत से कहीं बढ़कर थी, न छोड़ता।

मेरा उद्देश्य

इसके अतिरिक्त मैंने यह भी कहा कि जिस ध्येय के लिये मैंने घर छोड़ा और सांसारिक सुख ऐश्वर्य से मुख मोड़ा, न तो मैं उसके लिये तुम्हें यत्न करते देखता हूं और न तुम उसका ज्ञान ही

रखते प्रतीत होते हो; फिर तुम्हारे पास मेरा रहना किस प्रकार सम्भव हो सकता है? यह सुनकर महन्त ने पूछा कि वह कौन-सा ध्येय है जिसकी तुम्हें खोज है? और तुम इतना परिश्रम कर रहे हो। मैंने उत्तर दिया कि मैं सत्य, योगविद्या और मोक्ष (जो बिना अपनी आत्मा की पवित्रता और सत्य न्यायाचरण के नहीं प्राप्त हो सकता है) चाहता हूं और जब तक यह अर्थ सिद्ध न होगा तब तक बराबर अपने देशवालों का उपकार, जो मनुष्य का कर्तव्य है-करता रहूंगा। यह सुनकर महन्त ने कहा कि यह बहुत अच्छी बात है और कुछ दिन और तुम हमारे पास ठहरो, परन्तु मैंने इस बात का कुछ भी उत्तर न दिया क्योंकि मैं जान गया कि यहां कुछ पूर्ति न होगी।

बद्रीनारायण के रावल जी से शास्त्र संलाप -

अतः दूसरे दिन प्रातः काल उठा और वहां से जोशीमठ को चल दिया। वहां कुछ दिनों दक्षिणी महाराष्ट्रियों और संन्यासियों के साथ जो संन्यासाश्रम की चतुर्थ श्रेणी के सच्चे साधु थे, रहा और बहुत से योगियों और विद्वान् साधु संन्यासियों से भेंट हुई और उनसे वार्तालाप में मुझको योग विद्या के विषय में और बहुत नई बातें विदित हुईं;उनसे पृथक् होकर फिर मैं बद्रीनारायण को गया विद्वान् रावल जी उस समय उस मन्दिर का सबसे बड़ा महन्त था और मैं उसके साथ कई दिन तक रहा। हम दोनों का आपस में वेदों और दर्शनों पर बहुत-सा वादानुवाद हुआ। जब उनसे मैंने पूछा कि आस-पास में कोई विद्वान् और सच्चा योगी भी है या नहीं, तो उसने बड़ा शोक प्रकट करते हुए कहा कि इस समय यहां आस-पास में कोई ऐसा योगी नहीं है परन्तु उसने बतलाया कि मैंने सुना है कि प्रायः ऐसे योगी इसी मन्दिर को देखने के लिए आया करते हैं। उस समय मैंने यह दृढ़ निश्चय कर लिया कि सारे देश में और विशेषतया पर्वतीय स्थानों में अवश्य ऐसे पुरुषों की खोज करूंगा।

अलखनन्दा के उद्गम की ओर, अलखनन्दा के विकट मारक भंवर से प्रभु कृपा से छुटकारा-

एक दिन सर्वोदय के होते ही मैं अपनी यात्रा पर चल पड़ा और पर्वतों के मध्य में से होता हुआ अलखनन्दा नदी के तट पर जा पहुंचा। उस नदी के पार करने की तनिक भी इच्छा न थी क्योंकि मैंने उस नदी के दूसरी ओर एक 'मंग्रम' नामक बड़ा ग्राम देखा इसलिए अभी उस पर्वत की घाटी में ही चलता हुआ नदी के बहाव के साथ-साथ जंगल की ओर हो लिया। पर्वत, मार्ग और टीले आदि सब हिमाच्छादित थे और बहुत घनी बर्फ उनके ऊपर थी। इसलिये अलखनन्दा नदी के उद्गम स्थान तक पहुंचने में मुझको महान् कष्ट उठाने पड़े। परन्तु जब मैं वहां गया तो अपने आप को नितान्त अपरिचित और विदेशी और अपने चारों ओर ऊंची-ऊंची पहाड़ियां खड़ी देखी तो मुझे आगे जाने का मार्ग बन्द दिखाई दिया। थोड़े समय पश्चात् सड़क पूर्णतया अदृश्य हो गई और उस मार्ग का मुझ को कोई पता न मिला। मैं उस समय चिन्ता में था कि क्या करना

चाहिये? विवश होकर मैंने अपने मार्ग की खोज के लिए उस नदी को पार करने का दृढ़ निश्चय कर लिया। मेरे पहने हुए वस्त्र बहुत हल्के और थोड़े थे और सर्दी बहुत तीव्र थी। थोड़े ही समय पश्चात् ऐसी प्रबल सर्दी हो गई कि उसका सहन करना असम्भव था।

भूख और प्यास ने जब मुझको बहुत ही सताया तो मैंने एक टुकड़ा बर्फ का खाकर उसको बुझाने का निश्चय किया परन्तु उससे कुछ शान्ति प्राप्त न हुई। फिर मैं नदी को पैदल ही पार करने लगा। किसी किसी स्थान पर नही बहुत गहरी थी और कुछ स्थान पर पानी बहुत कम था परन्तु एक हाथ अथवा आधे गज से कम गहरा कहीं न था परन्तु चौड़ाई अर्थात् पाट में दस हाथ तक था अर्थात् कहीं से चार गज और कहीं से पांच गज था। नदी बर्फ के छोटे और तिरछे टुकड़ों से भरी हुई थी। जिन्होंने मेरे पांव को अत्यन्त घायल कर दिया और मेरे नंगे पांवों से रक्त बहने लगा। मेरे पांव शीत के कारण बिल्कुल सुन्न हो गये थे। जिसके कारण बड़े-बड़े व्रणों का भी मुझे कुछ समय तक ज्ञान न हुआ।

इस स्थान पर अत्यन्त शीत के कारण मुझको मूर्च्छा-सी आने लगी। यहां तक कि मैं सुन्न होकर बर्फ पर गिरने को था। मैंने अनुभव किया कि यदि मैं यहां पर इसी प्रकार गिर गया तो फिर यहां से उठना मेरे लिये अत्यन्त कठिन और दुष्कर होगा। अतः बहुत दौड़धूप करके जिस प्रकार हुआ मैं बहुत कठिन चेष्टा करके वहां से सकुशल निकला और नदी की दूसरी ओर जा पहुंचा। यद्यपि वहां जाकर कुछ समय तक मेरी ऐसी दशा रही कि मैं जीवित की अपेक्षा मानो अधिक मृतकपन की अवस्था में था तथापि मैंने अपने शरीर के ऊपर के भाग को बिल्कुल नंगा कर लिया और अपने समस्त वस्त्रों से जो मैंने पहने हुए थे-घुटनों या पांव तक जंघाओं को लपेट लिया और वहां पर मैं नितान्त शक्तिहीन और घबराया हुआ आगे को हिल सकने और चल सकने के अयोग्य होकर खड़ा हो गया और इस प्रतीक्षा में था कि कोई सहायता मिले। जिससे मैं आगे को चलूं परन्तु इस बात की कोई आशा न थी कि सहायता कहीं से आवेगी। सहायता की प्रतीक्षा में था परन्तु बिलकुल अकेला था और जानता था कि कोई स्थान सहायता का दिखलाई नहीं देता।

अन्त में फिर मैंने एक बार अपने चारों ओर देखा और अपने सामने दो पहाड़ी मनुष्यों को आते हुए पाया जो कि मेरे समीप आये और मुझको प्रणाम करके उन्होंने अपने साथ घर जाने के लिए बुलाया और कहा कि आओ हम तुमको खाने को भी देंगे। जब उन्होंने मेरे कष्टों को सुना और मेरे वृत्तान्त से परिचित हुए तो कहने लगे कि हम तुमको 'सिद्धपत (जो कि एक तीर्थ स्थान है) पर भी पहुंचा देंगे परन्तु उनका मुझको यह सब कहना कुछ अच्छा प्रतीत न हुआ। मैंने अस्वीकार कर दिया और कहा कि महाराज! खेद है कि मैं आपकी यह कृपायुक्त बातें स्वीकार नहीं कर सकता, क्योंकि मुझमें चलने की बिलकुल शक्ति नहीं है। यद्यपि उन्होंने मुझको बड़े आग्रह से बुलाया और आने के लिए बहुत कुछ विवश किया परन्तु मैं उसी स्थान पर पांव जमाए

हुए खड़ा रहा और उनके कथन तथा इच्छानुसार उनके पीछे चलने का साहस न कर सका। जब मैं उनको कह चुका कि मैं यहां से हिलने की चेष्टा करने की अपेक्षा मर जाना अच्छा समझता हूं और इस प्रकार कहकर मैंने उनकी बातों की ओर ध्यान देना भी छोड़ दिया अर्थात् उनकी बातों को मैंने फिर न सुना। उस समय मेरे मन में विचार आता था कि अच्छा होता यदि मैं लौट गया होता और इस प्रकार मैंने अपनी शिक्षा और अध्ययन को चालू रखा होता। वे दोनों मनुष्य इतने में वहां से चले गये और थोड़े समय में पहाड़ियों के मध्य में अदृश्य हो गये। वहां पर जब मुझको कुछ शान्ति प्राप्त हुई तो आगे को चला और कुछ समय तक "बासोधा" (जो एक तीर्थ-यात्रा का स्थान है) पर ठहर कर और 'माना ग्राम' के आसपास से होकर मैं उसी शाम को आठ बजे के लगभग बद्रीनारायण में पहुंचा।

रावल जी से अन्तिम भेंट -

मुझे देखकर रावज जी और उनके साथी, जो सब घबराये हुए थे, आश्चर्य चकित रह गये और उन्होंने मुझसे पूछा कि आज सारे दिन तुम कहां रहे? तब मैंने जो कुछ हुआ था अक्षरशः सुना दिया। उस रात्रि को थोड़ा सा खाना खाकर, जिससे कि मेरी शक्ति नये सिरे से लौटती हुई प्रतीत हुई- मैं सो गया परन्तु दूसरे दिन प्रात:काल शीघ्र ही उठा और उठकर रावल जी से आगे जाने की आज्ञा मांगी और अपनी यात्रा पर चल पड़ा और रामपुर को प्रस्थान किया। उस शाम को चलता-चलता मैं एक योगी के घर जा पहुंचा जो एक बड़ा भारी उपासक था और उसके घर पर रात काटी। वह योगी जीवित ऋषियों और साधुओं में अत्यन्त उच्च कोटि का प्रसिद्ध ऋषि था और धार्मिक विषयों पर उसके साथ बहुत समय तक मेरी बातचीत हुई।

अपने निश्चय को पहले से अधिक दृढ़ करके मैं अगले दिन प्रातःकाल उठते ही आगे को चल दिया और कई वनों और पर्वतों में से होकर और चिल्काघाटी (या चिल्किया घाट पर से उतर कर मैं अन्त में 'रामपुर' पहुंच गया और वहां पहुंच कर मैंने प्रसिद्ध रामगिरी के गृह पर निवास किया। यह व्यक्ति अपने जीवन की बहुत बड़ी पवित्रता और आत्मिक जीवन की शुद्धता के कारण बहुत विख्यात था। मैंने भी उसको विचित्र स्वभाव का देखा अर्थात् वह सोता नहीं था प्रत्युत सारी रातें बड़े ऊंचे शब्द से बातें करने में व्यतीत कर देता था और वह बातें वह प्रकटतया अपने साथ ही करता प्रतीत होता था। प्राय: बड़े ऊंचे शब्द से हमने उसको चीख मारते सुना और फिर कई बार हमने उसको रोते हुए और चीख मारते अथवा ध्वनि करते हुए पाया परन्तु जब उठकर देखा तो वहां उसके कमरे में उसके अतिरिक्त और कोई मनुष्य दिखाई न दिया। मैं इस बात से अत्यन्त चकित तथा आश्चर्यान्वित हुआ और मैंने उसके शिष्यों आदि से पूछा तो उन बेचारों ने केवल यही उत्तर दिया कि इसका ऐसा ही स्वभाव है परन्तु कोई मुझको यह न बतला सका कि इसका क्या अर्थ है? अन्त में जब मैंने कई बार उस साधु से निजीरूप से एकान्त में भेंट की तो मुझको विदित हो ही गया कि वह क्या बात थी और इस प्रकार से मैं इस बात का निश्चय

करने के योग्य हो गया कि अभी वह जो कुछ करता है वह पूरी-पूरी योगविद्या का परिणाम नहीं प्रत्युत उसमें अभी कमी है और यह वह चीज नहीं है जिसकी मुझको खोज है और न यह पूरा योगी है, प्रत्युत योग में कुछ निपुणता रखता है।

काशीपुर आदि की ओर

उससे विदा होकर मैं 'काशीपुर' गया और वहां से 'द्रोणसागर' पहुंचा जहां मैंने शीत ऋतु व्यतीत की। हिमालय पर्वत पर पहुंच कर देह त्याग देना चाहिये ऐसी इच्छा हुई परन्तु यह विचार मन में आ गया कि ज्ञानप्राप्ति के पश्चात् देह छोड़नी चाहिये। वहां से आगे 'मुरादाबाद' होता हुआ मैं 'सम्भल' जा पहुंचा और वहां से 'गढ़मुक्तेश्वर' को पार करता हुआ फिर गंगा नदी के तट पर पहुंचा। उस समय और धार्मिक पुस्तकों के अतिरिक्त मेरे पास निम्नलिखित पुस्तकें भी थीं— शिवसंध्या ", हठप्रदीपिका, योगबीज, केसराना संगीत १५ – इन पुस्तकों को मैं अपनी यात्रा में प्रायः पढ़ा करता था। इनमें से कुछ के विषय हठ योग और नाड़ीचक्र अर्थात् मनुष्य की नाड़ियों को बताने वाली विद्या से सम्बद्ध थे। इनमें ऐसी बातों का ऐसा लम्बा चौड़ा वर्णन किया हुआ था कि मनुष्य पढ़ता-पढ़ता थक जाता था और उनको मैं कभी भी पूर्णरूप से अपनी बुद्धि के वश में न ला सका और न पूर्णरूप से कभी मैं उनको स्मरण कर सका और न पूर्णरूप से समझ सका।

शव को चीरकर नाड़ी ग्रन्थ की जांच, ऋषि की मौलिकता : असत्य से तीव्र घृणा -

इनसे यह विचार उत्पन्न हुआ कि पता नहीं यह ठीक भी है या नहीं। इनके ठीक होने में मुझको सन्देह पड़ गया। मैं प्रायः अपने सन्देह निवृत करने का प्रयत्न करता रहा, परन्तु आज तक मेरे यह सन्देह दूर नहीं हो सके और मुझे इनको दूर करने का कोई अवसर भी प्राप्त न हुआ। एक दिन की बात है कि मुझको अकस्मात् एक शव नदी के ऊपर बहता हुआ मिला। उस समय ठीक अवसर मिला था कि मैं उनकी परीक्षा करता और अपने मन की उन बातों के विषय में जो उन पुस्तकों में लिखी थीं, अपने सन्देह की निवृत्ति करता। अतः उन पुस्तकों को जो मेरे पास थीं एक ओर अपने समीप रखकर वस्त्रों को ऊपर उठा कर मैं दृढ़तापूर्वक नदी में घुसा और शीघ्रता से भीतर जाकर शव को पकड़ कर तट पर लाया। मैंने उसको एक तेज चाकू से अच्छी प्रकार जैसे मुझ से हो सकता था, काटना प्रारम्भ किया। मैंने हृदय को उसमें से निकाल लिया और ध्यानपूर्वक उसकी परीक्षा की और देखा और हृदय को नाभि से पसली तक काटकर मैंने अपने सामने रखकर देखने का यत्न किया और जो वर्णन पुस्तक में दिया था, उससे समता करने लगा और इसी प्रकार सिर और गर्दन के एक भाग को भी काटकर सामने रख लिया। यह जानकर कि इन पुस्तकों और शव में आपस में कोई समानता नहीं, मैंने पुस्तकों को फाड़कर उनके टुकड़े-टुकड़े कर डाले और शव को फेंक कर साथ ही उन पुस्तकों के टुकड़ों को भी नदी में फेंक दिया।

धीरे-धीरे उसी समय से मैं यह परिणाम निकालता गया कि वेदों, उपनिषदों, पातञ्जल योग और सांख्यदर्शन के अतिरिक्त समस्त पुस्तकें, जो विज्ञान और योगविद्या पर लिखी गई है, निरर्थक और अशुद्ध हैं।

गंगातटवर्ती स्थानों का भ्रमण

गंगा नदी के तट पर कुछ दिन और इसी प्रकार फिर कर मैं फिर फर्रूखाबाद पहुंचा और जब कि सरन जी राम से होकर मैं छावनी के पूर्व जाने वाली सड़क से कानपुर को जाने वाला था तो संवत् १९१२ विक्रमी (तदनुसार ५ अप्रैल १८५६) समाप्त हुआ (उस समय आपकी आयु ३२ वर्ष की थी)। कानपुर, इलाहाबाद व बनारस में (संवत् १९१३) –अगले पांच महीनों में मैंने कई बड़े-बड़े स्थान जो कानपुर और इलाहाबाद के मध्य में थे, देखे। भाद्रपद तदनुसार अगस्त मास सन् १८५६ के आरम्भ में रविवार को मैं मिर्जापुर के समीप बनारस में जा पहुंचा, जहां एक मास से अधिक काल तक मैं विन्ध्याचल अशोल जी के मन्दिर में ठहरा असौज (१५ सितम्बर १८५६ सोमवार) के प्रारम्भ में बनारस पहुंचा और उस स्थान पर जाकर उस गुफा में ठहरा जो बरना और गंगा के संगम पर स्थित है और जो उस समय भवानन्द सरस्वती" के कब्जे में थी। वहां पर कई शास्त्रियों अर्थात् काकाराम राजाराम आदि से मेरी भेंट हुई। वहां में केवल १२ दिन ही रहा तत्पश्चात् जिस वस्तु की खोज में था, उसके लिये आगे को चल दिया।

अपने दुर्व्यसन की स्वीकारोक्ति तथा उसका परित्याग -

१ अक्तूबर सन् १८५६ बुधवार तदनुसार आसौज सुदी २ संवत् १९१३ को दुर्गाकुण्ड के मन्दिर पर जो चांडालगढ़ में स्थित है, पहुंचा। वहां मैंने दस दिन व्यतीत किये। • वहां मैंने चावल खाने बिल्कुल छोड़ दिये और केवल दूध पर अपना निर्वाह करके दिन रात योगविद्या के पढ़ने और उसके अभ्यास में संलग्न रहा। दुर्भाग्य से इस स्थान पर मुझे एक बड़ा व्यसन लग गया अर्थात् मुझको भंग सेवन करने का अभ्यास पड़ गया और प्रायः उसके प्रभाव से मैं मूर्छित हो जाया करता था। एक दिन की बात है जब मैं मन्दिर में से निकलकर एक ग्राम की ओर, जो चांडालगढ़ के समीप है, जा रहा था, वहां मुझको पिछले दिनों का परिचित मेरा एक साथी मिला। गांव के दूसरी ओर कुछ दूरी पर एक शिवालय था जहां मैंने जाकर रात व्यतीत की। वहां जब मैं भंग की मादकता की दशा में मूर्च्छित पड़ा सोता था तो मैंने एक स्वप्न देखा और वह यह था अर्थात् मुझे ध्यान आया कि मैंने महादेव और उसकी स्त्री पार्वती को देखा। पार्वती महादेव जी से कह रही थी और उनकी बातों का विषय मैं ही था अर्थात् वह मेरे विषय में बातें कर रहे थे। पार्वती महादेव जी से कह रही थी कि अच्छा हो यदि दयानन्द सरस्वती का विवाह हो जावे परन्तु देवता इस बात से विरोध प्रकट कर रहा था। उसने मेरी भंग की ओर संकेत किया अर्थात् भंग का प्रसंग छेड़ा। जब मैं जागा और इस स्वप्न का विचार किया तो मुझे बड़ा दुःख और क्लेश

हुआ। उस समय अत्यन्त वर्षा हो रही थी और मैंने उस बरामदे में जो कि मन्दिर के बढ़े द्वार के सम्मुख था- विश्राम किया। उस स्थान पर सांड अर्थात् नन्दी देवता की मूर्ति खड़ी हुई थी। अपने वस्त्रों और पुस्तक को उसकी पीठ पर रखकर मैं बैठ गया और अपनी बात को सोचने लगा। ज्यों ही अकस्मात् मैंने उस मूर्ति के भीतर की ओर दृष्टि डाली तो मुझको एक मनुष्य उसमें छुपा हुआ दिखाई पड़ा। मैंने अपना हाथ उसकी ओर फैलाया जिससे वह बहुत डर गया, क्योंकि मैंने देखा कि उसने झटपट छलांग मारी और छलांग मारते ही गांव की ओर सरपट दौड़ गया। तब मैं उसके चले जाने पर उस मूर्ति के भीतर घुस गया और शेष रात वहीं सोता रहा। प्रातःकाल एक वृद्धा स्त्री वहां पर आई और उसने उस सांड देवता की पूजा की जिस अवस्था में कि मैं भी उसके भीतर ही बैठा हुआ था। उसके थोड़े समय पश्चात् वह गुड़ और दही लेकर लौटी और मेरी पूजा करके और मुझको भूल से देवता समझ कर उसने कहा कि आप इसको स्वीकार कीजिये और कुछ इसमें से सेवन कीजिए। मैंने भूख होने के कारण उसको खा लिया। दही चूंकि बहुत खट्टा था, इसलिये भंग का मद उतारने में अच्छी औषधि बन गया। उससे मद जाता रहा जिससे मुझको बड़ा विश्राम मिला (आगे को भंग का सेवन बिल्कुल त्याग दिया)।

योगियों की खोज में नर्मदा के स्रोत की ओर -

चैत सुदी संवत् १९१४ वि० अर्थात् २६ मार्च सन् १८५७ बृहस्पतिवार को वहां से आगे चल पड़ा और उस ओर प्रयाण किया जिधर पहाड़ियां थीं और जिधर नर्मदा नदी निकलती है अर्थात् उद्गमस्थान की ओर चला (यह नर्मदा की दूसरी यात्रा थी) मैंने कभी एक बार भी किसी से मार्ग नहीं पूछा। प्रत्युत दक्षिण की ओर यात्रा करता हुआ चला गया। शीघ्र ही मैं एक ऐसे सुनसान और निर्जन स्थान में पहुंच गया जहां चारों ओर बहुत घने जंगल थे और वहां जंगल में अनियमित अन्तर पर झाड़ियों के मध्य में बहुत से स्थानों पर क्रमरहित भग्न और सुनसान झोपड़ियां थीं और कहीं - कहीं पृथक्-पृथक् ठीक झोपड़ियां भी दिखाई पड़ती थीं। इन झोंपड़ियों में से एक झोपड़ी पर मैंने थोड़ा सा दूध पिया और फिर आगे की ओर चल दिया, परन्तु इससे आगे कोई डेढ़ मील के लगभग चलकर मैं फिर एक ऐसे स्थान पर पहुंचा जहां से कोई बड़ा मार्ग दिखलाई न देता था और मेरे लिये यही उचित प्रतीत होता था कि उन छोटे-छोटे मार्गों में से (जिनको मैं न जानता था कि कहां जाते हैं) किसी एक को ग्रहण करूं और उस ओर चल दूं। शीघ्र ही मैं एक निर्जन और सुनसान जंगल में घुस गया। उस जंगल में बहुत से बेरियों के वृक्ष थे परन्तु घास इतना घना और लंबा लंबा उगा हुआ था कि मार्ग बिल्कुल दिखाई न देता था। इस स्थान पर मेरा सामना एक बड़े काले रीछ से हुआ। वह रीछ बड़ी तीव्र और भयानक आवाज से चीखा और चिंघाड़ मार कर अपनी पिछली टांगों पर खड़ा होकर मुझे खाने के लिए अपना मुखा खोला। मैं कुछ समय तक निश्चेष्ट खड़ा रहा, परन्तु तत्पश्चात् मैंने शनैः शनैः अपने सोटे को उसकी ओर उठाया और वह रीछ उससे डर कर उल्टे पांव लौट गया। उसकी चिंघाड़ और गर्ज इतने

जोर की थी कि वह गांव वाले जो मुझको अभी मिले थे दूर से उनका शब्द सुनकर और लड्डू लेकर शिकारी कुत्तों सहित मेरी सहायता करने के लिये उस स्थान पर आये। उन्होंने मुझको इस बात की प्रेरणा देने का यत्न किया कि मैं उनके साथ चलूं। उन्होंने कहा कि यदि इस जंगल में तुम तनिक भी आगे बढ़ोगे तो बहुत सी विपत्तियों का तुमको सामना करना पड़ेगा और पहाड़ियों व वनों में बहुत से भयंकर क्रोधी और जंगली पशु अर्थात् रीछ, हाथी और शेर आदि तुम्हें मिलेंगे। मैंने उनसे निवेदन किया कि आप मेरे कुशलक्षेम की कोई चिन्ता न करें क्योंकि मैं सकुशल और

सुरक्षित हूँ। चूंकि मेरे मन में इस बात की चिन्ता थी कि किसी प्रकार नर्मदा के उद्गम स्थान को देखूं इसलिये यह समस्त भय और आशंकाएं मुझको मेरे इस निश्चय से नहीं रोक सकती थीं। जब उन्होंने देखा कि उनकी आशंकायुक्त बातें मेरे मन में कुछ भय उत्पन्न नहीं करती और मैं अपने निश्चय में पक्का हूँ, तब उन्होंने मुझे एक सोटी दे दी जो कि मेरे सोटे से बड़ी थी ताकि मैं उससे अपने को बचाऊं,परन्तु मैंने उस सोटी को तुरन्त अपने हाथ से फेंक दिया।

विकट वन में रेंग कर चलना तथा लहुलुहान -

उस दिन मैं निरंतर तब तक यात्रा करता हुआ चला गया जब तक संसार में चारों ओर अन्धकार न छा गया। कई घंटों तक मुझको मनुष्य की बस्ती का तनिक भी चिह्न न मिला और दूर कोई गांव मुझे दिखाई नहीं दिया और न किसी झोंपड़ी पर ही दृष्टि पड़ी और न ही कोई मनुष्य जाति मेरी आंखों के सामने आई परन्तु जो वस्तुएं साधारणतया मेरे मार्ग में आई, वे वह वृक्ष थे जो प्रायः टूटे हुए पड़े थे। जिनकी जड़ो को? हाथियों ने तोड़कर और उखाड़ कर वहां फेंक दिया था।

उसके थोड़ी ही दूर आगे बढ़ने पर मुझको एक बहुत ही बड़ा जंगल दिखायी दिया कि जिसमें घुसना भी कठिन था अर्थात् इतने घने बेर आदि के कांटेदार वृक्ष वहां पर लगे हुए थे कि उनके अन्दर से निकल कर जंगल और वन में पहुंचना बहुत कठिन ही नहीं, प्रत्युत असम्भव दिखाई देता था। पहले पहल मुझको उनके अन्दर से निकलना असम्भव दिखाई दिया, परन्तु तत्पश्चात् पेट के बल घुटनों के सहारे मैं शनैः शनैः सर्प के समान उन वृक्षों में से निकला और इस प्रकार उस रुकावट और कठिनाई को दूर किया और उस पर विजय प्राप्त की।

यद्यपि इस महान विजय के प्राप्त करने में मुझको अपने वस्त्रों के टुकड़ों का बलिदान करना पड़ा और कुछ बलिदान मुझको अपने शरीर के मांस का भी करना पड़ा जो उसके अन्दर से क्षत विक्षत होकर निकला। इस समय पूर्ण अन्धकार छाया हुआ था और अन्धकार के अतिरिक्त और कुछ दिखाई नहीं पड़ता था। यद्यपि मार्ग बिल्कुल रुका हुआ था और दिखाई न पड़ता था परन्तु तब भी मैं अपने आगे बढ़ने के निश्चय को छोड़ नहीं सकता था और इस आशा में था कि कोई मार्ग निकट ही आयेगा। अतः मैं बराबर आगे को चलता ही गया और बढ़ता ही रहा यहां तक कि मैं एक ऐसे भयंकर स्थान में घुस गया कि जहां चारों ओर ऊंची-ऊंची चट्टानें और ऐसी-ऐसी

पहाड़ियां थीं कि जिनके ऊपर बहुत घनी वनस्पति और पादपादि उगे हुए थे। परन्तु इतना अवश्य था कि बस्ती के वहाँ कुछ-कुछ चिह्न और लक्षण पाये जाते थे। शीघ्र ही मुझको कुल झोपड़ियां और कुछ कुटियाएं दिखाई पड़ी जिनके चारों ओर गोबर के ढेर लगे हुए थे और शुद्ध जल की एक छोटी नदी के तट पर बहुत सी बकरियां भी चर रही थीं और उन झोपडियों और टूटे-फूटे घरों के द्वारों और दराड़ों में से टिमटिमाता हुआ प्रकाश दिखाई पड़ता था जो चलते हुए यात्री को स्वागत और बधाई की आवाज लगाता प्रतीत होता था।

मैंने वहां एक बड़े वृक्ष के नीचे जो एक झोपड़ी के ऊपर फैला हुआ था, रात व्यतीत की और प्रातः काल उठकर मैं अपने घायल चरणों और हाथ और छड़ी को नदी के पानी से धोकर अपनी उपासना तथा प्रार्थना करने के लिए बैठने को ही था कि इतने में हो किसी जंगली जन्तु के गर्जने की-सी ध्वनि मेरे कान में आई। यह ध्वनि टमटम की ऊंची ध्वनि थी। थोड़े ही समय पश्चात् मैने एक बड़ी सवारी अथवा जलूस आता हुआ देखा। उसमें बहुत से स्त्री, पुरुष और बच्चे थे, जिनके पीछे बहुत सी गौएं और बकरियां थीं जो एक झोंपड़ी या घर से निकले थे। सम्भवतः यह किसी धार्मिक उत्सव की प्रथा पूरी करने के लिये आये थे जो रात को हुआ करता है। जब उन्होंने मेरी ओर देखा और मुझको उस स्थान पर एक अपरिचित जाना तो बहुत लोग मेरे चारों ओर इकट्ठे हो गये और अन्त में एक वृद्ध मनुष्य ने आगे बढ़कर मेरे से पूछा कि तुम कहां से आये हो? मैंने उन सबसे कहा कि मैं बनारस से आया हूं और अब मैं नर्मदा नदी के उदगमस्थान की ओर यात्रा के लिये जा रहा हूं। इतना पूछकर वह सब मुझे अपनी उपासना में संलग्न छोड़कर चले गये। उनके जाने के आधा घंटा पश्चात् एक उनका सरदार दो पहाड़ी मनुष्यों सहित मेरे पास आया और एक और पार्श्व में बैठ गया। वह वास्तव में उन सबकी ओर से एक प्रतिनिधि के रूप में मुझको अपनी झोंपड़ियों में बुलाने के लिये आया था परन्तु पूर्व की भांति मैंने अबके भी उनकी इस कृपा को स्वीकार नहीं किया क्योंकि वे सब मूर्तिपूजक थे (इसलिये स्वामी जी ने उनके पूजा के कार्य में सम्मिलित होना पाप समझा और अस्वीकार कर दिया। तब उसने मेरे समीप अग्नि प्रज्ज्वलित करने की आज्ञा अपने मनुष्यों को दी और उसने दो पुरुषों को नियत किया कि रात भर मेरी रक्षा करते हुए जागते रहें। जब मुझसे उसने मेरे खाने के विषय में पूछा और बताया कि मैं केवल दूध पीकर निर्वाह करता हूँ तो उस कृपालु सरदार ने मुझ से मेरा तूला मांगा और उसको लेकर अपनी झोंपड़ी की ओर गया और वहां उसने उसको दूध से भर कर मेरे पास भेज दिया। मैंने उसमें से उस रात्रि थोड़ा सा दूध पिया। वह फिर मुझको दो रक्षकों के निरीक्षण में छोड़कर लौट गया। उस रात मैं बड़ी गहरी निद्रा में सोया और सूर्योदय तक सोता रहा। तत्पश्चात् उठकर अपने सन्ध्यादि कृत्यों से निवृत्त होकर मैं यात्रा के लिये उद्यत हुआ। सारांश यह कि नर्मदा के उद्गम स्थान से लौटकर मैं विशेष विद्याप्राप्त्यर्थ मथुरा में आया। नर्मदा तट पर तीन वर्ष तक यात्रा की और भिन्न-भिन्न महात्माओं से सत्संग करता रहा।

तीन वर्ष के नर्मदा-भ्रमण के पश्चात् मथुरा में आगमन - (संवत् १९१७ वि०) -

मथुरा में एक संन्यासी सत्पुरुष मुझे गुरु मिले। उनका नाम विरजानन्द स्वामी है। यह पहले अलवर में थे। उनकी आयु ८१ वर्ष की थी।" उनको वेद शास्त्रादि तथा आर्ष ग्रन्थों में बहुत रुचि थी। वे दोनों आंखों से अन्धे थे और उनके उदर में सदा शूल का रोग रहता था। उनको आधुनिक कौमुदी, शेखरादि ग्रन्थ अच्छे नहीं लगते थे। वह भागवतादि पुराणों का तो बहुत ही तिरस्कार करते थे। समस्त आर्ष ग्रन्थों पर उनकी बहुत ही भक्ति थी। आगे जब उनका परिचय हुआ तब उनके 'तीन वर्ष मे व्याकरण आता है' ऐसा कहने पर मैंने उनके पास पढ़ने का निश्चय किया (संवत् १९१७ तदनुसार सन् १८६० मे)।

• मथुरा के अमरलाल जोशी को कभी न भूलूंगा -

मथुरा में एक भद्रपुरुष अमरलाल नाम का था। उसने भी जब मैं विद्याध्ययन करता था, उस समय जो मेरे पर उपकार किये हैं उनको मैं कभी न भूलूंगा। पुस्तकों की सामग्री, खाने-पीने का प्रबन्ध उसने बहुत ही उत्तम मेरा कर दिया। उसे जब कहीं बाहर रोटी खाने को जाना होता तो प्रथम मुझको घर में बना कर खिलाता फिर आप बाहर जाता। इसी प्रकार वह पुरुष बहुत ही उदारचित्त था। संवत् १९१९ तक मथुरा में रहा अर्थात् सन् १८६२ के अन्त तक।

संवत् १९२० - १९२१ वि० आगरा में विद्याध्ययन के समाप्त होने पर मैं आगरे में दो वर्ष रहा परन्तु समय-समय पर पत्र द्वारा अथवा स्वयं मिलकर मैं स्वामी जी के पास से शंकाओं का समाधान कर लिया करता था। वहां से मैं ग्वालियर गया और वहां थोड़ा-सा वैष्णवमत का खंडन करना प्रारम्भ किया। वहां से भी मथुरा में स्वामी जी को पत्र भेजता रहा था। २४ यहां ग्वालियर में एक माधवानुमताचार्य्य?" नामक पंडित था वह कारकून (लेखक) का रूप बनाकर वाद आदि के सुनने के लिए बैठता। किसी समय मेरे मुख से जब कोई अशुद्धि निकलती तो झट पकड़ लेता। मैंने बहुत बार पूछा कि आप कौन हो परन्तु वह कहता कि 'मैं तो साधारण कारकून (लेखक) हूं। सुन-सुनकर परिचित हो गया हूं' वह ऐसा कहता। एक दिन 'वैष्णव खड़ी रेखा लगाते है' इस पर बातचीत चली तब मैंने कहा कि यदि खड़ी रेखा लगाने से स्वर्ग मिलता है तो सारा मुख काला कर लेने से स्वर्ग के आगे भी कुछ मिलता होगा, ऐसा कहते ही उसे बहुत क्रोध आया और वह उठकर चल दिया। तब मुझे खोज करने पर विदित हुआ कि यह अनुमताचार्य है। ग्वालियर से मैं करौली गया। वहां एक कबीरपन्थी मिला। उसने 'एक बीर उसका यह कबीर' ऐसा अनुवाद किया था १५ और कबीर उपनिषद् हैं। ऐसा वह मुझसे कहने लगा। वहां से आगे जयपुर को गया वहां एक हरिश्चन्द्र विद्वान पंडित था। वहां मैने प्रथम वैष्णवमत का खंडन करके शैवमत की स्थापना की। जयपुर के राजा महाराजा रामसिंह ने भी शैवमत को ग्रहण किया। इससे शैवमत का विस्तार हुआ और सहस्रों रुद्राक्ष मालाएं मैंने अपने हाथ से दीं। वहां शैवमत इतना पक्का हुआ

कि हाथी, घोड़े आदि सबके में भी रुद्राक्ष की मालाएं पड़ गई।

जयपुर से पुष्कर व अजमेर-जयपुर से मैं पुष्कर गया और वहां से अजमेर गया। अजमेर जाने पर शैवमत का भी खंडन करना आरम्भ कर दिया। वहां जयपुर के महाराजा लाट साहब से मिलने के लिये आगरे जाने वाले थे। वृन्दावन में रंगाचार्य करके एक पंडित था। कहीं उससे शास्त्रार्थ न हो जाये इसलिये राजा रामसिंह जी ने मुझे बुलावा भेजा था। ये जयपुर गया परन्तु मैंने शैवमत का भी खंडन करना प्रारम्भ कर दिया है यह समझते ही राजा जी को अप्रसन्नता हुई और में जयपुर छोड़कर निकल गया। फिर स्वामी जी के पास जाकर शंकाओं का समाधान कर लिया। वहां से फिर मैं हरिद्वार गया (१२ अप्रैल सन् १८६७)।

हरिद्वार के कुम्भ में पाखण्ड खण्डन का आरम्भ

मतमतान्तरों का खण्डन तथा सर्वस्वत्याग 'पाखण्डमर्दन' ये अक्षर लिखकर ध्वजा मैंने अपने मठ पर लगाई। वहां वाद-विवाद बहुत हुआ, फिर मेरे मन को ऐसा प्रतीत होने लगा कि सारे संसार के विरुद्ध होकर और गृहस्थियों की अपेक्षा भी बहुत-सी पुस्तकों आदि का खटराग रखकर क्या करना है, इस हेतु से मैंने सब छोड़ दिया और कौपीन लगाकर मौन धारण कर लिया।

तब से शरीर में जो राख लगानी प्रारम्भ की थी वह गतवर्ष बम्बई आने तक लगाता ही रहा था। रेल पर बैठने के समय से लेकर वस्त्र पहनने लगा। हरिद्वार में जो मैंने मौन धारण किया वह बहुत दिन नहीं रहा क्योंकि बहुत लोग मुझे पहचानते थे और एक दिन मेरी पर्णकुटी के द्वार पर किसी ने लिख दिया ' निगमकल्पतरोर्गलितं फलम्' अर्थात् भागवत की अपेक्षा वेद कुछ भी अधिक नहीं हैं, प्रत्युत भागवत के पीछे हैं। " तब मुझसे वह सहन नहीं हुआ और मौनव्रत छोड़कर में भागवत का खंडन करने लगा।

युक्त प्रान्त में शास्त्रार्थों की धूम : काशी का प्रसिद्ध शास्त्रार्थ -

(संवत् १९२५ वि०) फिर ऐसा विचार किया कि ईश्वर कृपा से अपने को थोड़ा बहुत ज्ञान मिला है यह सब लोगों को कहना चाहिये। ऐसा निश्चय करके मैं फर्रुखाबाद आया। वहां से मैं रामगढ़ गया। रामगढ़ में वाद-विवाद आरम्भ किया। वहां जब दो चार शास्त्री एक साथ बोलने लगते तब मैं 'कोलाहल' ऐसा कहता था। इसलिये आज तक वहां के लोग मुझे 'कोलाहल स्वामी कहते हैं। वहां चक्रांकित के दस आदमी मुझे मारने को आये परन्तु उनसे बड़े संकट से बचा। फर्रूखाबाद से मैं कानपुर आया और कानपुर से प्रयाग गया। प्रयाग में मुझे मारने वाले मारने के लिये आये परन्तु एक माधवप्रसाद" करके भद्रपुरुष था, उसने मुझे बचाया। यह माधवप्रसाद गृहस्थी मनुष्य ईसाई धर्म स्वीकार करने वाला था और उसने सारे पंडितों को नोटिस दिये थे कि अपने आर्य धर्म के विषय में मेरा समाधान तीन महीने के भीतर करा दें अन्यथा समाधान न होने की अवस्था में मैं ईसाई धर्म स्वीकार कर लूंगा। मैंने आर्यधर्म के विषय में उसका समाधान कर

दिया और वह ईसाई होने से बच गया।

संवत् १९२६ वि० - प्रयाग से रामनगर गया। काशी में रामनगर के राजा के कहने पर काशी के पंडितों से शास्त्रार्थ करने के लिए गया और उस वाद में 'प्रतिमा' ऐसा शब्द वेदों में है या नहीं ऐसा विषय चला।" वह शास्त्रार्थ और स्थान पर छप कर प्रसिद्ध हुआ है वह सब पढ़कर देखें। इतिहास से ब्राह्मण-ग्रन्थ ही ग्रहण करने चाहियें ऐसा भी वाद वहां चला था।

काशी में चार बार आह्वान, वेदों में मूर्तिपूजन मिला हो तो लावें कोई उत्तर नहीं मिला (संवत् १९२९ वि०)

गत वर्ष के भाद्रपद में मैं काशी में था और आज तक चार बार" मैं काशी में गया और जिस-जिस समय जाता हूँ तब-तब 'किसी को वेदों में मूर्तिपूजन मिला हो तो लावे, ऐसा नोटिस देता हूँ परन्तु आज तक कोई वचन नहीं निकाल सके। इस प्रकार उत्तर भारत के सारे भागों में मैने भ्रमण किया है। आज दो वर्ष से कलकत्ता, लखनऊ, इलाहाबाद, कानपुर, जबलपुर आदि स्थानों में धर्मोपदेश मैंने बहुत से लोगों को किया और फर्रुखाबाद, काशी आदि स्थानों में आर्यविद्या सिखलाने के लिये तीन या चार पाठशालाएं स्थापित की। उनके पढ़ाने वालों की धूर्तता के कारण जितना लाभ होना चाहिये वैसा नहीं हुआ। पिछले वर्ष मैं बम्बई आया" और बम्बई में गुसांई जी महाराज" के पक्ष का खंडन बहुत प्रकार से किया और बम्बई में आर्यसमाज की स्थापना की।

(संवत् १९३१ वि०)- बम्बई से अहमदाबाद, राजकोट में कुछ दिन जाकर धर्मोपदेश किया और इन दिनों तुम्हारे इस नगर पूना में लगभग दो मास हुए कि आया हूं। इस समय अर्थात् ४ अगस्त सन् १८७५ को मेरी आयु ४९ या ५० वर्ष की होगी।" इस प्रकार मेरा पूर्व का चरित्र है। आर्य धर्म की उन्नति हो सके इसके लिये मेरे सदृश बहुत से धर्मोपदेशक अपने इस देश में उत्पन्न होने चाहिये। अकेले के हाथ से यह काम ठीक नहीं होता है तथा अपनी बुद्धि और सामर्थ्य के अनुकूल मैंने जो दीक्षा ली है, उसे चलाऊंगा, ऐसा संकल्प किया हुआ है। आर्यसमाज की सर्वत्र स्थापना होकर मूर्तिपूजादिक दुष्टाचार सब स्थानों पर न हों, वेद और शास्त्र का सच्चा अर्थ प्रकट हो और उसके अनुकूल आचरण होकर देश की उन्नति हो, ऐसी ही ईश्वर से प्रार्थना है तुम्हारी सबकी सहायता से अन्तःकरणपूर्वक मेरी यह प्रार्थना सिद्ध होगी, ऐसी पूर्ण आशा है।

(पंडित लेखराम कृत 'महर्षि दयानंद सरस्वती का जीवन चरित्र' से साभार)

●●●